跟我走古道·丝绸之路万里行系列丛书

唐蕃古道秘境

王　蓬◎著

西安出版社

图书在版编目（CIP）数据

唐蕃古道秘境/王蓬著.—西安：西安出版社，2014.6

（跟我走古道·丝绸之路万里行）

ISBN-978-7-5541-0602-0

Ⅰ.①唐… Ⅱ.①王… Ⅲ.①古道—介绍—西北地区—唐代 ②古道—介绍—西藏—唐代Ⅳ.①K928.6

中国版本图书馆CIP数据核字(2014)第126624号

"跟我走古道·丝绸之路万里行"系列丛书

唐蕃古道秘境

著　　者： 王蓬
出版发行： 西安出版社
社　　址： 西安市长安北路56号
电　　话： (029)85253740
邮政编码： 710061
网　　址： www.xacbs.com
印　　刷： 陕西金和印务有限公司
开　　本： 787mm×1092mm　1/16
印　　张： 23
字　　数： 350千字
版　　次： 2014年8月第1版
2014年8月第1次印刷
书　　号： ISBN 978-7-5541-0602-0
定　　价： 58.00元

王蓬的古道情缘（序）

杨建民

王蓬文学创作已40多年，可以清晰划分为两个阶段：即文学创作和文史创作。前20年，他曾在鲁迅文学院和北大首届作家班学习四年之久。创作的中短篇小说结集为《油菜花开的夜晚》《黑牡丹和她的丈夫》；散文结集为《乡思绵绵》《京华笔记录》；关键是捧出两部沉甸甸的长篇小说《山祭》《水葬》，被陈忠实誉为“是写那个时代生活最杰出的长篇小说，是生活的教科书与历史的备忘录，应该留给这个民族的子孙，以为鉴戒和警示。王蓬当是最前趋的思想者和最具勇气的探索者之一。”王蓬还被称为“描写山区风俗风情画与山村女子的能手”（王汶石语）。由此奠定了王蓬在文学界的地位。1993年6月王蓬当选陕西省作家协会副主席，连任几届，长达20年。

从1992年始至今，王蓬创作由文学转型文史，知识家庭的文化优长展示出来。诚如王蓬所言：“受喜爱文史的父亲影响，从小对历史的兴趣不在文学之下。”王蓬母亲家族亦有多位长辈进入方志。这就足以诠释他何以有信心历时10年踏访七条蜀道，创作出皇皇专著《山河岁月》《中国蜀道》。陕西省作协曾专题研讨，认为作品“史料翔实，内涵宏富，观点有卓识。”由王蓬撰稿，赵忠祥解说的专题片《栈道》在中央台播出，影响巨大广泛。以罗哲文为首的九名专家的蜀道“申遗”提案，采用了王蓬对蜀道概括的六项功能：生命之路、智慧之路、邮传之路、贸易之路、战争之路、石刻之路。陕西出版集团也以“中国蜀道”申请基金，组织写作学术版蜀道。

之后，作者又20次西行，全程探访丝绸之路与唐蕃古道。以史学的视角看古道，以文学的笔法写历史，多角度、多层次揭示古道起始，穿插进重大历史事件与人物，并对古道沿途地理现象、风俗民情作了精彩描述。创作出七十万字的《从长安到罗马——汉唐丝绸之路全程探行纪实》；六十万字的《从长安到拉萨——唐蕃古道全程探行纪实》。文史兼备，引人入胜，深得专家好评与读者喜爱。

在我的阅读视野中，还没有见到有哪位作家能像王蓬涉足蜀道、丝绸之路、唐蕃古道这样广阔的领域。古道起始年代不同，发挥作用不同，涉及许多重大历史事件和历史人物，梳理清楚很不容易。那么王蓬是如何解决雅俗共赏吸引读者这个问题的？

我以为基于五点，一是王蓬涉足古道时，已是一位形成自己鲜明特色的成熟作家，往往寓政治风云于风情画中，语言畅达、善于叙事；二是王蓬原本对历史有浓厚兴趣。我在八卷本《王蓬文集》中见到，所有作品末尾都标明原发报刊、日期、责编，无一遗漏，表明王蓬早已具备史识史才；三是王蓬的阅历，10岁随家迁陕南乡村24年，亲身务农18年。王蓬回忆："父亲经'四清'、历'文革'、遭歧视、受屈辱；更曾拉车、伐薪、筑路、挨饿；历九死而一生，非坚韧无以图存。"何尝不是写自己。他从苦难中收获的是坚韧和毅力。探寻古道需要吃苦、持久与战胜孤寂，王蓬无一不备；四是王蓬的天性，敏锐热情，对新鲜事物充满好奇。每每把他的发现与感受传递读者，形成王蓬文史行走作品一大特色；五是得力于不断地探索学习。《中国蜀道》《从长安到罗马》《从长安到拉萨》中都附有大量参考书目，否则，不可能把枯燥的史籍讲述明白。但我以为关键还是王蓬在文本文字上下足功夫。几乎每篇作品都讲究谋篇布局，注重跌宕。王蓬认为文字是文学根本，他崇敬的都是创造过经典文本的作家：托尔斯泰、契诃夫、梅里美、鲁迅、沈从文、孙犁等。王蓬文学作品语言清新简洁，优美朴素，如行云流水；文史作品则蕴深旨远，凝重隽永，如风俗长卷，充满艺术感染力。

我以为这便是王蓬探寻古道文史结合取得成功的根本原因。其积极作

用是在学术著作与读者之间架起桥梁，用优美简洁的文字把枯燥复杂的历史叙说明白，唤起人们对祖国山河的热爱；对塞外古道的兴趣；对先贤拓疆伟业的敬重；可谓功莫大焉。

多年来，王蓬勤奋耕耘，新作不断,结集40本,获得多项荣誉和奖励。国务院和陕西省政府先后授予其“享受政府特殊津贴专家”(1993年) “陕西省有突出贡献专家”(2005年)。陕西省德艺双馨艺术家，2011“陕西文化面孔”等。2011年，国家为科技人员评定职级，王蓬获国家一级作家二级岗位（两院院士为一级）获此殊荣陕西文学界仅两人，另一位是著名作家陈忠实。这是国家和社会对王蓬这样一个勤奋创作40年、诚实劳动者的公允公正评价。（此文入选百度百科：王蓬词条。本文有删节）

杨建民，教授、文学评论家。著有《昨日文坛的别异风景》西安出版社2013年。

目录

卷七 雪域风物风情录

来自雪域的呼唤

是谁带来远古的呼唤，
是谁留下千年的期盼，
难道说还有赞美的歌，
还是那久久不能忘怀的期盼，
呀拉嗦，那就是青藏高原。
……

每当听到那高亢入云、苍凉热烈、悠长的无止无境的旋律，相信许多人内心都会被深深搅动。那高耸云端的雪域冰峰，连绵不尽的亘古荒原，绿浪接天的草地，一碧如洗的蓝天，大团悬吊的白云，深切的峡谷，奔腾的雪水，遍野的牛羊，翻滚的青稞；再是那大片鳞次栉比，金碧辉煌，规

青藏高原鸟瞰

模宏阔的寺院，数百名身着袈裟，席地而坐，朗朗诵经的喇嘛；独特的藏式木楼，精致的雕花廊柱，浓郁得化不开的宗教气氛，浓郁得解不透的民族风情，构成了青藏高原丰富多彩、气象弘阔的大千世界，常冷不丁就给人强烈的震撼，这种“震撼”会沉淀下来，成为一种抵挡不住的诱惑，挥之不去的情结，不露声色的呐喊。末了，你会莫名其妙地坐立不安，开始翻看地图，寻找路线，收拾行囊，最终会一次次西行，一次次奔向雪域高原……

> 西藏人口为281万人（2006年末数字），面积为120多万平方公里，人口密度为每平方公里2.21人。

雄奇的雪域高原

但对绝大多数旅游者、户外驴友或自驾游者来说，对雪域高原大多是出于兴趣、猎奇、探险而向往、而践行，并不十分清楚或者想了解清楚深入雪域高原的全部意义。比如雪域高原如何形成？藏族同胞怎么起源？藏

传佛教有何特色？唐蕃古道何时开启？如何选择最佳路线？探寻经典景点，解析藏地密码，既欣赏神奇壮阔的雪域，又获得藏族藏地的各种知识，既开阔眼界扩展视野，又充实胸臆拓展器局，以取得事半功倍的最佳效果，岂不美哉。笔者曾毕十年之功，探寻藏地奥秘，积累的经验与知识，为大家解读疑惑、提供线路资讯，只需携本著一卷，沿所绘线路入藏，即可感受千年古道的变迁、汉藏交好的传承、土司制度的痕迹、母系家族的遗风；领略沿途壮阔神奇的美

西藏自治区北临新疆维吾尔自治区，东北连接青海省，东连四川省，东南与云南省相连；南边和西部与缅甸、印度、不丹、锡金和克什米尔等国家和地区接壤，形成了中国与上述国家和地区边境线的全部或一部分，全长近4000公里。

青藏高原孕育了中华民族的母亲河一黄河

西藏名称的由来：以清正式定名得名。唐宋为吐蕃；元属宣政院；明称乌思藏，设都司等；清初称卫藏，卫即前藏，藏即后藏；后正式定名为西藏，为西藏得名的开始；清设西藏办事大臣；建国后改西藏自治区，区名至今未变。

景、多姿多彩的民风民俗、大美雄浑的地理地貌、徜徉于西藏历史与现实的长河中，去寻找属于自己的西藏故事。

《唐蕃古道秘境》全面展示的便是这个探寻的过程。尽可能表达出自己亲历、亲见、亲闻的种种感受和心路历程。深信，读者只要打开这本书，便会欣赏感受到从青藏、川藏、滇藏不同路线进入雪域高原的不同风貌与风景；深入了解西藏社会的历史与现实、宗教及民情、风俗与美景，更会欣赏感受到一幅幅关于青藏高原百科全书式的人文景观，并由此开启您的青藏之旅。在行旅期间，不妨白天游览，晚间酒足饭饱，热水泡脚解乏，再斜靠床榻，翻阅本书与所行地域相关章节，对照实地了解认知，省却翻检资料之劳，徒收事半功倍之效，增添寻叩青藏之趣，岂不乐乎……

关中自古帝王都此为西岳华山

卷一

汉藏交好开通衢

HANZANGJIAOHAOKAITONGQU

西安周边旅游线路示意图

盛世前夜的长安城里

李渊定都长安，天下却并未太平，军阀刘武周占据马邑，隋将王世充盘踞洛阳，义军窦建德控制河北，全国形势依然复杂严峻。在之后的七八年中，唐王朝一直处于东征西讨，荡平群雄，统一国家的战争状态之中。李世民自从18岁雁门勤王，20岁随父晋阳起兵，攻陷霍邑，挺进关中，占领长安，所有战役都曾参与，而且胆识过人，谋略远大，展示出其杰出的军事和政治才能，在唐王朝建立后，李世民更是独当一面，亲率大军指挥了平定薛举父子的浅水原之战，一举解除了西北方向对长安的威胁。武德四年，李世民又率兵马出征，几乎是同时面对两股势力最为强大的对手，河北的窦建德与洛阳的王世充，战争旷时日久，洛阳城坚，久攻不下，眼看要陷进无法收场的僵局……

> 唐代：618年-907年，共经历了高祖、太宗、高宗、中宗、睿宗、武后、玄宗、肃宗、代宗、、德宗、顺宗、宪宗、穆宗、敬宗、文宗、武宗、懿宗、僖宗、昭宗、哀帝等20位帝王

关键时刻，李世民却看清对方破绽，破釜沉舟，孤注一掷，争取围城打援战略，击败窦建德，逼降王世充，为唐王朝统一战争的最后胜利奠定了基础。但李世民排行第二，并非长子，按封建体制并不能继承大统，李渊定都长安，哥哥李建成已被立为太子，李建成作为皇储，曾带兵平定"司竹群盗"，击败刘黑闼义军，稳定了山东局势，表现出一定的军事和政治才干。在争夺皇储上，李氏兄弟已形同水火，双方均剑拔弩张，兄弟间的杀戮已不可避免。

终于，在武德九年（626年）六月四日发生了玄武门之变。李建成早朝经过玄武门，被早有准备的李世民、尉迟敬德射杀。面对既成事实，第三天，李渊便下诏立李世民为太子，同年八月传帝位于李世民，这便是鼎鼎大名的唐太宗。

> 贞观之治：627年-650年

唐太宗李世民

西安古玩市場

武德九年（626年），八月九日，李世民在东宫显德殿登极称帝，是为唐太宗，并改元贞观，从而开启了中国历史上的著名的贞观盛世。

唐太宗与贞观盛世，不仅是中华历史长河中最光彩夺目的一页，即便在千百年后的今天，依然受到中外人士的瞩目，贞观君臣的施政要领也为许多政治家所青睐借鉴。但贞观盛世还有漫长的坎坷之路要走。当初，李世民接手的几乎是一个千疮百孔的破烂摊子：土地荒芜，人口锐减，市井萧条，粮食匮乏，再是李渊虽已退位，但一批元老重臣仍手握权柄，身居高位，如何处理父皇与原太子李建成余党，以稳定朝野政局就成为摆在刚刚登上九五之尊的唐太宗面前一道急需解决的、刻不容缓的难题。

魏徵（580－643），唐朝政治家，为凌烟阁二十四功臣之一。以直谏敢言著称，是中国史上最负盛名的谏臣。著有《隋书》序论，《梁书》《陈书》《齐书》的总论等。其言论多见《贞观政要》。其中最著名，并流传下来的谏文表——《谏太宗十思疏》。

毕竟是一代英主，出手就展示出超人的胸襟与气度，28岁的唐太宗听取尉迟敬德等大臣建议，兼顾亲情孝道，让李渊仍旧居住皇宫，过着嫔妃群拥的安乐日子，直到三年后李渊执意移居弘义宫。唐太宗不仅安抚了老一辈元勋，对太子党中有才能者，如魏徵、薛万彻，太宗更是亲自宽慰，委以重任，日后在贞观改革中，均因贡献杰出成为一代名臣。由于在玄武门之变后，采取了宽大为怀的策略，京城长安和全国政局迅速得到稳定。

面对经济凋零，如何恢复生产，在贞观元年六月，唐太宗即与群臣研讨治国之策，尖锐提出为何周朝治世长久而安定，秦虽统一却很短暂？太宗认为："周得天下，增修仁义，秦得天下，益尚诈力。"并接受魏徵提出的顺应人心思治，人心思定，对老百姓要实行"王道"即教化方针，然而，就在贞观君臣齐心协力，研究开创一个空前盛世的前夜，在大唐帝国的西南，远横于天边的一抹高耸入云的黛苍，却有一个叫吐蕃的民族迅速崛起，成为唐王朝必须面对的一支不容忽视的势力。

吐蕃：7～9世纪时古代藏族建立的政权，是一个位于青藏高原的古代王国，由松赞干布到达磨延续两百多年，是西藏历史上创立的第一个政权。

青藏高原上的吐蕃崛起

神奇的青藏高原

青藏高原位于我国的西南部，平均海拔超过4000米，素有“世界屋脊”的美誉。在这“屋脊”之上，仅是海拔超过7000米以上的山峰就多达50多座。超过8000米的则有11座，晶莹剔透，薄雾缠绕，宛如一位位含娇带羞、风情万种的妙龄少女，召唤着多少血性男儿挑战的欲望与征服的决心。

青藏高原，是中国最大、世界海拔最高的高原。总面积近300万平方公里。境内面积257万平方公里，平均海拔4000～5000米，有“世界屋脊”和“第三极”之称，是亚洲许多大河的发源地。

我们得感谢大自然的惠顾，把神奇美丽、蕴含丰富的青藏高原赐予华夏大地和炎黄之孙。它巍峨高大，雄浑延绵，恰到好处地雄踞于中国西南，如同不可逾越的屏障，拱围起华夏大地的内陆与腹地。

我们可以假设，如果青藏高原不是在现在的位置，而是整体北移至蒙古一线，将会因纬度偏北，临近寒带，终年为冰雪覆盖，无法生长植物而不适合人类生存；再假如青藏高原不是巍然高耸4000公尺，仅仅是几百公尺，以现在的纬度，可能炎热得如同伊朗等中东地区，举目皆是荒漠和戈壁。现在的青藏高原纬度虽然偏南却巍然高耸，气候因地形而多样，拉萨河谷气候温润、适应种植各种谷物和蔬菜，辽阔的高原则适宜于游牧，林芝地区海拔低于3000米，植物多样垂直分布，呈现出让人惊讶的江南美景，适宜人类的生存和发展。

当然，气候恶劣的地区也有，比如藏北羌塘草原，大部分在海拔

4500米以上，无霜期仅两个月，冬季严寒漫长，大部分地区常年为冰雪覆盖，甚至有四十多万平方公里的无人区，至于海拔超过6000米以的昆仑山、唐古拉雪山、各拉丹冬雪山和喜马拉雅群峰，更是终年冰雪覆盖，但又恰是这些延绵不尽的雪峰，亘古难融的冰川，蕴涵的巨大水量，淙淙消融，汇纳不尽成为华夏大地的——江河之源。

喜马拉雅山脉，藏语意为“雪的故乡”。位于青藏高原南巅边缘，是世界海拔最高的山脉，其中有110多座山峰高达或超过海拔7350米，是东亚大陆与南亚次大陆的天然界山，也是中国与印度、尼泊尔、不丹、巴基斯坦等国的天然国界，主峰珠穆朗玛峰，是藏语第三女神的意思，海拔高达8844.43米，是世界第一高峰。

青藏高原——江河之源

当今世界，没有哪个国家和民族不重视生态、资源，尤其是水的资源。中东地区水比油贵并非神话，作为世界上人口最为众多的国家，人均占水仅是世界人均占水六分之一，发达国家十分之一。全国600个以上的城市缺水，尤其华北地区、京畿之地严重缺水，“南水北调”已经刻不容缓。从这个背景和视角来看青藏高原，由于有众多江河的源头，尤其是中华民族母亲河长江与黄河的源头，对青藏高原的贡献怎么估价都不过分。如果再扩展视野还会发现，从青藏高原发源的河流，不仅惠泽了中华大地，还直接催生了亚洲许多国家文明的诞生，仅是一条澜沧江便润泽了越南、缅甸、老挝、泰国、柬埔寨等多个国家。

长江是中国第一大河，在世界上位列第三，干流全长6300多公里，经青藏高原、云南、四川、湖北、湖南、江西、安徽、江苏等省区，注入东海，沿途汇集了700多条支流，流域面积达180多万平方公里。

黄河仅次于长江，是中国第二大河，干流全长5464公里，流经青海、四川、甘肃、宁夏、绥远、陕西、山西、河南及山东九个省份，向东注入渤海，沿途汇集了三十多条主要支流和无数溪川，流域面积达75万多平方公里。为世界上含沙量最多的河流。

澜沧江是湄公河上游在中国境内河段的名称，是中国西南地区的大河之一，是世界第九长河，亚洲第四长河，东南亚第一长河。澜沧江发源于青海省玉树藏族自治州的杂多县，主干流总长度2139公里，澜沧江流经青海、西藏和云南三省，在云南省西双版纳傣族自治州勐腊县出境成为老挝和缅甸的界河后始称湄公河。湄公河流经老挝、缅甸、泰国、柬埔寨和越南，于越南胡志明市流入中国南海。

当然，我们最关注的还是孕育了长江、黄河的那片雪域，由于还邻近着澜沧江源，所以被称为三江源。这里位于青藏高原的腹地，平均海拔4000米以上，坐落纵横着巴颜喀拉山、可可西里山及唐古拉山，海拔均在五六千米以上，覆盖着终年不化的积雪，是中国冰川集中分布的主要地区，被划进三江源地区的有30多万平方公里，能够为大江大河提供必备的水源。约占长江总水量的25%，黄河总水量的49%和澜沧江总水量的15%，是我国乃至亚洲重要的水源地，三条著名大河发源于同一地区，在世界地理上也绝无仅有，所以三江源素有“中华水源”和“亚洲水塔”的美誉。

吐蕃是一个什么样的民族

青藏高原，号称“雪域”，因而被戴上神秘的色彩，撩开面纱，不难发现雪域并非亘古蛮荒，仍然密布着辽阔的草原，温润的河谷，茂密的森林和蔚蓝的湖泊，栖息活跃着野牦牛、藏羚羊、林麝、盘羊、旱獭、雪鸡等各种珍禽异兽。青藏高原的多处文化遗迹表明，人类自古便在青藏高原繁衍生息。从位于昌都的卡若遗址，发掘的细石器和陶器、磨制石器、代表了西藏高原东部地区以农业为主，兼有畜养、狩猎经济文化类型，专家们认为西藏卡若文化更多是受到甘肃、青海境内马家窑及齐家文化的影响，与中原仰韶文化一脉相承，距今约5000余年。充分说明西藏人的祖先曾经在这里生活。历史文献与藏北那曲、藏西阿里、大量的古代出土文物证明，数千年乃至数万年前在青藏高原就有人类活动，藏族是土生土长的一个民族，绝非来自其他地方。

笔者曾经阅读过多种可靠的史料，多次去西藏博物馆参观，那儿陈列的文化典籍和出土文物，都无可争辩地表明藏族与中华民族同根同源，是祖国56个民族中不可分割的重要成员。

吐蕃王朝崛起与占据马上优势紧密相关

吐蕃崛起

公元6世纪，西藏高原上，由于奴隶制的发展，相互兼并，最后形成吐蕃、象雄、苏吡三个部落鼎立的局面。吐蕃地处西藏山南地区，河谷开阔，气候温暖，有优越的地理条件和稳定的农业基础。部落首领松赞干布进行了一系列改革，兼并征讨，统一了西藏。吐蕃的名称，按藏族藏学大师更敦群培的说法是：我们这个地区，在自己的语言中被称为蕃域，在地理位置中为上方，吐蕃也就是上藩，日后建立的王朝也就称吐蕃，史称吐蕃王朝。

唐朝，西藏人自称为“博”，吐蕃一词最早见于《新唐书·吐蕃传》。开始是指现今的西藏地区，后来随着吐蕃王朝的扩张，青海、西康等地区也成为吐蕃的一部分。“博”一方面代表地方名字，另一方面也代表民族的名字。

松赞干布出生地

《西藏通史》中说，松赞干布在位之时，正式确定了“吐蕃”这个名称作为民族的称呼。这个民族团结一致，智慧勇敢，将势力扩展到四方。松赞干布是一个眼界开阔、有政治远见的人物，他派大臣创造古代的藏族文字。他对中原文化十分仰慕，采取的是热情欢迎、努力仿效的态度。用他掌握的权力，大胆地引进汉族的先进的经济、文化来发展吐蕃社会。

《汉藏史集》记载了松赞干布进行行政区划的情况，他吸纳各种意见，把全吐蕃划分为四个“茹”，再划分若干个千户。把溪水引进池塘，再用水渠灌溉农田，把山上居民迁到河谷，开垦平川为耕地，划分田界。统一划定升、斗、称等量具。把边地小邦和游牧人群全部纳入治下，百姓纷纷来归，平安乐康。吐蕃强盛时期，四“茹”系仿唐王朝典制的军事组织，约40万兵力。《新唐书》亦记载吐蕃“胜兵数十万”，日后吐蕃曾在大非川战胜唐代名将薛仁贵率领的十万唐兵，绝非偶然。

> 松赞干布（617-650），吐蕃王朝第33任赞普，是实际上吐蕃王朝的立国之君。在位期间（629-650），平定吐蕃内乱，极大扩张了吐蕃王朝的版图，使吐蕃成为青藏高原的强国，确立了吐蕃的政治、文化、军事、经济、法律等制度，从唐朝和天竺引入佛教、从唐朝引入科学技术以及历法。松赞干布与其王妃赤尊公主、文成公主三人，至今仍受藏族人尊崇。

非常有意思的是，当时中央的唐王朝和在青藏高原兴起上的这个吐蕃王朝，他们之间的交往是必然的，也是不可避免的，事实是在唐王朝的近300年历史中，经历了盛唐、中唐、晚唐三个时期，这三个时期与吐蕃王朝的盛期、中期、晚期大体相当。更有意思的是，无论是大唐帝国的君主李世民，还是吐蕃王朝的赞普（王子）松赞干布，都已被历史证明并公认为雄才大略，建树丰厚的一代英主。而这两位英主尽管在世时间相差较大，李世民（598-649）寿51岁。松赞干布（617-650）寿34岁。但执政时间却几乎同时，公元626年，28岁的唐太宗登基。在位23年，开创了被称颂千载的贞观盛世。仅隔3年，公元629年，13岁的松赞干布登上赞普王位，执政21年，统一青藏高原，创建强盛的吐蕃王朝。中华大地为两位英雄君主施展抱负、开创业绩提供了广阔的天地，他们之间的交往也成为中国历史上的精彩华章。而唐蕃古道，就是一条汉藏交好，民族团结的和平友谊之路。不过有趣的是最初的来往不是通商交好，而是兵戎交葛。

> 据载，双方使臣来往191次，其中唐使吐蕃66次，吐蕃使唐125次。

唐蕃古道的开启

古道开启

公元618年，是中国历史上一个非同寻常的年份，因为这年，一个非同寻常的王朝创立并在长安建都，这就是我们今天都为之自豪的唐朝。唐代在近300年的历史中，经济繁荣，文化昌盛，国力强大，声威远播，不仅有沟通中西欧亚的丝绸之路，有穿越秦巴大山由天梯云栈构成的蜀道，还有一条通往雪域高原的官驿大道——这便是举世闻名的唐蕃古道。

唐蕃古道从汉唐古都长安出发，穿越秦陇河湟，登上中国西部农牧业的分界线日月山，经玛多、玉树境内的江河之源，越唐古拉山口，经藏北那曲、当雄，最终到达雪域圣城拉萨。跨越今陕西、甘肃、青海、西藏四个省区，全程约三千公里。之后，还曾延伸到印度与尼泊尔，商贸往来，十分繁荣，所以也有专家称其为丝绸之路的南线。千百年来，这条被视为汉藏交好、民族团结的和平友谊之路，虽然最初的初衷却并非通商交好，而是兵戎交葛。战场并非长安，却在遥远的边城松潘。

> 松潘，古名松州，四川省历史名城，是历史上有名的边陲重镇，被称作“川西门户”，古为用兵之地

求婚之战

若去甘南草原或是阿坝草原，无论是从兰州或成都出发，都会途经高原古城松潘。这是一座名副其实的古城。暗苍高大的城墙，巍峨高耸的城楼。远处是白雪皑皑的山峰，城边是奔腾湍急的泯江，把这座高原古城衬托得无比雄奇，无比壮丽。

高大雄伟的松潘古城

走近松潘，让你惊讶古城竟保存得如此完好。城墙根基是巨大的条石砌就，墙体为黄土筑就青砖砌衬，严丝合缝，随着地形山势蜿蜒连绵，数百年风雨侵蚀，墙体已凹凸不平，杂草小树也从砖缝中漫生，使古城更平添厚重与沧桑。

> 松潘古城有门七道：东曰“觐阳”、南叫“延熏”、西号“威远”、北作“镇羌”，西南山麓者称“小西门”，外城两门，东西向称“临江”，南北向称“阜清”。

沿着拱圆形的城门洞进去，两扇厚重的大门依然存在，历数百年而无腐蚀损坏，足见当年修建结实。据说松潘县城修筑达60年之久，信不虚传。穿越深达15米的城门洞，给人进入院落的感觉，安全感油然而生。环顾四周高山激流，回首历史漫长岁月，为保一方百姓平安，民族和睦，你会觉得古城修得恰到好处，十分必要。

也确如此，松潘由于地处四川、甘肃、青海三省交界地段，是青藏高原、甘陇、河西进入四川盆地的必经之处，历史上草原游牧民族吐蕃、党项、鲜卑以及蒙古铁骑都曾由此入侵川西平原。汉唐以来，历代王朝都很重视松潘防务，设关卡，驻精兵，不敢稍事懈怠。从北周天和元年起，即566年，就在此设县级治所。

唐初，在李渊、李世民父子起兵反隋，建立大唐王朝的时候，遥远的雪域高原，也有一个部落王朝迅速崛起。藏南地区的部落王子，年仅13岁的松赞干布，在干练大臣辅佐之下，组成一支精锐部队，兼并了许多部落小国，完成了对青藏高原统一，松赞干布也成为受吐蕃臣民拥戴的国王。这位风华正茂的吐蕃王子松赞干布对中原文明十分向往。派使者于贞观八年（634年）前往唐王朝求婚，经过松潘，不想却被守卫松潘的官兵扣押。

> 潘县面积8486平方公里。县城进安镇，海拔2849.5米，距省会成都335公里，距州府马尔康431公里，九寨黄龙机场距县城仅17公里。

松赞干布一怒之下，亲率20万大军进犯唐境。松潘守将韩威轻敌，认为吐蕃不过是食牛羊、穿毛皮的乌合之众。不想，双方交兵，吐蕃士兵奋

力拼杀，唐军大败，只能坚守待援。吐蕃军队乘机在边境一带大肆劫掠。这才引起唐王朝对吐蕃实力重视。唐太宗亲自点将，选派能征擅战的大将侯君集为大总管，率五万步骑，迎击吐蕃。因吐蕃军队先胜一仗，认为唐军不过如此，心存麻痹。唐军大将侯君集，见吐蕃势众，不宜力战，则命骁勇善战的牛进达为先锋，率领精锐骑兵夜袭吐蕃大营。吐蕃毫无防范，被唐军冲进营帐奋勇砍杀，斩杀吐蕃千余人。这是吐蕃崛起之后遭受的首次惨败，这一仗使吐蕃深感唐军严整，凌然难犯，越发希望联姻，乃派相当于丞相职务的大臣禄东赞使唐谢罪，献金5000两，骏马千匹，再次郑重求婚。不打不相识，雄才大略、富于政治远见的唐太宗虽然获胜，但审时度势，深感吐蕃雄踞青藏高原，民性剽悍，是一支不容忽视的力量，应化干戈为玉帛，和睦交好。

于是应允藏王松赞干布求婚请求，把李唐王朝文成公主嫁于松赞干布，谱写了一曲汉藏和睦的千古佳话。

唐[步辇图]描绘唐太宗接待吐蕃使臣禄东赞情景

公主远嫁

传说，当时向唐王朝求婚的不仅有吐蕃，还有突厥与吐谷浑，都同时向唐王朝求娶公主，唐王朝为考查各国使臣智慧，也增添喜庆色彩，出题六道，答对者方可迎娶公主，这就是盛传的六难婚使故事。六道难题为：一、将彩线穿过九曲明珠；二、辨认百匹母马与马驹的母子关系；三、百名婚使一日内喝完100坛酒，吃完100只羊，再把羊皮揉好；四、一样粗细的一百根木头分出根与梢；五、夜晚进入唐宫看完歌舞演出回去时不能迷路；六、从三百名穿戴一样的宫女中认出公主。这六大难题确真难煞了突厥与吐谷浑婚使，但却被吐蕃婚使一一破解：利用蚂蚁携带丝线穿越了九曲明珠；母马与马驹分开一夜，不予喂奶，一旦合群，马驹会自找母亲；喝酒吃肉揉羊皮是吐蕃人拿手好戏，根本难不倒；木头根梢则用湖水区分，下沉为根，飘浮为梢；夜晚进宫先做路标自然不会迷路；事先打听出公主特征也就不难辨认。

641年，唐太宗派江夏王李道宗为国舅与护亲专使，护送文成公主远嫁吐蕃。这次入藏，不仅有以江夏王李道宗为首的朝廷大员，还带有大批卫队、侍女、工匠、艺人和大量绸缎、典籍、医书、粮食等陪嫁物品。队伍庞大，物品丰厚。据《吐蕃王朝世袭明鉴》记载，有“释迦佛像、珍宝、金玉书橱、360卷经卷，各种金玉饰物，又给多种烹饪食物，各种花纹图案的锦缎垫被，卜筮经典300种，识别善恶的明鉴，营造与工技著作60种，100种治病药方，医学论著4种，诊断法5种，医疗器械6种。还携带各种谷物和芜菁种子等”。由这些记载不难看出，唐王朝远嫁的不仅是公主，还把中原先进的文化、医疗、农业、科技远输边陲，从经济和文化上给吐蕃切实的帮助，惠及最广大的民众，使吐蕃朝野上下在潜移默化中感激和追随大唐，达到化干戈为玉帛，保障边境稳定，才能使贞观长治久安收到实效。

大昭寺：是世界闻名的藏传佛教寺院，距今已有一千三百多年历史。大昭寺位于拉萨市老城区中心，以独特的藏式宗教建筑风格和藏传文化氛围而闻名。在大多数藏族人心中，大昭寺的地位不亚于布达拉宫，甚至于拥有藏传佛教至高无上的地位。而“去拉萨没有到大昭寺就等于没有去过拉萨”，也成为了众多西藏旅行者的一致观点。门票85元。

小昭寺：位于大昭寺北面约500米处，为西藏自治区重点文物保护单位，拉萨名胜之一。小昭寺始建于唐代，与大昭寺同期建成，7世纪中叶由文成公主督饬藏汉族工匠建造。小昭寺是黄教格鲁派上密院的修法之地。

文成公主贞观十五年（641年）进藏，永隆元年（680年）去世，在西藏整整生活了40年，她曾设计和协助建造大昭寺和小昭寺。再是同去的大批卫队、侍女、工匠、艺人们也没有返回中原，留在雪域高原，把耕种、碾磨、纺织、制陶、造纸、酿酒等工艺技术传播到藏区；文成公主带去的诗文、农书、佛经、史书、医典、历法对吐蕃文化的建立、促进起到了不可估量的作用。文成公主带去的金质释迦牟尼佛像至今供在大昭寺中，深受藏族同胞崇敬，从那时起雪域高原便与中原内地有了不可分割的血脉关系。

今日西藏博物馆悬挂的大幅松赞干布娶亲图

惠泽后世

文成公主入藏，对吐蕃朝野文化经济生活都带来巨大影响，并惠泽后世，也使吐蕃对唐王朝先进发达的文化科技十分仰慕。在文成公主去世后，吐蕃王朝于神龙三年（701年）再次向唐王朝求婚。唐王朝也从联姻中看到汉藏和睦带来的升平气象，唐中宗选定金城公主入藏联姻。

金城公主在吐蕃生活了30年，和文成公主一样，把内地的文化、科技、耕种技术、医疗带进了雪域高原，为唐蕃和睦相处做了不懈努力与贡献，这期间，双方使臣来往频繁，仅史书记载便有191次之多，至于民间的通商、通婚、贸易就更加频繁，唐蕃古道也作为唐代以来中原内地通往雪域高原的通衢大道而载入史册。

金城公主更具李唐王室血统，其父为雍王李守礼，其祖父为章怀太子李贤，即唐高宗与武则天亲生之第六子，亦是当朝皇帝中宗之兄。所以这次远嫁规格更高，也更隆重。

边城松潘

现存松潘城墙为明时所建。俗语：明修长城清修庙。明代时封建王朝那种汉唐气象已不复存在。朱明王朝始终处于一种防御状态，北防瓦剌、南防倭寇，故现存长城多为明长城。西安现存城墙便是明时所建。正是在这个大背景下，明政府也把松州与若尔盖草地的潘州合并为松潘，筑城设衙。由于松潘地处要害，故明廷专调富于筑城经验的宁州卫长官高显负责。经实地勘察，决定利用松潘险要地形，依山傍水，筑城于两山之间，插翅也难逾越。筑城时就地取材，烧制厚重古砖，每块达30公斤。采用传统技法，修砌成高达15米，长达6.2公里的环周城墙，几乎是现存西安明城墙13.74公里的一半。城内署衙、司狱、守备、把总、文庙、佛殿、书院共历5年才竣工。在600年前人烟稀少的边地，构筑如此宏大之工程，所遇艰辛不难想见。

古城商摊

现存西安城墙垣始建于唐末，重建于明洪武年间，迄今有600多年的历史．城墙全长13.74 km,高12 m。

松潘不仅城墙高大，城内街道也仿内地城池，街道严整，房屋规范，官署民居，各守其地，一派明清格局，显得古色古香。作者曾有幸两次到松潘县城，并在城中住宿一夜。记得到了松潘，谁也没有想到在这泯江上游，崇山峻岭之间，竟有一座如此完好的古城。大家兴奋地在大街小巷转悠，当地多系藏民，有骑着高头大马的藏族汉子，马蹄得得，在碎石子路面上一溜小跑。到处都有摆地摊卖藏药的，还有出售虎骨、豹尾、熊掌之类，再是虫草、藏红花等名贵药材，皆当地所产。印象至深是各式藏刀，刀鞘上镶银带珠，十分漂亮，大家纷纷购作纪念。

松潘藏族主食为青稞糍粑、乳酪、牛羊肉、蔬菜（土豆、萝卜等），青稞酒、玉米酒，饮料主要有奶茶、酥油茶、酸奶。藏民待客以手抓肉、血肠为主。牦牛肉干是当地不可错过的特产。

我们还转悠到几户人家，皆有院落。无论藏族、回族，都很热情，保持着边民的质朴。有一家人做豆腐，家中有古老石磨，用城外河水带动水车做动力，原始而先进。当晚，我们住在古城，寂静无比，能听见山林的呼啸和河水的喧哗。松潘海拔2000多米，夏季十分凉爽，中午太阳明晃晃的，只热上一阵。我们是6月份去的，过雪宝鼎时，正逢下雪，在松潘盖着棉被有位伙伴还被冻醒。

旅游景点：古城墙遗迹、古战场遗迹、古桥春涨、金蓬晚照、龙潭映月、炉烽晓烟 、 大悲梵钟、赤松古迹。其中松藩古城门票为150元。

卷二

穿越秦陇河湟

CHUANGYUEQINLONGHEHUANG

宝鸡、天水、临洮线路示意图

周秦故土多遗迹

古语：无水不成道，唐蕃古道亦然。贞观十五年（641年）隆冬，一支彩旗飘拂、衣甲鲜明、庞大的送亲队伍出长安城一路朝西浩浩荡荡前行，关中平原，八百里秦川，自古京畿王土，有宽阔驿道可资利用。汉代以降，这也是西出阳关的丝路故道。过渭水到咸阳，道分两支：一支沿泾水河谷、经长武、平凉，越六盘山至兰州，此为丝路北线；也即被誉为“今日丝路”的中国东西大动脉，濒临东海的连云港至西部边境霍尔果斯口岸的连霍高速公路。另一支沿着渭水，经宝鸡、天水至兰州，此为丝路南线。

阳关：中国古代陆路对外交通咽喉之地，是丝绸之路南路必经的关隘。位于甘肃省敦煌市西南的古董滩附近。和玉门关同为当时对西域交通的门户。宋代以后，因与西方和陆路交通逐渐衰落，关遂废。

咸阳唐帝陵前雄狮

自西汉丝路开通，两路并行，驰驿奔昭、商旅不绝。南北两线穿越的关陇一带，亘古周秦创制，汉唐拓疆，制定典章，垂范后世，许多影响中国历史进程的重要事件、重要人物均发生或长眠于此，留下多少古遗迹、古寺庙、古战场、古墓葬……纵有生花妙笔，也难一一罗列，且把古道穿越的去处，撮其要者，容分叙之。

郑国古渠

郑国渠与四川都江堰，广西灵渠并列中国古代三大水利工程。

郑国渠是秦朝修筑的一条重要的灌溉工程。有趣的是郑国渠修筑的目的并不像修筑都江堰是为灌溉沃野；修筑灵渠是为了沟通长江、珠江两大水系。修筑郑国渠竟起源于一起阴谋。

战国末年，秦国改革变法，“奋六世之余烈”虎视六国。攻占成皋、荥阳之后，韩国失去屏障，韩桓惠王惊恐之余，想出一条息秦伐韩之计：派遣水工郑国前往秦国游说始皇凿渠引泾，渠道首尾300余里，工程浩大，在当时人力物力均无法与今日类比的情况下，足以拖住秦国，使其倾全力对待，无力东伐，韩国也就得以苟延。但“疲秦计”还是中途败露，生性多疑的秦始皇决定杀死郑国，面对死亡，大智大勇的郑国毫无惧色，向始皇晓以利害：“臣为韩延数年之命，然渠成，亦秦万世之利也。”毕竟是秦始皇，顿时醒悟，便支持郑国修筑起引泾工程，并命名为“郑国渠”。

郑国渠修建在渭北平原二级阶地的最高线上，利用天然落差，蜿蜒在泾阳、三原、高陵、临潼、富平、渭南、蒲城等县。由于泾水从甘肃平凉山区发源，一路冲刷着黄土高原，含泥量大，淤田压碱，使大片沼泽盐碱之地变为肥美良田，于是关中连年丰收，秦国也益发富强，终于完成“六王毕，四海一”统一天下的神圣使命。

不仅如此，从郑国渠始，历代都以此为基引泾灌溉，在嵯峨北仲夹持的山谷，留下汉代白公渠、唐代三白渠、宋代丰利渠、明代通济渠，渠道遗迹和近代李仪祉先生主持修建的泾惠渠拦水大坝，使泾水在长达2000余年的岁月中都为人类所用。尤其值得一提的是根据史料记载换算，当年郑国渠灌溉面积多达280万亩，不仅历代引泾灌溉田亩无法与之类比，就连近代泾惠渠所灌面积也仅为其三分之一。可见郑国渠工程的宏伟豪迈。

> 李仪祉（1882－1938），陕西省蒲城县人，著名水利学家和教育家，我国现代水利建设的先驱。他创办了我国第一所水利工程高等学府——南京河海工程专门学校和多所院校，为我国培养了大批水利建设人才，并亲自主持建设陕西泾、渭、洛、梅四大惠渠，树立起我国现代灌溉工程样板，对我国水利事业做出重大贡献，陕西人民受益尤大。

如今，郑国渠挡水大坝仅残存一线长堤，隐没于蒿草之中，水波荡漾的库区也成稼禾如林的沃野，无声无息。

太壶佛寺

泾阳地处关中腹地，历朝皆为京畿重地，塬北嵯峨、北仲山下，有大唐皇帝宣宗与德宗的贞、崇二陵。可惜，历千年风雨，兵毁匪盗，陵廓石马、石像犹在，城阙殿宇却荡然无存。蓝天艳阳下，不时有放牧的羊群经过，惟有堆积盈尺的残砖碎瓦向罕至的游人叙述昔日的荣耀。

> 西安十三朝：西周、秦、西汉、新、东汉、西晋、前赵、前秦、后秦、西魏、北周、隋、唐。
>
> 唐德宗：780–805；唐宣宗：847–859。

值得庆幸的是在泾阳县城二条街中段北侧，尚有一座前秦行宫遗址，现名太壶（坤）佛寺。这座建筑可是大有来历。东晋年间，氐人苻洪在关中建立了政权：前秦。第二代君主苻坚即位后，进入兴盛时期，几乎控制了北部中国。苻坚踌躇满志，四处巡游。一次，车至泾

> 383年，苻坚穷兵黩武，攻伐东晋，在那场著名的"淝水之战"中被东晋谢安、谢石率领的兵马杀得大败，遗留下"风声鹤唳，草木皆兵"的千古笑柄。

阳南原，苻坚极目远眺，只见蓝天丽日下，泾水如带蜿蜒而来，两岸男耕女桑，一派繁忙，绿树烟村，富庶升平。苻坚大悦，连声赞叹："美哉斯原！"遂下令在此地建立行宫一座，并从阳池分地，设立泾阳县。

隋文帝时，其母好佛，文帝下诏改行宫为佛寺，供奉北魏时期石雕佛祖释迦牟尼一尊，全高3米，气势雄浑，庄严慈祥。唐代，佛教盛行，佛寺因有这尊佛雕而名扬京畿。开元年间敕名太壶寺，许多达官贵人皆不辞车马之劳赶来朝拜，据说杨贵妃也曾来敬香。一时佛事繁盛，成为与长安青龙寺齐名的讲经圣地，连日本太子都曾在此留学。

之后，宋、元、明、清各朝，佛寺屡毁屡建，地址并不曾移动。尤其石佛从北魏保持至今，其间经风历雨，难以尽数。文革中，石佛曾埋于地下，现已重见天日，重新塑身，不仅为泾阳增添景观，也让游人叙说汉唐旧事、佛教兴衰，平添思古之情。

法门唐塔

扶风法门寺之所以出名，一是葬有佛骨，二是唐代成为皇家寺院，仅是帝王朝拜便达七次之多，耗费钱粮资金之多都极为惊人，据说佛骨迎进长安时，家家备案，户户焚香，万人空巷，争相朝拜，一位信徒为表示虔诚跳进熊熊燃烧的火堆，另一位教徒索性挥刀砍掉胳臂，围观人群欢呼响彻云霄。末了，还牵连出一桩载入册籍的文坛公案。时文坛领袖韩愈实在看不下去这场闹剧，便谏阻唐宪宗李纯不要耗费巨资大兴佛事，还举例说前朝信奉佛教的皇帝都很短命，梁武帝数次拜佛后为叛军所逼，竟然饿死等等。岂料，唐宪宗非但不听，还龙颜大怒，非要杀掉韩愈。幸亏丞相斐度给他求情，才免去一死，撤去其相当于今日副部长级的职务，下放到当时还很蛮荒的广东潮州去做地方官员。

韩愈：（768～824）今河南孟县人。唐代古文运动的倡导者，唐宋八大家之首。

唐宪宗：806-821

法门寺唐塔

唐代皇帝七次到法门寺：唐太宗1 次、武则天2次、唐肃宗1次、唐德宗1次、唐宪宗1次、唐懿宗1次。其中第六次最著名，第七次规模最大。

当年，文成公主驻辇扶风驿，因公主信佛，又临远嫁，故专程到法门寺烧香、请愿、布施……全寺僧人曾列队迎送，并做专门道场，祈求佛祖保佑公主一路西行平安。

法门寺近年名声大显，是因上世纪80年代，寺内唐塔因雪雨倒塌，维修时发现地宫，大量的盛唐文物及世界仅存的佛骨舍利得以显露，震惊了中外佛教界和文物考古界，这批文物数量之多，规格之高，制作之精美、华贵，举世罕见，充分凝聚着盛唐气象，展示了盛唐文明，足以让每个华夏儿女都为之自豪和骄傲。至于“法门佛骨”在海内外佛教界都产生影响，曾用专机护送至台湾展奉。

我曾两次观赏过法门寺出土的这批文物，并记住一位文物专家的感叹：要了解盛唐，这批文物就足够了，几乎每件文物都可以写出一部厚厚的专著。

青铜器之乡

车轮飞驰，汽笛长鸣，八百里秦川景物一一退后。渐渐地，原尽山围，前面便是西秦重镇，历史文化名城陈仓。也是今日陕西仅次于西安的第二大新兴工业城市宝鸡。

明修栈道，暗度陈仓：说的是秦末刘邦项羽联手推翻暴秦，又互相争夺天下的故事。当初，项羽军事实力远胜刘邦，刘邦被赶出关中到汉中为王。刘邦韬光养晦，烧毁栈道，借以麻痹项羽，表示他将永居汉中，不再与项羽争夺天下。其实却筑坛拜将，起用良将韩信，并采用“明修栈道，暗度陈仓”之计，声东击西，一举夺取关中，五载遂平天下。刘邦当了皇帝，陈仓也由此扬名。

其实，在此之前就有许多重要历史人物和重大历史事件发生在宝鸡。史传神农炎帝姜姓部落就是在宝鸡地区起家壮大，与轩辕黄帝部落联盟融和，形成华夏民族的先祖炎帝与黄帝。我们常自称自己为炎黄子孙，宝鸡委实堪称中华民族的发祥地之一。

不仅如此，宝鸡还诞生了两支最早登上中国政治舞台的部族。周族以宝鸡的周塬为家乡，创建了长达700年之久的西周和东周；秦人则以宝鸡千阳渭塬为故土，创建了中国历史上第一个大一统的秦王朝。

周朝：前1046–前256
秦朝：前221–前206

周与秦的文治武功自有史册彪炳，秦留下被誉为“世界第八大奇迹”

秦腔根植关中大地，此为脸谱

宝鸡出土的散氏盘

的兵马俑。宝鸡的周人故里也因多次出土国宝级的青铜器而被誉为“青铜器之乡。”周塬的岐邑遗址是周人家庙、墓葬、府库与三世都城所在，在面积20平方公里的地面上早在秦汉就有青铜器出土，之后历代发现不绝于史。仅是近年就有多起震惊文物考古界又十分传奇的发现。1975年董家村一位农民挖红薯窖时，一镢头挖下只听叮咚之声，再刨竟挖出精美青铜器37件；仅隔一年，一位农民修屋取土又无意中发现窖藏青铜器163件；再是农民耕作、修渠、筑路都不时有青铜器发现；还有一件被定为国宝级的大方鼎竟是位农民犁地归来，懒得扛犁，让牛拖着在机耕道上挂带出来的。这类传奇事件在周塬一带因常见而不稀罕。

宝鸡青铜器博物院：为中国最大且是唯一的青铜器博物馆。全院由青铜之乡、周礼之邦、帝国之路、智慧之光等部分组成。馆藏有何尊、折觥、厉王胡簋、墙盘、秦公镈、卫鼎等一千多件青铜器。免费领取门票。

宝鸡青铜器不仅种类齐全，造型精美，且多有铭文。一个铜鼎有铭文28字，反映西周的土地转让制度；一件卫鼎有铭文207字反映大臣有功受赏；一个墙盘铭文长达284字，追述文、武、成、康诸王事迹；再是在考古古文字界享有盛誉的散氏盘、毛公鼎、虢季子田盘皆出自宝鸡周塬。这些带着铭文的青铜器由于为当时实物，镂于青铜，无法更改，堪称信史。亦堪称国之瑰宝。

陇上自古出圣贤

伏羲及女娲

秦陇山水相依，泾渭相通，均属北方小麦产区，民皆性强，俗皆情犷，扯牛肉拉面、食羊肉泡馍，唱昂扬秦腔，出良将圣贤。离陈仓、过千阳、越陇山大震关便进入甘肃陇东重镇天水地界。

天水古称成纪又称秦州，为秦人发祥之地，至今，水有秦水，谷称秦谷，亭为秦亭，县叫秦安，城曰秦城，州呼秦州，再是横贯陕甘的秦岭，无不渊源于秦人受封于天水秦邑之故。但在秦人崛起之前，陇东还出过一位圣贤太昊伏羲。

陇原风光

三皇之首的伏羲及女娲均出生于古成纪，即今天水。相传，伏羲龙身，女娲蛇躯，兄妹成婚繁衍了中华民族，这大概是中华民族自称龙的传人的由来吧。伏羲历来被尊为中华民族的人文始祖，相传伏羲受蜘蛛结网启示发明渔网捕鱼，继而钻木取火、烤肉熟食、改族内婚为族外婚、养牲畜、尝百药、缝兽衣……为中华民族最初的文明做出了奠基式的贡献。

> 三皇：伏羲、黄帝、炎帝；
>
> 五帝：黄帝、颛顼、帝喾、尧、舜。

8000年前古代先民繁衍生息之处大地湾，上世纪在天水被发现，其出土的远古彩陶，如蛙纹彩陶钵、人像彩陶罐、玉铲、玉璜都因其代表着黄河流域最早、规模最大也最精美的代表性器物，被考古界、文化界尊称为大地湾文化、马家窑文化、齐家文化等。

天水伏羲庙

人类进入文明史后，尧舜时期，秦人祖先凭借天水一带优越的自然环境，为舜驯兽养马有功，被赐姓嬴。到了西周，渐次发展，被周赐地称秦，封西陲大夫，为秦的崛起奠定基础。

天水市是甘肃省第二大城市，自古是丝绸之路必经之地。天水是华夏文明和中华民族的重要发源地，国家历史文化名城，享有羲皇故里、娲皇故里、轩辕故里的荣誉，羲皇始创八卦，天水被誉为"易学之都"。

李广、赵充国及现代名人

秦汉隋唐时期，由于定都长安，天水作为京畿王土的西部屏障，所处位置十分重要，许多重大历史事件与历史人物都发生活动于此。西汉初期，匈奴屡犯疆域，陇东天水首当其冲，为保家园，天水一带民性刚烈，养成崇武习武之风，出息了不少良才骁将，其中最杰出的代表便是李广。他从年轻时便从军与匈奴作战，战必当先，加之李广体长力大，武艺超众，尤其擅长箭法，能够百步穿杨，一生转战边关，参加大小战斗70余次，杀敌无数，匈奴闻李广名便胆寒，恭称李广为"飞将军"。

秦时明月汉时关，万里长征人未还。
但使龙城飞将在，不教胡马度阴山。
——（唐）王昌龄为李广作

在李广之后，同样在西汉，天水还出过一位抗匈名将赵充国。《汉书》有传，说赵充国自幼习武，胸怀大志。34岁时，赵充国随将军李广利与匈奴作战，遭匈奴包围，断粮数日，死伤日众，危急关头，赵充国率百余壮士冲入敌阵，打开缺口，汉军得以突围。之后，赵充国在半个世纪的戎马生涯中，历经武帝、昭帝、宣帝三朝，身经百战，屡立战功，成为让匈奴闻之丧胆、威震边塞的一代名将。

三国时期，蜀魏争战，诸葛亮六出祁山，天水一带为主战场。痛失街亭、智收姜维、射杀张郃、空城退敌，这些历史故事均发生于此。尤其天

水名将姜维作为诸葛亮选定的接班人，承继匡扶汉室遗志，直到蜀汉灭亡，以身殉职。天水贤达，世代不绝。唐太宗李世民、中唐名相权德舆、抗金名将刘倚、爱国将领邓宝珊，及今国学大师霍松林，评论名家雷达等

天水李广墓

麦积山石窟

汉唐时期，丝路畅通，天水为其必经之道，驼队逶迤，驼铃叮咚，"丝绸西去，佛教东传"。从汉代始，发源于古印度的佛教沿丝路传播。丝路沿线，留下众多的佛塑群落。其中敦煌莫高窟、云冈石窟、龙门石窟和天水麦积山石窟历史悠久，造像精美独特，具有极高的艺术价值，被列为中国四大石窟，全国重点文物保护单位。

麦积山因'状如农家积麦之垛'而名

> 路人青松翠蔼间，夕阳倒映下溪湾。
> 此中猿鹤休相笑，谢傅东归自有山。
> ——（北宋）李师中《俯瞰麦积山》

麦积山石窟距天水市区仅45公里，处于秦岭山脉西端，陇山林海边缘，四周群山层叠，林木掩映，麦积山则拔地突兀，因“状如农家积麦之垛”而名。因距丝路干道便捷，能够保障开佛窟时所需物资供应和僧侣的日常生活。由于成为佛家胜地，四周生态得以保护，林木葱茏，泉溪遍布，造成气候湿润、风景宜人的小流域环境，委实是西部丝绸古道的一颗明珠。

麦积山石窟从北魏始，历代开凿约1500年之久，千窟万龛，密如蜂房，层层排列，其间有云梯石栈构成的栈道相通，飞檐挑角，极天下之险，十分雄奇壮观。现存石窟多达194个，有大小佛塑7000余尊，壁画1000平方米。这里保存着数量众多的北朝和隋唐之前的泥塑珍品，且保持着原貌，未遭盗窃和破坏，所以麦积山当之无愧地被专家们誉为“东方雕塑馆”。麦积山还因地处林区，常雾漫山林，细雨飘飞，突兀的麦积山飘浮于乳白的烟雨之中，形成一幅“麦积烟雨图”，堪称一绝。

天水市面积不算太大，仅辖二区五县，但竟有国家、省、县文物保护单位245处，馆藏历代文物16000余件，其中木板地图、屏风石棺、三彩群俑、唐代铜镜均为国内仅见的文物精品，由此亦不难看出天水文化历史积淀之深厚。

漫步天水街头，只觉广场宽阔，高楼林立，霓灯放彩，车流如潮，正当你为这座丝路名城的现代气派所感叹时，忽然迎面一株合抱古槐，老树杈桠，浓阴如伞，不定是明清时期所植，让你顿生敬畏。正轻步缓移时，又一条老巷，皆石条铺就，两边四合院落，砖墙高矗，正欲朝厚重木门内窥探，迎面却是一堵砖石照壁，上面松竹梅鹤，雕技不俗，于是推测此可能祖上为官宦或富商人家。不想，连走数条街道，尽皆如此。欲叩门打问，又怕打扰别人平静。于是，悄然而过，暗怀敬畏，因汉时飞将军李广的府第遗址便在这般陋巷之中啊。

天水街头古槐

交通：在麦积区火车站前每日有专线旅游车34路发往麦积山，车程约1小时左右，每半小时一趟。

门票：麦积山景区门票70元，包括景区和石窟票。60岁以上者、解放军及学生半价，记得带老人证、身份证、士兵证和学生证。

开放时间：8:00～17:00

唐蕃先声甘南道

甘南古道

大凡古道都经历过自然踩踏与自然发现的阶段，唐蕃古道亦不例外。在文成公主远嫁雪域高原，唐蕃古道成为官驿大道之前，吐蕃人与中原已有交往，吐蕃人原本就是逐水草而居的游牧民族，在长年累月的迁徙转场中，发现和踩踏出通往中原和外界的原始小道是很正常的事情。

这其中，甘南古道是很重要的一条，具体路线是出青海过黄河，不沿传统丝路去长安，而是经临夏、合作、碌曲、若尔盖到松潘，然后北可经陇南至汉中，再沿蜀道去长安；南则可直接进入四川，历史上草原游牧民族吐蕃、党项、突厥，以及蒙古铁骑都曾由此避秦岭天险进入四川，这条道路对吐蕃人来讲最大的好处是途经甘南大草原，水草丰茂，补给容易，是进入中原腹地的捷径。

> 甘南包括玛曲、碌曲、夏河、合作等县市，居住着30多万藏族群众。他们从事着牧业、农业、半农半牧或其他事业。

甘南古道

九曲黄河第一曲

甘南有一处最为壮美的地方，那便是九曲黄河第一曲。在玛曲县内，其位于青海、四川、甘肃三省交界地段。黄河从海拔近5000米的巴颜喀拉山脉发源，沉积亿万斯年的冰雪融化，银河流泄，群星灿烂，汇纳百川，集流成河，浩浩荡荡，奔腾而下。流经玛曲，这里是青藏高原与黄土高原的过渡地段，地势平缓，黄河不再奔腾咆哮，显得十分舒缓，因而河水清澈见底，能看河中的水草青绿的脉叶。

"玛曲"在藏语是黄河的意思，玛曲县也就成了以黄河命名的县。

河曲自古汇聚良马

黄河在进入玛曲时水量并不是很大，据测算只有黄河水量的1/5，但由于玛曲一万多平方公里是青藏高原一处盆地，四周的雪山融化的雪水汇入，竟有300余条溪流以及数不清的大小湖泊，使黄河得到大量补充，流出时黄河水量成倍增加，竟有总流量的3/5，所以玛曲湿地十分宝贵，是黄河重要的水源地，也是著名的河曲马故乡和藏獒的重要产地。同时，还是藏族英雄格萨尔王的家乡。文成公主去世后，吐蕃王朝于神龙三年（701年）再次向唐王朝求婚。唐王朝也从唐蕃联姻中看到汉藏和睦带来的和平气象，特选金城公主入藏联姻，吐蕃对金城公主接待隆重。还曾向唐王朝要求把“黄河九曲”即玛曲一带作为公主沐浴之地赐予吐蕃。可见这片水草丰茂之地在藏族人民心目中的重要位置。

> 格萨尔王（1038-1119）在藏族传说里是莲花生大师的化身，一生戎马，扬善抑恶，宏扬佛法，传播文化，成为藏族人民引以为自豪的旷世英雄。格萨尔王一生降妖伏魔，除暴安良，南征北战，统一了大小150多个部落，岭国领土始归一统。

在这里，黄河这条巨龙仿佛累了，需做旅途的歇息，黄河围着广袤的玛曲草原转了一个奇大无比的半圆圈，构成一片平缓丰美的大草原。黄河宛如母亲无限慈爱地爱抚拥抱着她的儿女，变得慈祥，变得温柔。当你站立在附近的山坡，眺望远方，你会被惊呆，被陶醉。

甘南草原

天涯何处景最美，
最是甘南大草原。

——歌曲《最美甘南大草原》

甘南草原还有偌大一片湖泊，叫尕海湖。面积达16.2万亩，是黄河首曲最大的生态湿地，是当地藏族群众心目中的“圣湖”。每当藏历新年或是藏传佛教的诵佛节日，就有许多藏族同胞结伙绕着湖泊转经、煨桑。到了夏季，湖边青草茂密，溪水如带，藏民也带着帐篷，赶着牛羊在湖边放牧，这是最好的“夏牧场”。平日看去，整个尕海湖波光粼粼，水天一色，四周山峦起伏，水草茂密。完全可以与青海湖媲美。这儿海拔3500多米，属高原牧区，人烟稀少，环境未遭破坏，所以又成为候鸟云集之地。每当春夏数以千万计的鸟儿云集于此，有珍贵的天鹅、黑鹳、鹭鸶等国家保护鸟类，还有大雁、斑头雁、大海鸥、棕头鸥等。目前已列为甘肃省鸟类自然保护区。

甘南草原位于甘肃省西南部，南临四川，西界青海。这里地处青藏高原东北部边缘，东南与黄土高原相接，总面积4.5万平方公里。

甘南尕海湖

今日若去甘南草原，不用担心身体的不适。这儿属青藏高原的边缘，最高海拔3500米左右。绝大部分地方都在3000米以下，不会发生高原缺氧的现象。一般人只要身体情况正常都能适应。在旅途只需携带毛衣、药品即可。当然也还要准备些食品，比如方便面。因为高原沸点低，餐馆食品可能没有完全煮熟。但也不必多虑，在我多次的甘南之行中，这种情况只遇到过一次。

拉卜楞寺是藏语“拉章”的变音，意思为活佛大师的府邸。是藏传佛教格鲁派六大寺院之一，被世界誉为“世界藏学府”。鼎盛时期，僧侣达到4000余人，1980年对外开放旅游。

去甘南草原最好的时间是7月，这正是大草原气候最好、青草也最茂盛的时节。再也是拉卜楞寺农历6月的法会时节，能够看到数以万计的藏族同胞聚会时的浓郁风情、赛马和叼羊等游戏活动。

旅游线路有两条：一是从四川成都出发，二是从兰州出发，两线互为相反，实为一条。沿泯江至古城松潘，可以去九寨沟、黄龙等风景名胜区。然后从川甘交界的川主寺出发，沿简易公路去若尔盖草原，这是此行看见的第一片真正的草原，广袤且少人烟，沿途有许多藏族牧民，会给人留下毕生难忘的印象。

茶马互市说临洮

茶马重镇

唐蕃古道在关陇河湟地段，有汉时丝路可资利用。丝路从开辟之日起，便机动灵活，成网状发展，进入甘肃境内，则可分为南、北、中三线，中线走秦安、通渭、定西至兰州一线；北线经靖远过黄河，穿景泰可进入河西武威；南线则经陇西、渭源至临洮，在大河家渡黄河进入河湟谷地。这条线也是一条传统商道，因为沟连着茶马重镇临洮。

> 北斗七星高，哥舒夜带刀。
> 至今窥牧马，不敢过临洮。
> ——民谣

延继至今的临洮马市

金带连环束战袍，马头冲雪度临洮。
卷旗夜劫单于帐，乱斫胡儿缺宝刀。
——唐·马戴

临洮是中国南北分界线秦岭的西部起点，是青藏高原向关陇中原的过渡地段，是占据青藏高原的吐蕃、吐谷浑等游牧民族进入内地的必经之地。临洮有洮河贯穿，形成开阔的河谷，山岭水草丰茂，谷地平整肥美，宜农宜牧，恰处在古代先民生息繁衍时首选的二级阶地。在临洮境内出土的大量彩陶，被认为是马家窑、辛店文化的代表。秦汉时期，在青藏高原先后崛起的吐蕃、吐谷浑、西羌，凭借着马上优势，南下中原劫掠，临洮一线又成拉锯战场。

事实上，临洮也是游牧民族进击中原最好的桥头堡。临洮一带的山岭起伏延绵，水草丰茂，能够驻扎军队，放牧军马，临洮开阔的河谷自古种植谷物，是西部著名的粮仓，进可出击关陇，威逼长安，退则为广阔的青藏高原，无后顾之虑。但对中原王朝来讲，临洮便成为心腹之患。从秦代开始，就在此筑长城，设要塞，选派名将，驻扎重兵，胡骑烟尘，金戈铁马，载入半部史册。

汉中的茶，临洮的马

但构成漫长岁月的并不完全是战火烽烟，更多还是胡汉交流、民族融和。而最能体现民族交融则是始于隋唐，盛于两宋，延续至明清长达千年的茶马互市。

唐时，北方游牧民族就开始用马匹与中原王朝交换茶叶。这样可以起到外安抚边民，内充实军力驿力，活跃边贸的多重效果。以后历代王朝都很重视，专设茶马司，配备熟悉情况的官员和通晓胡语的翻译任通司来加强管理。

临洮由于占有地形之利，相邻的吐蕃、吐谷浑、党项、蒙古均为不可或缺茶叶又无法生产茶的游牧民族，他们必须寻找到最近的茶叶聚散地。秦岭南侧的汉中就成为首选之地。由于有此优势，加之蜀道与汉江航运畅通，使汉中成为沟通蜀地荆襄茶区与临洮马市的聚散重地。笔者曾查汉中方志，仅宋神宗熙宁七年（1074年），汉中收购茶叶便达700余万斤，形成规模巨大的茶叶市场，客栈、酒楼、茶肆商幡招展，成为当时与开封、成都并列的全国三大税收城市。那么与汉中对应的临洮自然也会出现规模巨大的马市。可以想见，每当秋高马肥季节，吐蕃人、西夏人、吐谷浑人、蒙古人就会赶着马匹驮着帐篷汇聚到临洮，平坦河谷搭满帐篷，山坡上放牧着准备交易的马匹，马市上人头攒动，各种饮食、酒店、茶肆商幡招展，各种艺人也闻讯而来，把这塞外高原城市挤得满满当当，白天市声喧嚣，入夜灯火万

茶马司，官署名。从宋设置都大提举茶马司开始，元、明及清皆有此官，掌以川茶与西北少数民族交换马匹。

临洮河谷羊群如云

点。一拨满载着砖茶、谷物的吐蕃人刚刚离开，一拨又赶着骏马的党项人又搭起了帐篷。硬是把这桩茶马买卖推演了千年之久。

> 临洮，古称狄道，自古为西北名邑、陇右重镇、古丝绸之路要道，是黄河上游古文化发祥地之一，素有“彩陶之乡”“兰州的卫星城”“兰州的后花园”的美誉。

临洮的瓜果香天下

时至今日，金戈铁马，胡骑尘烟早已为桃红柳绿、瓜果飘香的升平气象取代。洮河两岸，生存聚居着汉、回、羌、东乡、撒拉、保安、藏、土等多个民族，追溯起来，各自都有一部迁徙、交融的历史。一方水土养一方人，正是临洮这片丰美的土地，使他们定居下来，和睦相处，融进了中华民族这个大家庭，但又保留着自己的特色。比如回族群众的砖雕、葫芦雕享誉河州，保安族打造的刀具远近闻名，撒拉人的羊皮筏子远漂千里。但不管哪个民族，都有务瓜果的能手，倘若夏秋时节，公路两边牵连几十里不断都是瓜果凉篷，白兰瓜、黄河蜜、水蜜桃、西红柿，眩人眼睛，香气扑鼻，构成诱人的瓜果长廊，给所有的来客都留下至深难忘的印象。再是各族群众，汉、回、土、羌，撒拉、保安，每当农历四月，便都会从临洮、临夏、永靖、临潭、汇聚到洮河畔的松鸣山下，融会进一年一度歌唱“花儿”的海洋：

> 花儿：俗称山曲儿，最早流传于宁夏、甘肃、青海一带。后传入昌吉，经二百余年演变，已具有鲜明的本地特色。花儿曲调高亢，节奏明快，富有浓郁的生活气息。

喝一口泉水润一下嗓，
大声唱，青山（吧）绿水的地方；
揉一下眼睛四下里望，
好风光人世间赛过天堂……

西北群众的花儿会

夏河谷地有名寺

东方梵蒂冈——拉不楞寺

拉不楞寺，真可谓东方的梵蒂冈。
——中国著名文博专家何正璜语

临近唐蕃古道的甘南有座拉卜楞寺，为藏传佛教六大寺院之一，规模宏大，声名远播，不可不去。拉卜楞寺在夏河县境内，位于甘肃与青海的交界地段。这儿已是青藏高原的边缘，高原雪水流淌下来，冲积出一条宽阔的河谷，当地人称为夏河。夏河县也因此得名。

藏传佛教六大寺庙：甘丹寺、哲蚌寺、色拉寺、扎什伦布寺、塔尔寺、拉不楞寺。

拉卜楞寺一角

拉卜楞寺就在距夏河县城仅一华里的河谷，一出县城，就看见寺院那规模宏大的建筑群落。1982年就被列为全国重点文物保护单位，国家多次拨巨款维修。中外游客和远自西藏、青海、甘肃、四川的朝圣者终年不绝。显然，拉卜楞寺支撑着这儿旺盛的旅游业，无怪开饭店的汉中老乡不愿离开。

寺院一切都很规范。记得那年我们购好参观券，立刻有一位年轻喇嘛带领参观并讲解。这个藏族小喇嘛才17岁，普通话讲得很好，还会说英语。他告诉我们，外国游客来得越来越多，他正在学习《英语900句》。外国游客也乐意教他。由于会话机会多，他的英语提高很快，还上过中央台的新闻片呢。

拉卜楞寺是藏语“拉章”的变音，意思为活佛大师的府邸。是藏传佛教格鲁派六大寺院之一，被世界誉为“世界藏学府”。

这个小喇嘛的记忆力非常好，当然也可能与天天讲解有关。他介绍拉卜楞寺的起源和历史，沿革与现状，建筑特色和工艺水平，还回答了藏传佛教寺院的规矩、僧侣状况等问题。言简意明，让我们对这座藏传佛教名寺有了大致的了解。

拉卜楞寺始建于清康熙年间，已有300余年历史。拉卜楞意为活佛居住之地。由于历史久远，历代活佛扩建，目前总建筑面积达到40余万平方米，包括了藏传佛教六大寺院，100多个属寺和八大教区，是西藏之外藏传佛教的又一个中心和西北地区的最高佛教学府。最盛时期，寺内僧侣达4000余人，加之为寺院服务的各种行业，几乎形成一座喇嘛城。

这种浓郁的宗教气氛，终年不断的朝圣者以及在建筑、服饰、饮食、音乐、绘画上无不鲜明带着藏族的风格与特色，因此，连不少国内游客都称拉卜楞寺为“小西藏”。更重要的是，这是距内地中心城市最近、规模也最大的藏族佛寺，距兰州市仅300公里，半日路程即可到达，所以终年游人如织。因为在这里同样能够令人激动，能够领略

拉不楞寺风味小吃：奶茶；手抓羊肉；蕨麻米饭；藏包；酸奶。

寺庙重檐覆顶巧夺天工

到一种超凡的神圣和庄严，还能体味到由此产生的心灵的震撼和旷达。

拉卜楞寺所以在藏传佛教众多的寺院中名气很大，首先，寺院规模宏大，布局严谨，具有独特的民族风格和很高的艺术价值。主要建筑大经堂高大宏伟，里面仅是数人合抱的大型明柱便有140根。在举办全寺性法会时，可容纳4000僧侣听讲，这在现代建筑中也称得上宏伟气魄。

拉卜楞寺重大节日：1.正月祈祷法会，藏语称为“毛兰姆”。自正月初三日晚起，到正月十七日止，历时15天。2.二月法会。从二月四日至八日；3.四月“娘乃节”。于四月十五日举行，此日是释迦牟尼降生、成道、圆寂的日子；4.七月法会。自六月二十九日至七月十五日止；5.十月宗喀巴逝世纪念，于二十五日举行。

手捧鲜花的喇嘛

去拉卜楞寺进香的藏民

再是，各种大型佛堂、经殿多达30余座，尽皆飞檐挑角，威严矗立。仅是供活佛高僧居住的府邸便有30多院，多为两层藏式小楼。会客室、读经室、卧室一应俱全，布局精巧，造型别致，充分体现了藏族特色。普通僧侣居住的地方也规划得井然有序，500多座四合小院整齐排列，有街巷相通，每院住三五个喇嘛；小院安静朴素，十分整洁。我们特地进去看了看，喇嘛们的房间除床铺之外，有各种书籍，学习英语的磁带、收录机等，还有电饭煲、各种蔬菜、方便面等，颇有现代生活气息，也很规范。

拉卜楞寺还以供奉的佛像丰富完备著称，众多的佛殿供奉着释迦牟尼、菩萨罗汉和历代高僧，多达一万余尊。高者可逾10米，小者仅数厘米。所用材料有金、银、铜、铝、象牙、檀木、玉石、水晶，造型精湛，千姿百态，美轮美奂，堪称一流的艺术品。

门票价格：40.00元
开放时间：08:00~18:00
最佳季节：每年的6月-10月

这些造像，除藏区能工巧匠所塑之外，还有出自于远至蒙古、印度、尼泊尔等地塑像高手。还有大量精美的壁画，有佛教故事，骑射、狩猎、奏乐、舞蹈等场景，有很浓厚的生活气息，是反映藏族生活不可多得的文献。这些佛像壁画，历史悠久，制作精美，已成价值连城的文物。

喇嘛教派的高等学府

拉卜楞寺素以治学法规严谨，成果卓著，学人辈出出名。创建拉卜楞寺的嘉木样一世是精通佛教、天文、历法、医学和文字学的大学者，所以，从开始就制定了健全的寺庙制度和严格的治学法规。造就了浓郁的治学气氛。推崇刻苦学习，提倡著书立说。寺院内存放着60万卷图书，有600年前完整的藏文经卷，还有历代活佛宗喀巴、达赖、班禅和高僧的著作2万余部。如此丰富的藏书极为罕见。

拉卜楞寺下设六大学院，其中一个显密学院，五个密宗学院。分别为闻思学院（属于显宗）、时轮学院、医学院、喜金刚学院、续部上院、续部下院。

浓郁的学术气氛，使得人才辈出，拉卜楞寺许多高僧的著作流传广泛，成为蒙、藏一带讲学院必修经典。其中嘉木样二世所著《嘉木样一世传》《青海塔尔寺志》已成为名著，翻译成中外各种文字，广为流传。再是该寺院培养的许多人才曾得到清政府、达赖、班禅的重用，被聘为国师或经师。凡此种种，都使拉卜楞寺享有盛誉，为佛教界敬仰，也为中外游客所青睐。

在拉卜楞寺看辩经：辩经，即对佛教理论的辩论。出家人学习佛经后，为了加强对佛经的真正理解，采用一问一答或一问几答或多问一答的方式交流所学心得和所悟佛法。多在寺院内空旷之地、树荫下进行。

甘南多美女

近年，甘南每年都举办香巴拉节，交流频繁，游客增加，也给藏族群众生活带来许多新的变化。一些藏族妇女办起小商店、小餐馆，还当起了导游。我曾不止一次在藏民餐馆就餐，有一对姑嫂卖拉面，两人都穿着汉装，牛仔裤、羊毛衫，时尚现代。先以为她们是汉族，后听她们和藏民用藏语说话，才知道是藏族，问她们为啥不穿藏装，回答是穿汉装干活方便。要逢节日才穿民族服装。

香巴拉节：甘南藏族自治州最大的旅游综合性节日，以回归自然、回归生活、突出民族特色为主旨，是面向广大群众的节日盛会。让游客体验藏文化最真实的一面，了解藏民族风俗并与之同乐。

在拉卜楞寺、在桑科草原，搞旅游当向导的几乎全是藏族姑娘，我发现甘南靠近甘肃与靠近四川的藏族妇女身材有明显区别。靠近四川若尔盖、阿坝一带要苗条精干，靠甘肃这边则普遍身材修长，大都在1.70米以上，甘南藏女便属这类。她们大都身材苗条，面容姣好，穿着艳丽的民族服装，用带西部口音的普通话为带的团队讲解，不少人还挂着手机。

桑科草原在甘南州夏河县城西13公里处，以其优良的草场和历史上多在此举行盛大的藏传佛教佛事活动而享誉西北藏区。　桑科草原交通：从兰州乘发往夏河县的车6个小时即可到达，车票20元左右，到夏河，可包车前往。

草原上的女性由于贴近旷野，贴近自然，更多地保留着人性深处的，也是最可宝贵的品质，比如善良、羞怯、敬畏、质朴和乐于助人。亦不乏如同大自然精灵般的可爱身姿活跃于蓝天白云之下，滚滚羊群之中，经典如王洛宾歌曲《在那遥远的地

藏族姓名揭秘：
丹巴——佛教、圣教
达杰——繁荣、发达
江央——妙音
多吉——金刚
格列——善、吉祥
群佩——兴法、兴教
丹增——主宰圣教、掌执佛教的人
拉姆——仙女
卓玛——救度母（女神名）

藏族少妇

方》中描写的牧羊女卓玛。只要进入藏区，见到“卓玛”并不困难，曾与藏民交谈，并不看重名字，随意叫出，父母村人能分清就行。男孩多叫扎西、仁次、强巴，女孩多叫卓玛、曲珍、央金、拉姆，藏区蓝天白云，贴近自然，并不像深受孔孟之道淫浸的汉族，让孩子的名字承载过多含意和希望。

记得是2004年探寻唐蕃古道，从甘南合作市赶往玛曲途中，雨后的柏油路像条黑色的蟒蛇，蜿蜒在浓绿滴翠的草原上，刚开始翻越一道山垭，

藏族姑娘华美的装饰

牧羊女已用上手机

山坡上忽然迎面一白一红两匹马，上面骑着一男一女两个藏族青年，马骏人更俊，那个藏族女孩竟是那样窈窕俏丽，苗条的身姿，纤细的小手扬着一根细细的皮鞭，白里透红的脸颊，长长的睫毛忽闪着黑亮的眸子，清丽的无一丝尘埃，无一丝杂染，美丽的让人惊叹。见着我们迎面开的汽车，她偏着头冲着我们的汽车顽皮羞涩的一笑，扬起皮鞭，两匹马立刻从车前冲过，我连忙举起手中的相机，一红一白两匹骏马已冲上碧绿的山坡，留下两个矫健飞驰的背影，让人深深的遗憾。

黄河古渡何处寻

黄河古渡

唐蕃古道从长安出发，穿越关陇，一过临洮，从青藏高原奔腾而下的黄河便如活脱脱一条巨龙横在眼前，成为隔断青藏高原与中原的一道天险。如何渡过黄河天险？成为当时古人面临的一道难题。

多年来，在探访唐蕃古道与丝绸之路中，我先后到过临津渡、金城渡、虎豹渡、蹬口渡、灵武渡，其中不乏疑虑，比如典籍与传统认定的临津古渡在甘肃积石山县大河家镇，但我却在一家高校学报上见到一位学者的论文，认定临津古渡在永靖县境，已被刘家峡水库淹没。

黄河远上白云间

刘家峡水电站位于甘肃省永靖县内，距离兰州市80公里的路程，是第一个五年计划期间，我国自己设计、自己施工、自己建造的大型水电工程。

2011年7月，我约伙伴在探访黄河源之后，又赴刘家峡，巧遇渡口边长大的船工鲁师傅，这位伴着刘家峡水库修建、度过半生的船工，对古渡口了如指掌。他开着电动机船，载着我们穿越烟波浩渺长达50公里的水面，一路感叹，淹没的不光永靖老县城，还有大片的好川地：小时候，地里种啥长啥，长的黄河蜜瓜甜死人了！鲁师傅的家也被淹没了，后退到了山梁上，他指给我们看半山腰上的村庄："地里不长庄稼了，才找开船的事情干。"

当我们问及渡口，他指着一处尚未被水淹没的烽火台说，就在那下面，水淹没了。是临津古渡吗？"看咋说呢！"鲁师傅说，这儿叫莲花台渡口，永靖老县城也在这里。渡口不止这一处，还有炳灵渡、临津渡在上面的大河家，在水库上面没有淹，那是个古渡口，名气大，也就有人把这一带的渡口都叫临津渡了。老人的话实在，还不乏哲理，也更引发人探访古渡的兴趣。

羊皮筏子

镇远桥修建于洪武十八年（1385年）。这座桥是用铁索连接二十四艘大船而成的浮桥，两岸各用两根铁柱固定。每根铁柱"长一丈八尺，径一尺五寸"。这座浮桥历时长达五百多年，直到清宣统元年（1909年）兰州铁桥建成才被拆除。

今日，不要说大江大河，就是茫茫大海，人类也能以不断发展的科技力量征服，跨海大桥与海底隧道不时见于报刊。但黄河上游的大桥最早记载是明洪武年间在金城关（兰州）所修铁索浮桥，碗口粗细的铁索飞架黄河，成为万里黄河第一桥。

现存兰州中山黄河铁桥，为清政府1909年所建，铁桥曾在解放后加固沿用至今。

> 据坐过羊皮筏子的人说，第一次尝试，重要的就是小心和大胆。坐在吹满了气的羊皮上，紧贴着脚就是深不见底的黄河水，如果没有足够的勇气，是连眼睛也不敢睁一睁的。但是，如果只凭冲劲，天不怕地不怕，就随便往羊皮筏上一蹲，那也会出大乱子。兰州的同志说，多坐坐羊皮筏子，可以锻炼意志、毅力和细心。
>
> ——摘自网页

临津关作为黄河最古老的渡口，早在秦汉便被古人利用，估计渡口还不止一个点，而是这一段河流，比如狭窄处可造桥渡河，开阔平缓地则可采用渡船和羊皮筏。除了建桥渡过黄河之外，常用的办法，还有选择水流平缓地段，采用渡船过河。比如丝路北线六盘山到甘肃靖远后，便是乘船渡过黄河，直达武威。成为进入河西走廊最近的一条线路，据多位红军将领回忆，1936年，到达陕北的红军曾在甘肃靖远虎豹口以16只木船，历时五天，渡过两万多名红军健儿，在陈昌浩、徐向前领导下，开始气壮山河的西征，即彪炳史册的西路军。

黄河皮筏延用至今

民间传统渡过黄河多为羊皮筏子，即把羊皮整张扒下，晾干制作涂油防水，紧扎四蹄，8只10只连系成排，充气后利用浮力载人载物渡河，这种办法沿用至今，还成为一种旅游项目。

还有一种渡河的办法，即数九寒天，黄河结冰后，直接踏冰而过，当年文成公主一行就是这么渡过天险黄河的。

著名渡口——临津渡

但无论利用什么工具渡过天险黄河，选择渡口都十分重要，自丝绸之路开通，在黄河上游必经的甘肃、宁夏、青海境内，古人寻觅开辟有多处渡口，有文字记载的便有临津渡、金城渡、虎豹口、五佛渡、灵武渡、浩门渡等多处。这其中，最古远也最有名者应为临津渡。这也因其所处位置而决定，其渡口在甘肃积石山县境内大河家镇的大河村，地处通往青藏高原、河西走廊乃至新疆要冲，且又在黄河两大支流洮河与大夏河汇入黄河之前，一是上游来水较小且平缓开阔，二是无险滩激流，便于渡河。这些优越之处想必早被古人洞察和利用。

甘肃著名的三大古渡：临津古渡、金城古渡、靖远古渡。

另据史料记载，从西汉起至隋朝，800年间，临津渡一直被作为黄河渡口并无变化。那么，距隋炀帝当政时，西行仅30年的文成公主远嫁，过黄河时也一定是临津渡，隆冬时节，利用河面结冰，大队人马踏冰而过，便可进入青海境内的民和、乐都至西宁，这恰是唐蕃古道的必经之处。1949年，王震将军率大军在此渡过黄河到达青海，并穿越祁连山进入河西走廊，一直打到新疆。

1988年，由国家投资在古老的临津渡修起一座飞架两岸的钢筋水泥大桥，沟通两岸，天堑真正变为通途。当年，这处渡过张骞的百人使团，霍去病万骑征讨大军，走过隋炀帝龙车凤辇，也走过文成公主远嫁车队的临津古渡，在完成使命之后，也跨进了历史的新纪元。

临津古渡存留的烽火台

草原王国吐谷浑

进入青海，寻叩唐蕃古道，就绕不开一个草原王国吐谷浑。这个草原王国称得上中国历史上一个传奇，他们最早生活于中国东部的白山黑水之间，以游牧狩猎为业，以苍穹大地为家，逐水草而居，随日月迁徙，其族名被历史学家称为鲜卑。这也是中国北方最早的游牧民族之一，据说鼎鼎大名的唐太宗李世民便有鲜卑血统。

吐谷浑占据的青藏高原适宜游牧

吐谷（yù）浑（285—663），亦称吐浑，中国古代西北民族及其所建国名。本为辽东鲜卑慕容部的一支，是西晋至唐朝时期位于祁连山脉和黄河上游谷地的一个古代国家。

吐谷浑原本是辽东鲜卑族分支，西晋时期，在辽阳、彰武一带游牧的鲜卑首领慕容廆在内乱中赶走异母兄弟吐谷浑，无奈之中吐谷浑率部属一路西行。到达内蒙古阴山脚下时，被河套平原水草丰茂留住脚步，当时占据这一带的鲜卑拓跋部落正好发生内乱，无暇它顾，给了他们生存空间。十余年后，拓跋重新崛起，吐谷浑部不愿臣服，再次率领部众西行，他们最先落足的地方是河州，也就是今天甘肃临夏回族自治州。

大漠风尘日色昏，红旗半卷出辕门。
前军夜战洮河北，已报生擒吐谷浑。
——唐·王昌龄

河州地处青藏高原向关陇平原的过渡地段，其间有洮河贯穿，水草丰茂，宜农宜牧。于是，给吐谷浑人提供了一块进退

吐谷浑曾培育名马"青海骢"

从容的立足之地。可惜的是部落头领吐谷浑，带领着他的王国30年游牧之久，终于停止下来的时候，自己却走到了生命尽头，公元317年，吐谷浑与世长辞，享年72岁。又过了20年，吐谷浑的孙子叶延，带领日益强大的部落，经过不断开拓，占领几乎青海全境和周边地区，于公元329年正式建立起草原王国，为纪念先祖，以吐谷浑为国号与族名，这个诞生在青藏高原的游牧政权比吐蕃王国早300年立国，鼎盛时期东至陇右，南到阿坝，西至且末，北达武威。

> 吐谷浑王城——伏俟城位于青海省海南藏族自治州共和县石头乃亥乡以北、莱济河南，东距青海湖约7.5公里的地方。周围是一片地域开阔、水草丰美的大草原。

由于占据了几条商道的交会之处，吐谷浑控制丝绸之路达几个世纪。他们从遥远的波斯引进良马，与当地马杂交，培育出名马“青海骢”，然后用这种名马与唐王朝换取丝绸，这便是被史书记载的“绢马互市”。吐谷浑人得到了被罗马人誉为黄金的丝绸，转手倒卖，屯积居奇，与中亚胡

青海近年修建的吐谷浑文化保护中心

商进行中转贸易，把用名马和毛皮换来的唐王朝的丝绸、茶叶、棉布、瓷器转销西域各国，又把中亚的金银制品、玻璃器皿、香料之类销往中原，进出之间，获利丰厚。

后裔去向：有资料表明今天生活在青海互助、民和、大通等县的土族，便是土吐浑人的后裔。土族信仰藏传佛教，以农为主，兼营畜牧。所居庭院与青海其它民族大致相同。所穿服饰很有特色，用红、黄、蓝、绿、紫五色组合而成。据说，红象征太阳，黄为五谷，蓝是河流，绿为山林，紫是大地，反映了土族群众对大自然的崇拜，

664年，吐谷浑时的大臣素和贵潜逃，向吐蕃提供了吐谷浑衰败真相。此时，松赞干布已去世，执掌大权的禄东赞率大军趁虚而入，一举灭亡了吐谷浑。

雪域故宫·班禅旧居

石石斜横碧水涯，石边松下有人家。
春风不早来空谷，四月深山见杏花。

过了黄河，便算进入青海，青藏高原在人们心目中是高寒缺氧，偏远蛮荒，压根想不到竟有如同江南水乡一般美妙的田园风光，这是清代曾任青海乐都县令杨应琚所作的《乐都山村》，曾广为流传。但大多数人并不知道，在这雪域高原还有一座瞿昙寺，因其建修格局、修筑年代都与北京故宫同时，比名声显赫的塔尔寺要早200多年，所以被誉为：雪域故宫。

雪域故宫——瞿昙寺

瞿昙寺位于乐都县曲坛河畔，山青、林茂、水丰，又是沟通甘青两省的要冲，距西宁80公里。该寺始建明初，也与明王朝兴衰紧密相关。

瞿昙寺大殿

瞿昙寺，是乐都区南山地区最大的寺院，也是中国西北地区保存最完整的一组明代建筑群，其总体结构布局雷同北京故宫，人称“小故宫”。

当初，明军在定西会战中击败蒙古势力，但残部仍退守青藏高原据险顽抗，几次进剿，都无功而返。后有人献策，蒙古族信仰藏传佛教，可用佛教高僧独特影响召降元蒙残部。为使众生免受兵戈之灾，高僧海喇嘛受诏后，欣然做书给蒙元各部，以佛力感召，各部“相继来归”，使明王朝兵不刃血，最终平定青海。这也给当上皇帝的朱元璋启发，索性利用宗教安抚边陲，海喇嘛于明洪武二十二年（1389年）应召进京，被明廷尊为帝师，返青海后首建瞿昙寺前殿，朱元璋亲赐红底金字书“瞿昙寺”横匾一方，由此拉开了明王朝与宗教合作的序幕。

在之后的岁月中，明代有七位皇帝给瞿昙寺下达敕谕、诰命、封赏，也使瞿昙寺步入全盛时期，不断扩建、修葺，最终建有拥有三进三重大殿、规模宏大、具有皇家宫殿风格的大型寺院。

不仅如此，明成祖还把方园百里的田土、山场、园林、财产、牲畜划归瞿昙寺，所属寺院更多达十三座，使得瞿昙寺在有明一代，数百年间成为青海河湟地区规模最大，资产最丰、声誉最隆的佛教寺院。该寺悬挂有明宣德青铜大钟，高1.8米，口阔1.5米，重达一吨，高悬楼台，每逢敲响，钟声宏亮，震耳欲聋，远播达30里，当地有“瞿昙钟响，化隆马惊”的说法。

瞿昙寺的崇高地位并未延至清代，一是因为明万历之后，藏传佛教格鲁派兴起。其宗师宗喀巴诞生于湟中塔尔寺，声誉日隆；再是清代雍正年蒙古罗卜藏丹津叛乱，牵连到瞿昙寺，寺主阿旺宗哲被押入狱，所拥有的资产悉数充公，致使瞿昙寺声誉、财产一落千丈，风光不再。但事有两面，恰是由于瞿昙寺冷落下来，少了人为破坏，倒使古刹得以保全。

杨淼林、杨慰学者通过大量的资料，在《青海社会科学》撰文：认为建文帝逃出南京后，剃发为僧，最后圆寂在瞿昙寺。

2006年7月笔者探访唐蕃古道，专程参观了这座“雪域故宫”。那御赐匾额依然威然高悬；尤其是西厢保存完好的“七十二间走水厅”中长达138米，总面积达400平方米的明代宗教壁画依然色泽鲜丽，栩栩如生，难怪有“隋唐壁画看敦煌，明清壁画看瞿昙”之说。那天，除了我们再无游客，瞿昙寺的完美让人惊讶得喘不过气来，赞叹之余，得知这座名刹完整保护的重要原因除了上述两条之外，还有改道，这里不再成为沟通甘青的要道，偏僻冷落，没有人来才是最大的保护。

交通：可到西宁汽车站（火车站对面）乘到乐都的长途客车，路程80公里左右，票价10元左右。

门票：15元。

同仁唐卡

告别瞿昙寺已是下午3时，按行程需赶往唐卡之乡同仁，还有近200公里，好在公路刚铺上柏油，虽不宽阔却光洁平整，如同黑色巨蟒在起伏的山坡上蜿蜒，沿途也少车辆行人，司机一路把车开得风快、轻易就翻越海拔3800米的山口。又恰逢青藏高原最美的季节，碧草连天，牛羊布野，一群群羊如同白云在一座座山峦缓缓浮游。接近同仁时，山谷已十分开阔，层层的梯田里，铺满成熟的青稞小麦，金灿灿的诱人。浓绿的树荫下，是密集的村落，整个河谷呈现一派丰足景象，资料显示同仁系青海河湟谷地农业最发达的地区之一，安定的生活环境为产生唐卡、堆绣这样的热贡艺术提供了经济基础。

同仁县：位于青海省东南部，距离省会西宁市181公里。

当天，赶到同仁，已近黄昏，同行书画家王维宾曾在青海军营二十余载，黄南军分区司令系其战友，当晚下榻军区招待所。翌日清晨，迫不及待想看唐卡，同仁出名就是唐卡。司令知道我们的想法后，特地安排参观唐卡博物馆，让人大开眼界，以唐卡、堆绣、泥塑为代表的热贡艺术，使同仁在藏区久负盛名。

唐卡是藏语。"唐"的含意与空间有关，表示广袤无边。就像在一块布上，既可画几百甚至上千尊佛，也可只画一尊佛。"卡"有点像魔术，指的是空白被填补。唐卡，其实也就是西藏的卷轴绘画。

唐卡是流传在藏传佛教地区的传统绘画，内容多与宗教故事、人物佛法相关，绘制佛祖、菩萨、罗汉、金刚等。唐卡的特点是工笔细描，尤其是人物的眼睛、睫毛、阡发毕毫，一笔不苟，耗时数月，若是大型画幅，需花几年时间。唐卡特点是色彩艳丽，绘制唐卡的颜料是用许多天然色彩的矿物研磨而成，佛祖则用金粉上色，所以经历数百年不褪色，这也是唐卡昂贵的原因。一幅普通唐卡售价两三千元，精美或画幅较大则值几万甚至几十万元不等。在展览室悬挂着夏吾才让一小幅唐卡，盈尺左右，标价是十万美金。夏吾才让上世纪40年代曾随国画大师张大千去敦煌临摩过壁画，打下坚实的基础，被评为全国美术大师，其作品在国际上也享有盛誉，人已离世，所以作品也就分外昂贵了。

现存唐卡代表作：元代《时轮坛城》唐卡；明代《刺绣红夜魔》唐卡；明《多吉丹佛塔》唐卡；清《松赞干布像》唐卡。

我们还专门去了以绘制唐卡出名的下吾屯村，这个村坐落在距县城不远的隆务河谷，田畴相望，绿树掩映，十分秀美。我们去一户专门绘制唐卡的藏民家庭，房舍庭院宽敞整洁，与北方乡村汉族院落没有多大区别。不同的是这家藏民有9个孩子，除出家当喇嘛的之外，其余的孩子包括已娶的媳妇，全部参予绘制唐卡。创造一幅精美的唐卡，需要许多工序和环节，比如画布就是专门的白棉布，画框也是专门的木材按不同尺寸制做，然后把白布缝制在画框上，还要用胶和化石粉均匀涂抹画布，然后用光滑的鹅卵石反复打磨，直到光滑平整到可以落笔，然后才勾线条，画轮廓，描人物，涂油彩……几十道工序，一道也不能马虎，几个兄弟也正好各把一关，各司其职，整个家庭更像个唐卡生产作坊，流水线式的生产，画好的唐卡已有高高的一垛，并不愁销，有专人来收购，根据尺寸大小，画幅内容，按质论价，有一整套流通的行规。

同仁唐卡之家

吾屯下寺始建于1385年，1987年开放，系国家级文物保护单位。吾屯下寺有大经堂、弥勒殿、护法殿各一座，茶房一院，建筑占地约80亩。

这家老大已43岁，没有成家，在本村下吾屯寺当喇嘛，也是位专业画师，下吾屯寺规模宏大，共奉的佛祖和千手观音高达数丈，金碧辉煌，这位画师参予了塑造。他说画唐卡也好，塑观音也好，都要心中有佛，每画一幅唐卡，都是在心里与佛的一次对话，对佛法理解有多深，唐卡就能画到什么程度，所以唐卡只能由有信仰的人来画，没有信仰的人就绝对画不好唐卡。

这番话说得让人肃然起敬，对唐卡多了层理解。整个下吾屯村，有许多专门从事绘制唐卡的家庭，同仁县有近千农民画师，整个藏区流通销售的唐卡有三分之一出自同仁，还真无愧"唐卡之乡"的美誉。

作者在佛塑现场

班禅故居

从乐都赶往同仁，途经循化县一个村落时，路边有块招牌，箭头所指十分醒目：十世班禅故居。十世班禅在国人心目中，有着比尊崇、敬仰这些字义还要丰富的情感。一方面，他是藏传佛教两大公认的转世活佛之一，在信仰佛教的藏蒙地区有着神明般的威望；另一方面，他又曾担任全国人大副委员长和全国政协副主席，进入国家领导人的行列，有着崇高的政治地位。他爱教爱国，始终坚持西藏是中国不可分割的领土。一次在拉萨各界人士座谈会上，一位宗教人士胡说西藏在历史上是独立的国家。班禅大师勃然大怒，拍案而起。他从吐蕃王朝崩溃后，西藏进入长达400年的割据动乱说起，一一述说元初西凉王阔端邀请西藏宗教领袖萨班在凉州百塔寺会商，由此西藏结束混乱局面，正式纳入祖国版图，历经元、明、清从没改变，直到1951年在北京签定和平解放西藏协议，800年来西藏一刻也没有脱离祖国怀抱。

> 循化县南文都乡麻日村位于文都集镇以南5公里处的夏当山麓，1938年正月初三，第十世班禅额尔德尼·却吉坚赞就诞生在文都乡麻日村。

班禅大师引经据典，侃侃而谈，一气发言近两个小时，赢得与会者多次热烈掌声，那位宗教界人士当场认错。之后，班禅大师在许多重要场合发言，都始终强调西藏是中国不可分割的领土，被邓小平称赞为“我们国家一个最好的爱国者”。

> 班禅的全称叫做“班禅额尔多尼”，是藏传佛教格鲁派两大活佛转世系统之一和藏传佛教两大领袖之一的称号。“班”是古印度梵文“班智达”的略称，“禅”是藏语“大”的意思，“额尔德尼”是满语“珍宝”的意思。

这样一位充满传奇色彩的活佛故居，岂可不看。我们最先见到的是一棵参天古树，青藏高原少见大树，这棵大树却非比寻常，树杆需数人环抱，枝桠更高耸天际，遮了半院荫凉，这株古树成为大师故居的标志。故居分为三院，东院为停车场、杂物仓库等，西院为班禅旧居，还有一院则为两层藏式楼房，供奉着历代班禅

班禅故居古树参天

佛象，还有卧室与会客室，整个建筑错落有致，层次分明，宽敞明亮，极具藏族风韵。由于十世班禅已于1989年圆寂。这里居住着母亲和一位哥哥。不巧，我们去时他们都外出了，偌大的故居，有“人去楼空”之感。大师故居有匾额一方“河源须弥”两边有联，“九曲安禅爱国早传拒虏，八荒向化护教所以宁邦”，极其精彩凝炼地总结了大师不平凡的一生。

十世班禅大师1949年举行坐床大典，此后数十年间，他坚持维护祖国统一和民族团结，被邓小平称赞为“我们国家一个最好的爱国者”。

历世班禅住锡的日喀则市风貌

班禅作为国内最大的活佛，他需要参加国内许多宗教仪式、祈祷活动，他总是不辞辛苦，和善慈祥地为百姓祈福，为信徒摩顶，举止优雅之间流露出智慧和高贵，他的声音亮如宏钟，如同佛钟敲响，在广大信众心中荡漾。

1989年1月28日，班禅大师赴西藏日喀则主持五世至九世班禅大师遗体合葬灵塔祀殿——班禅东陵扎什南捷的开光典礼，数万群众参加仪式，因操劳过度，心脏病突发，在历代班禅的坐床之地日喀则扎什仑布寺圆寂。

2004年，我去扎什伦布寺参观，安放十世班禅法体的灵塔已经竣工，大师法体也在隆重的法号声和诵经声中被送往灵塔祀殿。据亲历过程的活佛介绍，大师圆寂当天，黄沙突起，日月无光。班禅大师心有灵犀，说佛祖招唤他了，又说回到他的寺院，心中踏实，这是佛祖意愿，不可违背。信仰佛教的人都重视来生，并不忌讳谈论或思考死亡，在他们看来为死亡的人提供精神帮助和心灵照顾，毫无痛苦地享受死亡的过程，在安祥和圆满、精神最佳的状态中告别人世，然后平静地去迎接下一次生命的来临，乃是一种福份。

大美青海·传奇马家

西宁是青海省会，青藏高原上的古城，位于三百里湟水川道的中游，这里两山夹峙，湟水中流，居通往新疆、甘肃、西藏的交通孔道要冲。青海虽不直接与周边国家接壤，但地理位置相当重要。通往拉萨的唐蕃古道，延伸至印度与尼泊尔；向东接兰州与关陇；向西沿古羌中道直达新疆且末。西宁可谓三条古道交会之处。历史上谁占据青海，便会控制通往西藏与新疆的丝路商道，乃至于新疆、西藏的安危。所以西宁历史上便被视为西陲重镇。

大美高原

长期以来，人们对青海有种误解，以为青海既然属于世界屋脊的青藏高原，就一定空气稀薄，高寒蛮荒。当然，青海西北部的可可西里、柴达木盆地也确实如此，但这些地方却有世界上最珍稀的藏羚羊、藏野驴以及丰富的矿藏。更重要的是，青海终年冰雪覆盖的唐古拉山、昆仑雪山孕育了中国最伟大的母亲河黄河与长江，若没有它们，中华民族的文明便会失去源流，有人比喻青藏高原是中国的水塔，可见其位置的关键与重要。

青藏高原，是中国最大、世界海拔最高的高原。总面积近300万平方公里。中国境内面积257万平方公里，平均海拔4000～5000米，有“世界屋脊”之称，是亚洲许多大河的发源地

长江是中国第一大河，世界第三长河，干流6300多公里，经青藏高原、云南、四川、湖北、湖南、江西、安徽、江苏等省区，注入东海；

黄河仅次于长江,是中国第二大河，干流全长五千四百六十四公里，流经青海、四川、甘肃、宁夏、绥远、陕西、山西、河南及山东九个省份。

青海的东部，具体地说是农牧业的分界线日月山以东，完全是另一幅景像。海拔3500米的日月山不仅是农牧业的分界线，还是西部季风区与非季风区、内陆河与外流河的分界线，潮湿的季风能够吹到河湟谷地，带来四五百毫米的年降水，加之黄河、湟水、大通河冲淀出来肥美开阔的河谷，再经先民长期地开发经营，形成独特灿烂、壮美无比的河谷农业，夏秋之际，乘坐汽车或火车，穿越300公里的河湟谷地，金黄色的小麦一望无垠，灿若云霞，大片玉米，油黑茁壮，形同军阵。再去大通河谷，那铺满祁连山腹地60万亩连片的油菜花映得天也成金、地也成金，给人带来的震撼，如同灵魂经过了一次洗礼，提醒自己要重新认识青海，重新认识青藏高原。

青海湖，是我国第一大内陆湖泊，也是我国最大的咸水湖。

提起青海，人们注定会想到青海湖，不仅青海省因此得名，青海湖也是全国最壮美、知名度最高的湖泊，无一丝尘埃，蔚蓝的如同一匹硕大无比的绸缎，静静地铺陈在明净的苍穹之下。每年七月，环湖大片的油菜花怒放，如同给这蔚蓝的湖泊镶

金银滩草原

大美青海

嵌上金色的花边，一年一度的世界环湖自行车锦标赛，把这壮美的景色现场传播到世界各地，不知有多少人为这美景陶醉。

青海让人陶醉的美景还有美丽的金银滩草原，那是由多个延绵不绝的山坡构成的硕大无垠的草原，浓浓淡淡的青绿由脚下一直涌到天边，明净的溪水淙淙流淌，宛如银色哈达在青草间蜿蜒，一丛丛被称为金露梅、银露梅的野花怒放着，黄的金黄、白的银白，无声地叙说着这片草原的由来。远远近近的山坡上，大群洁白的羊群在身着彩裙的藏族姑娘挥动的皮鞭下，如白云般缓缓浮游……你眺望的第一眼，就会被陶醉。当年王若宾就是为其美丽打动写下了那首进入中国文化史的歌曲《在那遥远的地方》，不知有多少人倾倒在那美妙的旋律和歌词之中。

> 金银滩草原国家AAAA级旅游景区，位于青海省海晏县省海晏县境内。金银滩草原的黄金旅游季节是7、8、9三个月。不仅如此，这里还曾是鲜为人知的神秘禁区，它孕育了新中国第一颗原子弹、氢弹，是中国第一个核武器研制基地。

传奇马家

西宁作为丝绸南道和唐蕃古道的必经之处，我曾多次到这里访古，参观过“青海王”马步芳公馆。马海晏、马麒、马步芳祖孙三代均为中国近现代史上叱咤风云的人物，与青海建省、西宁兴衰密切相关。欲认识青海，必先了解充满传奇色彩的马氏家世。

早在汉唐，由于丝路畅通，便有大量中亚阿拉伯人进入定居，历经千年融和为我国回族。以宁夏、甘肃、青海人数为众。甘肃河州，即今日临夏素为善于经商的回民聚集之地。但马家却属世代务农的贫苦阶层，为了生存，祖父马海晏自幼习武，护送商队。由于武艺高强，在参加清末陕甘回民起义中成为一员悍

> 马步芳公馆是青海省保存最为完整的民国时的建筑，也是全国唯一一座选用玉石建造的官邸，具有较高的历史文物价值和浓郁的地方民族文化特色，2007年被评为国家4A级旅游景区 。

将。清廷剿灭太平天国后，派左宗棠坐镇西北，携湘军威势一路横扫，陕西、宁夏先后肃清，盘踞河州的回民领袖马占鳌与马海晏等商议，抵抗是死，降亦是死，只有拚死一战，胜而后降，方能长存。

果真，在河州太子寺一战中，马海晏自告奋勇，带领300名勇士，趁夜色潜入清军大营，突然发动袭击，同时马占鳌又率大军正面进攻，里应外合，大败清兵，清军两员大将河州总兵傅先宗和西宁总兵徐文秀先后阵亡，清军败退一百余里。左宗棠损兵折将，正苦于无法向朝廷交代，回军却乘胜乞降，既为左帅保全脸面，又彻底平定回乱，何乐不为。双方一拍即合，皆大欢喜。

不久，马占鳌病逝，马海晏即成回军领军人物，八国联军入侵北京时，马海晏受诏率其子马麒护卫京师，曾在正阳门与法军进行殊死血战，并护送慈禧西逃，途中马海晏于宣化病故，其子马麒接统其部。1929年青海建省，马麒与其弟马麟先后任省政府主席，其子马步芳1938年接任省主席，总揽青海军、政大权。

纵观马氏家族由被逼造反的穷苦百姓到权倾一方的封疆大吏，绝非偶然，亦绝不简单。究其原因，一方面马氏家族自清末参加回变，历经风云战乱，积累了丰富的阅世处人经验，凡事谨慎，审时度势，往往以静制动，取得主动。另一方面，马氏始终注意破除回汉界线，延揽各类人才。比如李迺棻，前清禀生，曾在陕甘总督府任职，知兵事，长谋略，马麒任马步芳是民国史上不可消弭的重要历史人物，是民国时期中国西北本地人当中，势力最强、统治地区最广、影响最大、官阶最高的边疆大吏。

其为参谋长。黎丹出生于湖南书香世家，曾在江西幕府主办文案，博学多才，马麒任其为总务处长。再是朱秀、周希武等学界名流，亦被马麒聘用，引为左右，襄赞军政要务，往往技高一筹。

旅游咨询：开放时间：8：00-18：00
景点门票30元，导服30元/团
建议游玩时间： 2小时
最佳旅游时节：夏季最佳。

马氏政权延揽人才的传统延续到马步芳时期。抗战时著名记者范长江曾在青海采访，认为马步芳有政治才干和远见，在省政府内绝对不用河州老乡而是量才使用，主要官员皆是各界名流和来自内地的干练之才。马氏家族主政青海近半个世纪，其功过是非，尘埃落定之后，近年专家也有客观评价：割据一方，形同军阀，盘剥百姓，敛财纳色，围剿西路红军，抗拒解放西北，都是事实。但马氏主政青海，亦有不少善举，注重教育，兴办学校，修筑公路，垦荒开矿，发展商贸，植树造林，厉行禁烟，对促进青海经济发展起了很大作用。再是抗战时，积极派军出战，成为抗日劲旅也都曾受到当时国民与舆论赞誉。如此家族、如此人物，其故居不可不看。

马氏庄院修于上世纪40年代，占地近3万平方米，由各具特色的六个院落及花园构成，结构严谨，布局有序。近年政府牵头，修旧如故，尽显当年风采，且辟有展室，图片、资料、实物把马氏数代功过业绩如实展示，成为了解马氏家族及青海一处重要且难得的窗口。

古城名寺

每年吸引大批游客前来青海旅游的，除了青海湖和大草原外，还有两座著名的寺院。一座是距西宁25公里，全国著名的藏传六大寺院之一的塔尔寺；一座是全国最大的西宁东关清真大寺。深信,任何来此二处观光的游客,无论有无宗教信仰,都会有种内心的震撼。尤其是塔尔寺，那宏阔的规模，金碧辉煌的建筑，完备考究的宗教设施，成千上万虔诚的信徒以及香烟缭绕、经声朗朗所构成的那种浓郁的宗教氛围。漫步其间，会不由自主地屏心敛息。

旅游小贴士：塔尔寺内不允许游客拍照。

塔尔寺门楼

塔尔寺位于青海省西宁市西南25公里处的湟中县城鲁沙尔镇。它是中国西北地区藏传佛教的活动中心，在中国及东南亚享有盛名。

塔尔寺为明代所建，至今已有五百余年的历史，是藏教黄派创始人宗喀巴的故乡，寺庙也是为纪念他所建。历代班禅都与该寺关系密切。据介绍，十世班禅额尔德尼·确吉坚赞生前最后一次来塔尔寺时，数以万计藏民信徒从方圆几百上千里的地方赶来，排成长达数十里的队伍，夹道欢迎班禅大师。十几万人没有喧嚣没有嘈杂，一片静穆。大师经过时，两边信徒一律低下头，吐出舌头，来表示对大师的尊崇。大师走过时，就赶紧把携带的多年积攒的几百、几千、甚至上万元人民币一律换为崭新的百元大票，投向四名藏汉张开的布袋。根本用不着号召，全是心甘情愿。当然，这大笔的捐款都用来维修了寺院。塔尔寺有个专门展厅，展有党和国家领导人参观塔尔寺的照片，国家曾拨数千万

西宁东关清真寺周五礼拜散场

元巨款维修塔尔寺。这里还有一座建制完整的经学院，不少高僧活佛在此传经讲学，一批批莘莘学子在此攻读学位。

在塔尔寺，我还见到了造型精美的酥油花。这是用酥油捏制塑造的宗教人物、佛祖菩萨及其生活场景，类似天津泥人张捏制的人物。但气势宏大，色彩艳丽，能表现完整的宗教故事，堪称精美的艺术品。我还注意到酷暑盛夏，为保证酥油花维持原状，安置着一台昼夜工作的空调，再加上录音机播放的经文，让人感觉到即便庄重如寺院，也在积极吸收现代文明。一个拥有信仰的民族总让人尊重。在塔尔寺徜徉，我依稀感到一个在精神上能够自给自足的民族，外人很难介入，心灵深处有种遥远的距离。

塔尔寺的酥油花，壁画和堆绣被誉为“艺术三绝”。

旅游小贴士：

1.门票：80元。对现役军人、残疾军人、军队离退休干部、学龄前儿童等实行免票；对学生、老年人、残疾人实行半价优惠。

2.开放时间：上午8时至下午5时 。

3.最佳旅游季节：每年5月至9月，是西宁最佳旅游季节。

我还去了西宁市东关的清真寺，这是青海省最大的伊斯兰教寺院。教徒基本上为回民，由于语言相同，加之青海省文联同志引导。得以详尽地参观了这座名寺，也遇到几个进修生，得知寺院设有学位，有严格的考试制度，做礼拜时信徒的位置也因宗教地位有所区分。每个星期五，西宁市有数万回族群众来做礼拜，我在大街购物正好遇着他们散场，一律戴着小白帽，如片片白云散落街头，成为高原古城的一道景观。

清真大寺是西宁古城著名的建筑，位于西宁东关大街路南一侧。属省级文物保护单位。

旅游小贴士：

门票价格:全年25元/人。

开放时间:冬季8：00—18：00

夏季8：00—20：00

在西宁的日子，我发现高原的星星亮得晶莹，亮得尖锐；月亮也出奇得银圆。高原略带凉意的晚风吹过，让人心中泛起一种莫名的庄严。大自然的威力如此强大，人类便显得渺小，无法掌握自己命运的时候，只得借助于宗教。这样理解宗教当然很浅薄。但是在我看来大自然的神力超过任何宗教，我只愿意做大自然虔诚的信徒。

卷三

日月分界·玉树临风

RIYUEFENJIEYUSHULINFENG

西宁及周边旅游线路示意图

美丽的日月山

美丽的日月山

草原是坦荡开阔的，一眼望去便是涌向天地之间的青绿，并非没有山峦，那常是远远横在天边的一抹黛苍。也有例外，比如距西宁市百多公里的日月山，便是一处可以远眺的制高点。

日月山下菜花金黄

乘车离开海拔2300米的西宁市区，驶过田畴成垄、村舍相望的湟水河谷，青藏公路便沿着一条河谷开始爬坡，沥青路面恰如一条巨蟒在山谷间盘旋，上到坡顶，眼前豁然开朗，只觉天阔地广，足可极目千里。一边是刚刚爬上的山谷，远远近近，无数的山峦、溪流，以及片片金黄的油菜花和火柴盒般大小的农舍都尽收眼底；另一边，是辽阔无边的高原草地，仅有一些低缓的山坡，根本不能遮挡你的视野，只构成一道道绿色的弧线。

藏语叫日月山为“尼玛达哇”，蒙古语称“纳喇萨喇”，都是太阳和月亮的意思。

汽车驶上这道山垭，都要停车休息，旅客也下车游览，因为这便是著名的日月山。两座高高的山峦，一名日山，一名月山，相对耸立，青藏公路正好从两座山峦间穿越。

日月山的来历：相传当年文成公主远嫁吐蕃，曾驻驿于此。她在峰顶翘首西望，远离家乡的愁思油然而生，不禁取出临行时帝后所赐日月宝镜观看，镜中顿时生出长安的迷人景色。公主悲喜交加,，又想到联姻通好的重任，毅然将日月宝镜甩下赤岭。宝镜变成了碧波荡漾的青海湖，而公主的泪水则汇成了滔滔的倒淌河。后人为纪念文成公主,就把赤岭改名日月山。现在,日月山脚下还建有文成公主庙。

日月山不仅为青藏公路进藏必经之处，也曾是唐蕃古道的重要驿站。接待往来官吏传递王命关文。这儿也是中国西部农牧业区的天然分界线。有专业知识的学者还提出，日月山还是内流河与外流河，季风与非季风区的分界线。日月山下湟河谷地，从出土的马家窑陶器看，已有数千年的农耕历史，至今还是青海省的粮油基地。日月山上因受祁连山南麓雪雨滋润，是一望无垠水草丰茂的高山牧场，四周极目之间都是连绵的山峦，其实是巨大的墁坡，像大海波涛一样起伏，每一道波浪都是一面广阔的草原，如我们脚下平展的草原从远处看也是山峦一样，以如此的气势构成的草原是何

日月山周围景点：公主泉、唐蕃古道、浮雕、回望石、日亭和月亭

日月山上牛羊布野

等的辽阔、何等的磅礴。再是，七月是草原最美的季节，天地间一片绿色，准确说是青色。淡淡的，铺天盖地，无一丝杂染，无一寸黄土，唯有点缀其间的云朵般的羊只，彩霞般的马群与黑色修女般的牦牛，一览无余地展现在眼前。草原空旷而安静，似沉思的巨人，让你感到一切委屈乃至罪恶都可以对其叙说。有一瞬间让人感到灵魂都得到升华净化。

帐篷和炊烟

牧区生活绝非人们想象骑马唱歌那般浪漫，是严酷而又孤寂。当汽车冒雨行驶在草原时，可以清楚地看见羊群、牛群、牦牛群散布在两边山坡雨雾之中，悄无声息地啃草。这里自古就生活着藏、土、羌等游牧民族。每群牲畜之中，注定有一位牧人，提着羊鞭、戴着草帽、披着羊毛毡呆站在雨丝之中。有一位中年汉子甚至光着头站在雨中。羊群啃草十分认真，好长时间集中在一面草坡。牧羊人便也很长时间呆站着，泥塑木雕般一动不动。偌大的草原没有大树崖洞可以躲避，他们也就只能在烈日或雨雾中整日、整月、整年，乃至毕生都这么度过。

有帐篷和炊烟的地方，注定是他们的家园。但羊群都有自己各自的区域，常见的情形是一顶帐篷孤零零地飘落于河谷地段或山峦半腰。三顶以上的帐篷都极少见。那么，他们整日、整月、整年和谁说话呢？他们从小接触的只是牧场、牛羊和自家的帐篷。我们见到几个绝不超过10岁的孩子把牧鞭抽的山响，也震得人心直发痛。

有一段，汽车开出几十公里没见人烟，在内地早过了几个县，但在这儿极目之间仍是无尽的黛蓝。好容易见到房舍，是公路两边的几排办公房。有商店、邮局、银行和小学校。这是乡镇政府所在地，方圆几十上百公里牧民门政治、经济、文化的中心。最实际是前来购买必需

> 【最佳旅游时节】日月山旅游夏季最佳，夏季凉爽宜人，其他季节寒冷，昼夜温差大，服用携氧片，抗高反。
>
> 【交通】一般选择包车前往。距离西宁市中心100公里,出西宁市2小时左右即可到达。

的生活用品。商店前一片泥泞的场地上拴着牧人们骑来的几十匹马，就像内地商场门口停放的自行车。

日月山游牧人

还有比这更小的市场。那常是汽车行驶在途中，在用石块垒起的玛尼堆和插着经幡的地方，冷不丁会出现一个牧民，吓人一跳。男女都有，但多是未成年的孩子，用手高举着一个蘑菇或一张什么毛皮叫卖。司机停车买了几斤蘑菇。我目睹了这番交易，想起《说文解字》对"亭"的解释：原始先民最初的交易是"以所多，易所鲜"，以物易物，清晨都带着货物向同方向走，在太阳正午时停下来，就是交易的市场。后来为了便于等候，便在交易的地方盖个草亭，让先来的人避风遮雨。想不到这路边交易也还停留在如此原始阶段。但茫茫草原，你又能让他们怎么办呢？

唐蕃亘古非坦途

进藏首选青藏线

唐蕃古道从广义认识，如古蜀道，凡从中原进入古蜀国，即四川都可以讲是蜀道。那么，凡从中原进入西藏的也可以认为是唐蕃古道，但人们认可的则主要是指唐文成公主的进藏路线。

目前，在进入雪域高原西藏的诸条道路中，由新疆叶城进藏的新藏线海拔最高，沿途须翻10座大山，海拔皆超过5000米，气候恶劣，空气稀薄，行程最为艰苦。当然“无限风光在险峰”，新藏线沿途雪山连绵，湖泊遍布，还可见到多种野生动物，此线最能吸引探险家光顾。滇藏线与川藏线有相似之处，皆是由平川一路向上，沿线河谷深切、江河汹涌，而且多弯道，怒江山一带竟有70多处弯道，跨高山激流，多湖泊森林、为许多摄影者所喜爱。但道路迂回，夏秋多暴雨加泥石流，由成都至拉萨常需10天时间。

青藏公路

相比之下，由青海西宁市经格尔木进入西藏的青藏线虽全线平均海拔4000米以上，但只翻越昆仑山和唐古拉山两座山口，其余皆为高原坦途，全程都为柏油铺就，路况很好，是目前进藏的最佳选择，所以常见拉萨至成都的长途客车宁可绕道西宁再沿川陕公路迂回。

昆仑山，中国一座神山、万祖之山。西起帕米尔高原东部，横贯新疆、西藏间，延伸至青海境内，全长约2500公里，平均海拔5500-6000米，宽130-200公里。昆仑山在中华民族的文化史上具有"万山之祖"的显赫地位，古人称昆仑山为中华"龙脉之祖"。

况且，青藏线沿途可尽情欣赏日月山风光、青海湖秀色，再是辽阔草原、大漠戈壁、晶莹盐湖、黄河源头等壮丽景观，会让人切实感悟到生命的空间原来是这样的广阔，雪山、湖水、草原、蓝天……亿万斯年便是这样美丽，这样的圣洁和一尘不染，空气清新得仿佛透明，连路边牧人看人的眼光都孩童般的天真。而自己才刚刚摆脱世俗的困惑，摆脱那些莫名其妙的纠葛，投身于大自然的怀抱，心情莫名的开朗，你惊讶居然同时拥有热烈的太阳和凛冽的寒风。于是一路都会睁大眼睛，尽情欣赏美丽圣洁又充满魅力的青藏线风景。

唐古拉山海拔6099米，山口的海拔达5220米，唐古拉山脉是长江的发源地，也是旅游景点之一。

历史上的唐蕃古道

但青藏线也曾被人视为畏途乃至死亡之线。青藏线起于青海省会西宁，经日月山、青海湖、格尔木，越昆仑山，至黄河上游沱沱河，再翻唐古拉山，经那曲、当雄至拉

十世班禅额尔德尼·确吉坚赞进藏：1951年西北军区范明将军接受护送十世班禅进藏的任务，在周总理亲自安排下，由中央政府拨千万元专款，采购骡马5000余匹，驮牛6000多头，骆驼1600多峰，雇请民工1200多人，还为班禅专门建立了一支400多人的民族武装。这支庞大的队伍由西宁出发，全程所遭遇的艰辛与牺牲可谓惊心动魄，空前绝后，前后历时4个多月才完成班禅进藏的历史使命。

萨。全程约2000公里，整条路线的两端大致与历史上的唐蕃古道相仿，唯中间一段，即越日月山至倒淌河后，唐蕃古道拐向西南，经恰朴恰（今共和县）、玛多、黄河源、玉树、称多、杂多，再至那曲与入藏大道相交到达拉萨。可以推断，这条通往雪域高原的古道，并非像中原王朝的官修驿道，路面规范，驿馆配套。至多是当时生活在青藏高原的吐蕃人在游牧时"逐水草而居"发现的一条用于转场的便道，属自然踩踏，决非人工修筑。

古道上的玛尼堆

那么青藏线又如何成为目下进藏路线的最佳选择呢?这当然首先要归功于几代青藏公路建设者们所付出的种种艰辛、血汗乃至生命。当年修筑青藏线的主要人员是进入青藏高原的解放军官兵和当地民工，在没有任何先进的筑路设备和机械动力条件下，硬是靠人挖肩挑，在高海拔、缺氧气、动辄风雨骤至、冰雪交加

青藏公路通车：1954年12月25日青藏公路通车。

的恶劣环境中创造了人类筑路史上的奇迹。仅是如何战胜长达几百公里的冻土地段这个世界性的工程难题，就够写一部能彪炳史册的巨著。

青藏铁路：2006年7月1日正式通车，首发拉萨的城市有北京、成都、重庆、西宁、兰州，之后又陆续有上海、广州等大城市加入青藏铁路的运行。

经过几代高原筑路人的浴血奋战，从仅供驮马脚夫行走的荒原茅路到能开汽车的沙石公路，再到现在的柏油马路，终于使青藏线成为目前世界上海拔最高，线路也最长的柏油公路。黑色的路面像箭般笔直射向草原深处，又像一条黑色巨蟒蜿蜒于昆仑山巅；这条高质量的油路使进藏时间大大缩短，由西宁市出发一天即可到达格尔木市，市区近年已建设得相当繁华，宾馆林立，设施现代，饭菜可口，海拔仅2800米，可以舒适安睡一夜。格尔木至拉萨1100公里，许多车辆都采取朝发夕至，清晨6时出发，两名司机轮换驾驶，人休息车不停止，当晚便可抵达拉萨。

峡谷激流

如镜湖泊——青海湖

玛尼石是藏族的传统民间艺术，大都刻有六字真言、慧眼、神像造像、各种吉祥图案，以期祛邪求福。玛尼石可组成为玛尼堆或玛尼墙，在西藏各地的山间、路口、湖边、江畔，几乎都可以看到。

青海湖畔

中国最美五大湖之一

我是在汽车转弯的瞬间看见青海湖的。

青海湖也像大海一般，蔚蓝色的湖水一直伸向天边，与同样蔚蓝的天空融为一体，真正的“秋水共长天一色”。青海湖是宁静的，绝无大海波涛的呼啸与喧哗。她平滑如镜安详地躺在辽阔无比的大草原中。但不单调，尤其沿着环湖公路行驶时，由于方位、角度与日光的变化，青海湖的景色也随之变化，此青彼蓝，朝晖夕明，变化无穷，气象万千。当逆着日光时，恰有阵风掠过湖面，激起一层层波浪，其实是成千上万的浪花构成，在阳光逆射之下，五光十色，晶莹剔透，一波由远处卷来，刚在绣满青草的湖岸击碎，另一波又乘风赶来，前赴后继，无休无止，看得人眼直心跳，忘乎所以。

青海湖，即藏语“青色的海”之意。它位于青海省西北部的青海湖盆地内，既是中国最大的内陆湖泊，也是中国最大的咸水湖。

中国最美湖泊之一：在中国国家地理杂志社与全国34家媒体联合举办的“中国最美的地方”评选活动中，青海湖被评为“中国最美五大湖”之首。

青海湖最美当属与青藏公路交会的地段，远方是连绵不尽的雪山，终年不化的积雪在阳光下格外洁白，形成一道庄严圣洁的背景；雪山下为大片起伏有致的草原，散落着云彩般的羊群，牧民的红色藏衫与骏马则格外醒目；接着是环湖种植的油菜，七月正是草原油菜花怒放的季节，金黄耀眼，恰像为青海湖嵌镶上金色的花边；最后是清的泛绿的湖水和飞翔在水面上洁白的天鹅……

极目之间，恰是一幅辽阔无比的油画，博大雄浑，层次分明，庄重典雅，看第一眼心就醉了，连司机都主动停车，大家先是屏心敛息地静静观赏，完了全都扑进湖边的草地，尽情拍照，此情此景注定会成为人生最难忘的场景铭记于心底。

走进青海湖

青海湖是大自然的杰作，容纳着冰山的雪水，滋润着草原和牛羊，还为鸟类提供了一块美丽丰饶的栖息地，中国最大的鸟岛便坐落于青海湖，我们去时尚不是最旺季节，许多鸟已生蛋，育出小鸟飞走了，但也让人大开眼界。那么多难以数清的鸟在湖滩聚集，只有人类才有那么密集。青海湖中还产鱼，由于水冷，据说十年才长一斤。在鸟岛宾馆餐桌见到一尾鱼足有 5 斤，推算它已生长了半个世纪。岂料，一顿饭尚未吃完，一团乌云罩上头顶，转瞬瓢泼大雨，让人望着密集的雨帘发愁，如此天气，还能去鸟岛吗？

> 小贴士：坐车从鸟岛管理处到观鸟台12元，（距离是17公里，估计还能低很多）从停车处骑马来回5元（不足两百米，不可上当）。坐游艇每人10元，2人以上起航。骑马照相10元左右，可讨价还价。

天水一色

司机却满不在乎，准时开车上路。油黑的沥青公路像伸进一幅浓墨重彩的大写意国画。大团的乌云低低压着草原，天地间仿佛只剩下丈把宽许，没有村舍、人烟和任何建筑，甚至没见牧人与羊群。空旷寂寥，一览无余，犹如山民行走于孤寂的山道，面对的只是天地，无拘无束，无阻无挡，尽情挥洒。雨鞭紧一阵慢一阵，敲打得车顶嘣嘣直响，让人的心也缩成一团，只怕途中熄火，搁浅在这茫茫大草原上。司机却沉稳，把车开得飞快，溅起丈把高的水花，没有行人车辆，也就同样没有顾忌地向前猛冲。

驶上一道山岭，奇迹出现了，一道太阳的金辉在乌云之间闪耀，风雨骤然减小，我们像迎着太阳驶去，心情为之一爽。几乎是瞬间，太阳便跳出黑云，发出朗耀的光芒，照耀着水淋淋的草原，照出一个晶莹透亮的童话世界。风雨则完全止息，大家喜笑颜开，尽情欣赏车窗外油画般的草原。

青海湖鸟岛

最绝是参观鸟岛，前后个把小时，却让人再次认识了草原。让人在同一时间领略到强烈的阳光和凛冽的寒风。这段路需步行，开始太阳当顶，热力四射，让人觉得仅穿衬衣就行，事实上许多由外地赶来的游客便只穿着短袖衬衣。岂料，行不多时，一团乌云遮没太阳且迅速铺开，接着起风，呼啸着掠过草原，穿透你的所有服装，让人觉得五脏六腑都能凉透。那些短袖游客就更遭罪，无不缩头缩脑，浑身哆嗦，嘴脸紫青。幸亏，太阳又渐露脸，风也小了，才让人感到温暖，真正是寒暖无常，瞬间四季。

青海湖周边饮食：以面食（尕面片、拉面等）和牛羊肉为主，沿途也有青海的特色酿皮和酸奶，并且消费较低，面食都在10元以内。青海湖湟鱼是国家禁捕鱼种。

【旅游咨询】建议游玩时间： 2天

1. 景区开放时间：全天开放

2. 儿童票：身高1.2～1.4米之间儿童购儿童票50元，1.2米以下免票

3. 60岁以上老人持身份证，老年证购老人票50元、军官证70元

4. 青海湖151景区门票价格：100元/人。

青海湖鸟岛门票：115元/人

青海湖沙岛门票：70元/人

最佳旅游时节：七、八月是去青海湖的最好时节。油菜花开得大片，一年一度的环湖自行车赛也是那时举行

河水倒淌有故事

倒淌河

青藏线有许多让人难忘的地方，黑色巨蟒般的109国道，一旦越过日月山，跨越农业与牧业的天然分界线，便再也看不见绿浪翻滚的青稞，钻天的胡杨，土屋密集的村落，那些明显的信仰标识也不复存在。山下，若是高高的塔楼再顶起一弯新月，则为清真寺，村落是回族土族或撒拉族。若有白塔或高高的玛尼堆，则为藏族。自然也有藏、回、汉杂居的村落。

黄河源头人家

但这些都是日月山下的景观。一旦翻过日月山的垭口，映入眼帘的便是庄严逶迤的雪山，辽阔无垠的草原，如水洗过一般的蓝天和大团的白云，牧民的帐篷出现了，最先是飘浮在天边的一缕炊烟，接着由黑点扩散为整整一座黑色帐篷。因为牧民搭帐篷用的毛毡无一例外是用黑色牦牛毛编织的，保暖、透气又不渗水。早先，除了黑色帐篷、兵站和养护公路的道班，茫茫高原几乎再看不到像样的建筑。但近年在著名的青海湖畔，在那条同样有名的倒淌河边，却矗立起一个颇有现代意味的小镇：倒淌河。

倒淌河镇：位于共和县县境东北部，人口1万，以藏族为主。1956年设倒淌河乡，1958年改为倒淌河公社，1965年改为倒淌河乡。2001年1月9日设立倒淌河镇。

游牧途中

倒淌河一带风光十分瑰丽优美，远处是银白色的雪峰，雪线像木匠弹出的墨线一般整齐，终年四季都会有大团的白云牵连起来笼罩在雪峰，正是唐诗"青海长云暗雪山"所描写的风光。倒淌河水不大，丈把宽许的一溪流水，明晃晃的，玉带一般蜿蜒于草原，亿万年间，竟然也冲淀出宽达几千米的河床，与大草原连成一片，由于有倒淌河的滋润，这一带的草原最为肥美，牧草茂密，看不见裸露的山体，牧民们最喜欢在青海湖边放牧，不时有骑着马的牧民赶着一群群羊飘向远处，把云团般的影子倒映进蔚蓝的青海湖中。

为什么叫倒淌河：一般河水都是由西向东流，但倒淌河却恰恰相反，是由东向西流的，于是这条反潮流的河流便称 为倒淌河。

倒淌河的传说之一：唐朝大将薛仁贵带兵与吐蕃大战，在日月山误中埋伏，全军覆没，士兵尸体堆积如山，挡住河水去路，引起河水倒淌。

暴风雨过后的倒淌河

小镇上的文成公主雕像

上个世纪90年代，我偕妻女来青海湖，青海省作协主席朱奇备车拉着我们绕青海湖跑了几天，饱览了青海湖、鸟岛风光，倒淌河一带除了一处季节性的帐篷宾馆和养蜂人家之外，尚无一处固定建筑。甲申年盛夏，再走青藏线时，倒淌河已建成一处小镇，公路两边的砖混水泥建筑足足有一公里，镇政府、各种机关、银行、商店、邮局、宾馆、服装店、手机专卖、藏式茶楼、川味火锅，一家挨着一家，往返青藏线的汽车多在此停留休息就餐。旅游大客车一到，餐馆雇用的川妹子便尖着嗓门招揽生意，主要是穿着各式藏袍的藏民，他们骑着马从方圆几十里来购生活用品，也少不了饮茶喝酒，几家酒店茶楼前都拴着他们的乘马。

倒淌河镇雕塑的文成公主像

小镇建立后，就有了固定的居民，除了外地人来办餐馆、开旅店之外，也有藏族群众放弃了过去的游牧生活，定居下来，开商店，办藏餐馆、藏式茶楼与旅馆。还有专门养马匹供游客租用，穿着民族服装的藏族小伙，一手拉四五匹马的缰绳招揽生意，妇女则多兜售藏珠、项链一类的纪念品，旅游车一来，便围了上去。也许受到这种商品气氛的影响，几个藏族孩子爬在雕有倒淌河标识的景石上，做出各种姿态，引人拍照。岂料，我刚拍了一张，几个小家伙一齐拥上来要钱，让人哭笑不得。

> 倒淌河的传说之二：文成公主进藏翻越日月山，回首长安，心潮起伏，扔掉日月宝镜，化为日月二山，毅然前行，但仍泪流不止，引起河水倒淌云云。

小镇最引人注目的是一座文成公主雕像，这位1200年前的唐朝女子，明眸皓齿，仪态端庄，双手相合，呈作揖状，一双明亮眸子，蕴涵着丰富的内容，一方面她注定怀念长安故土、父母亲人，会在心中祝福家人平安，万事顺心；一方面又凝视她即将托付人生的雪域高原，也许因陌生而忐忑，也许因神奇而向往。整座雕像造型优美，比例合适，把大唐公主的尊贵、儒雅，即将奔赴吐蕃王朝母仪天下的风采表现得淋漓尽致，让人百看不厌，思绪万端。一声长长的汽车喇叭催行，再次回望公主，心境又突地一变：

> 文成公主（625-680）：唐朝皇室远支。她聪慧美丽，自幼受家庭熏陶，学习文化，知书达理，并信仰佛教。640年奉唐太宗之命和亲吐蕃，嫁给松赞干布。文成公主对吐蕃贡献良多。

当年也许文成公主不曾想到这万古荒原会出现一座繁华小镇，当年途经的倒淌河水会流出一段汉藏和睦的千古佳话啊。

草原 · 帐篷 · 孩子

若尔盖大草原

草原博大、空旷，行驰其间的任何车辆都宛如大海中的一叶扁舟，那次是在盛夏七月细雨飘飞之中，我们独自闯进了若尔盖大草原。正当我们感到有种寂寥时，远处的天边，准确地说是绿色的草原与铅灰的天空衔接之处，有了一个让人兴奋的黑点。渐渐地，黑点扩大，是一顶帐篷，一缕炊烟在袅袅地飘升，四周则散落着更多的黑点和白点，那一定是牦牛和羊群。

草原人家

迁徙中的牧民

车开近了，我们看见这委实是一户以放牧为生的藏民，一顶硕大的黑色帐篷，坐落在离简易公路约一华里处。这样正好避开来往车辆的喧嚣，不至于惊动啃草的牛羊和他们平静的生活。四周散落着百十头黑色的牦牛，时近正午，牦牛也许已啃饱了青草，或站或卧，十分悠然。四周是无垠的草地，八月正是水草丰茂的季节，又被细雨滋润着，各种不知名的青草沾着晶莹的露珠覆盖着整个大地。除了穿越草原的简易公路，无一处裸露的黄土，无一处不是浓浓淡淡的绿色。远处是缓缓起伏延绵同样为绿色覆盖的山坡，四周再无任何帐篷或牧民。

> 若尔盖草原最佳旅游时间：每年夏季；
>
> 特色餐饮：藏族餐饮有糌粑、角玛饭、酸奶子、奶饼、烧馍、酸菜面块、山野菜、藏族腊肉、香肠、香猪腿、青稞酒等。
>
> 旅游产品：天然沙棘饮品、山野菜系列产品，红叶塑封签，红叶系列酒。藏族工艺品有藏刀、烟盒、火锅、腰带、头帕、饰品。

> 藏区旅游注意事项之一：清真寺在礼拜时间一般不欢迎非穆斯林参观，但穆斯林的礼拜确实是值得一看的，应当征得同意后才可参观拍照。

看来，这户牧民仍沿袭着“逐水草而居”的先民之风，选择了一处有山坡阻挡风沙，有水草可供放牧，没有争端的地盘来经营自己的牛羊王国。

帐篷里的家

我们停下车来仔细观察，帐篷是牧民居家的标志。哪儿有帐篷，哪儿就注定有牧民和牛羊。除了牛羊，帐篷就是牧民全部的家当。帐篷这种可以移动的民居，是牧民们在千百年实践中智慧的结晶。他们只需要几根木棍搭架组合，几根绳索固定四周，再盖上用牦牛线编织的毡毯，一座可供全家老少安居睡眠、饮食生存的住所便算落成。这种毡毯一般都用粗厚的牦牛线纺织，能遮风避雨，保暖御寒，铺在地上便是床铺。中间是用三角支架吊起的铜锅，用来煮牛羊肉和奶茶。燃料是取之不竭晒干的牛粪。再是几件必需又简单的灶具、碗，装粮食、盐巴、茶叶的布袋和两只放换洗衣服的木箱，就构成牧民的全部家产。

不要小瞧帐篷，这是牧民心灵的故乡，是人类在草原生存的标志。当然，标志着牧民财富的不只是帐篷的大小，而是牛羊的多少。在青藏高原这些海拔3500米以上的牧场，不可能种植任何庄稼，牧民的全部收入都来自他们放牧的牛羊，日常不可缺少的奶酪、酥油、肉食直接取自牛羊；帐篷、毡毯、氆氇则用剪下的羊毛纺线编织；需要用钱购买的柴米油盐，各类开资也系出售牛羊所得。

> 藏区旅游注意事项之二：藏区的天葬不欢迎观看，要观看，必须得到家属许可后才能观看，但是尽量不要拍照。

可爱的孩子

就在我们停车眺望的时候，从帐篷里钻出来几个孩子，朝我们张望，我们招手让他们过来。不想，几个孩子真过来了。大的是女孩，有10岁左右，穿一身黑藏袍，腰间系着黄布带，露着一只穿毛衣的胳膊。还有一个男孩和女孩，都只有六七岁模样。几个孩子都像没有洗脸，头发粘在一起，脸蛋也被高原紫外线晒得黑红，看去憨态可爱。

我们问他们几岁了？上学没有？却因语言不通，几个孩子只是傻笑。我们从车上取下饼干、糖果，这也是多次草原牧区之行积累的经验，在牧区行走问路，防狗乃至借宿都有可能，牧民家都有孩子，若及时给孩子送点糖果，所有问题都迎刃而解。这会，我们便拿出糖果分给他们，他们没有客气，而是迅速伸出脏兮兮的小手接着，一笑，都露出口白牙。

> 藏区旅游注意事项之三：如在穆斯林家庭住宿，不经允许不要擅自进入厨房，穆斯林的厨房一般不欢迎非穆斯林参观，也不要进入主人特别是女主人的房间。宗教器物不要触碰。

“爸爸，快看。”我上大学的女儿突然喊。

我朝女儿指的方向一看，一个小女孩正从帐篷那边飞奔出来，速度快得让人惊讶。草原并不像操场那般平整，雨水冲刷的沟凹，牛羊撒欢拱起的土包，再是旱獭打洞掏空的地穴随处都是。但那女孩却全然不顾，转瞬之间就来到我们面前。

天哪，这孩子这么小，大约只有5岁光景，穿着一袭黑色的小藏袍，下襟绣着一片花纹，体现着母亲对她的疼爱，脚上是一双小牛皮靴子，黑红的小脸蛋，蓬乱的头发，一双小眼睛黑亮黑亮，让她显得更小也更让人心疼。

甘南草原上的孩子

我们又拿了些饼干糖果给她，她迅速接着又迅速塞进胸前藏袍，机灵得让我们都笑了。

离开时，女儿挥着手朝几个孩子说："拜拜"。

不想，几个孩子也一齐举起了手，怯生生地学着女儿说："拜拜！"

藏区旅游注意事项之四：藏区的酥油茶之类食品不太适合内地人肠胃，不能多吃。当地有待客的酥油茶空碗必重新添满的习俗，故建议始终保持碗内酥油茶三分之二满，如此既不伤害藏民感情又保护自己，建议携带黄连素之类止泻药。

夜宿黄河第一镇

黄河第一镇——玛多

能够在万里黄河第一镇的玛多住宿一夜，领略高原深处袖珍县城的风采，彻夜听藏獒雄浑低沉的吠声，完全出乎意外。我们原来的目的是要沿文成公主入藏路线即唐蕃古道去玉树参加赛马会，拍摄向往已久的赛马和草原密如繁星的帐篷城，以及那浓郁的藏族风情、藏族歌舞、藏式手抓羊肉……

种种诱惑，催人清晨早早起床。因日月山、青海湖已多次来过，惟沿文成公主进藏的玉树方向尚属首次，行前查看地图，知这条线路为214国道，是西宁通往云南景洪的国道。唐蕃古道在倒淌河与青藏公路分离折向西南经黄河源，绕扎陵湖、鄂陵湖，到玉树结古镇，越唐古拉山口，又与青藏公路交汇，经那曲、当雄到达拉萨。

藏獒是牧民的忠实伴侣

袖珍县城玛多

这条路线虽不如青藏公路全程沥青油路，坦荡近捷好行驶，但能够经黄河之源扎陵湖、鄂陵湖与三江源头地区，且是文成公主当年入藏的唐蕃古道，留下公主庙等遗迹，又途经果洛、玉树两个藏族自治州，民族风情保存浓郁，江河源头景色壮观，但也给人印象很深。特别是近年已成旅游热线，沿途都见着摄影发烧友自驾车辆不时停下拍摄。

> 214国道，起点为青海西宁，终点为云南景洪的国道，全程3256千米。214国道区别于其他国道的优势在于整个道路呈现着不可多得的生物多样性、地质多样性、景观多样性，丰富地自然与历史文化，独特地宗教和少数民族风情。

高原湖泊——烈漠海

近年，分布在藏区的寺庙举行宗教活动时，常与当地政府的旅游文化结合，其时除寺庙举办晒佛、辩经、酥油花灯展多项活动外，方圆数百公里的藏民都要骑马携家，在邻近的草原上搭起帐篷城，举办赛马、叼羊、演藏戏、跳锅庄，像过盛大节日一样欢乐。原本这项活动没有超出本地藏胞范围，人们也不大知道。可每当十几万藏胞云集草原，吸引了许多外地游客和摄影爱好者，便使这些活动名气大噪，于是当地政府便年年都举办活动来推动商贸和旅游了。

藏区旅游禁忌之一：1. 藏族人绝对禁吃驴、马肉和狗肉，有些地区也不吃鱼肉；2. 敬酒时，客人须先用无名指蘸一点酒弹向空中，连续三次，以示祭天、地和祖先，接着轻轻呷一口，主人会及时添满，再喝一口再添满，连喝三口，至第四次添满时，必须一饮而尽；3. 吃饭时要食不满口，咬不出声，喝不出响。

藏民主动友好地向我们招手

离开倒淌河约需40公里便到共和县城所在地恰卜恰镇，再往前行，需经三道塔拉，这是蒙古语，意为三级台地。从元蒙开始这一带为蒙古族居住。三道平台均系开阔的草原川道，曾是薛仁贵大军与吐蕃交兵的古战场。想当年，战旗飘扬，战鼓激越，厮杀呐喊，飞镖流箭，何等惨烈。千把年岁月过去，大草原上唯见牛羊骏马在安祥地吃草，有苍鹰在天空盘旋，一只羊羔发出长哞，平静得像什么事也没有发生。

藏区旅游禁忌之二：1.喝酥油茶时，主人倒茶，客人要待主人双手捧到面前时，才能接过来喝；2.禁忌在别人后背吐唾沫，拍手掌；3.行路遇到寺院、玛尼堆、佛塔等宗教设施，必须从左往右绕行。

途中还有一大片高原湖泊烈漠海。蓝色的湖水，静静地躺在山峦起伏之间，倒映着蓝天与白云，高原深处的疾风刮过，吹皱一湖蓝玻璃般的湖水，也吹动湖边大片的高原芦苇，有黑颈鹤展翅起飞，有斑头雁在草丛孵化幼鸟，山坡上啃草的牛羊不时发出呼唤，像是对家园由衷的赞叹。可惜，因要赶路，我们只是朝美丽的烈漠海投去赞美和留恋的一瞥，又拍了几张照片，便直奔黄河源头第一城玛多。

路虽不宽，却刚刚铺上了柏油，宛如一条黑色巨蟒蜿蜒在大草原上，我们的汽车奔驰起来如风般轻快。高原天气多变，一块乌云罩顶便是瓢泼大雨，好在时间不长，乌云便被西斜的太阳撕裂，露出大片晴空，远处的雪峰，大片的草地，奔跑的云团全都在强烈的阳光照射之下，显出本色，白的更白，绿的更绿，野花也更斑斓，一切纯洁至极、清澈至极。打开车窗，一股满含草原清香的湿漉漉的潮气扑鼻而来，让人陶醉，让人忘情，更让人感到中国在西部幸亏还留存着这么些家底。

藏区旅游禁忌之三：1.不得跨越法器，火盆；2.经筒，经轮不得逆转；3.忌讳别人用手触摸头顶。4.面见僧人最好的礼节是双手合十，微微低头，不要握手、拥抱；

玛多大草原

车沿着黑色油路轻松翻上一处山垭，便到了玛多的门户鄂拉山垭，它海拔4495米，超过了海拔3600米的西藏首府拉萨。当我们沿着高耸的山垭徐徐下山的时候，玛多大草原美不胜收的壮丽景色尽收眼底，此时太阳已快贴近地平线，像一团燃烧的火球，整个西天都布满紫红色的彩霞，给山岭起伏的草原覆上一层黄澄澄的金辉，一群群晚归的牛羊，白色的羊群、黑色的牦牛、红黄杂色的马群也全都笼罩在这层金辉之中。山腰、山谷、溪水边的一座座帐篷飘起了炊烟，没有风，炊烟直直升起，在大草原上飘升起无数的烟柱，牛啼羊哞，马群也不时发出长长的嘶鸣，此起彼伏，构成一幅玛多大草原有声有色的壮阔画卷。我们的车伴着沙沙车轮声，不知不觉间闯进这幅晚归图中，与蹒跚过公路的羊群并行起来。迎面一座高大的红色牌楼高耸，上面写着“天下黄河第一城”，灯火闪烁的玛多县县城已在眼前。

玛多县周围名胜古迹：有拉加寺、阿尼玛卿峰、白云寺、黄河源头纪念碑牛头碑等。

最小的县城

玛多可能是中国最小的县城，也应是全国海拔最高的县城了。十字形的街道车开起来10分钟就转完，可能不足一平方公里，但还繁华，毕竟是方圆数百公里牧民政治、经济、文化的中心。十字路口大约是中心，聚集着不少男男女女，7月正是旅游旺季，来自全国各地的自驾车友，忙着找旅馆。我们连去几家都已客满，最后找到一家私营旅店。小两口是青海乐都柳湾农村人，那

藏区旅游禁忌之四：1.与喇嘛交谈，最好避免提及钉戮、婚配等，也不要随意打听食用腥荤之类的事情；2.在寺庙里面不要大声喧哗或乱动乱摸，如遇上佛事活动，最好静立默视或悄然离开。

里因出土大量4000年前古代先民彩陶而名声大噪。正好我们曾经去过，一说起来，小两口挺热情，把仅有的两间房租给我们，每间每晚120元，房间很小，仅安放两张小床，不能犹豫，立刻入住。不到十分钟，又来了两批旅客，到晚上来找房的十批都不止。我们还真该庆幸，我们的房间在二层，并不高，但在上楼梯时，已感到腿软心跳，这是明显的高原反应。

但我们多次在青藏高原行走已积累了经验，进房间先休息，静静地躺上一个小时，让身体尤其是心、脑血管慢慢适应环境。然后起来，不要到街上吃饭，免得生冷不熟和浪费体力，就用开水泡方便面，水温不够也没关系，因为面是熟的。要多加水，多泡一会，吃完肠胃热乎了，再切吃黄河蜜瓜加几块巧克力，这样身体的水分营养便补充够了。在房间稍事活动，便躺在床上看电视，准备睡觉。

草原夜晚是宁静的。宁静的让你怀疑这不是县城，怀疑不是睡在设施齐备的宾馆，而是躺在一处没有牛羊啃草的高山之巅，四周静得几乎无一点声息，只有掠过草原的风声，玛尼堆上风马旗的招展声似乎隐约可闻。

牧区传统打奶茶

探访黄河源

天下黄河第一桥

打开地图，我们就能清楚看到黄河从青海省巴颜喀拉山发源，在扎陵湖、鄂陵湖汇成湖泊，积蓄了最初的力量向东南方向一路奔腾而下，迎接它的第一座县城便是玛多。藏语译意为黄河沿。从文成公主进藏至今一直沿用这个地名，是古道重要的驿站和渡口。据介绍早年采取冬季踏冰过河，踩列石，即河中排列一步可跨越的巨石，或用羊皮筏过河。如今一座钢筋水泥大桥已横卧黄河，214国道从此经过，沟连着青海、西藏、川康与云南，几乎穿越了藏区东南腹地，车水马龙，相当繁忙，这桥也就被称为“天下黄河第一桥”。玛多这个草原深处的县城由此也获得“黄河首县”的美誉，每年都有不少游客、画家、摄影发烧友来此探访。

> 黄河上共有109座桥 。其中山东省23座，河南省15座，山西、陕西交接处10座 ，内蒙古15座，宁夏11座：甘肃26座，青海9座。

黄河第一桥

黄河源头的牛头碑

至少几年前，我就产生了探访黄河源的念头，先是2004年去了黄河首曲玛曲，领略了黄河第一弯的丰采，却蹉跎至2011年7月，才约上古建筑专家卢惠杰、作家吴全民，一行三人来到青海黄河源所在县玛多。

玛多县属国家“三江源”自然保护区的核心地区，全县25000平方公里，几乎相当于内地10个县的面积，空旷辽阔，全县仅一万人，县城不到1000人，十分钟能走完，典型的袖珍县城。从西宁出发经日月山、倒淌河，沿西宁至云南景洪的214国道到玛多，约500公里，只经过一个共和县，却需经过三个塔拉（蒙古语台地之意），每一个塔拉都坦荡如砥，无边无际，足以安置一个北京城或上海市。由于海拔在3500米以上，属纯牧区。不少地方已经沙化，牧草稀疏。途中需翻越海拔4500米的鄂拉山口，我们没有感到高原反应，也许是时间暂短。当晚，夜宿海拔4300米的玛多县城，比拉萨还要高出700米，一行三人都头疼胸闷，翻来覆去无法入睡。

> 玛多县位于青海省果洛藏族自治州西北部，素有“千湖之县”的美誉，黄河在境内流经约300公里，境内大小湖泊有4000多个，其中扎陵湖、鄂陵湖是青海省最大的淡水湖。

次日清晨，6点起床，约好的藏族司机者才已准时开着越野车出现在宾馆门口。车一出玛多县城，就是草原，不时可以看到藏羚羊、藏野驴、黑颈鹤、野鸭子等珍稀禽兽。玛多大草原也十分辽阔平坦，黄河像一条小溪，在草原上蜿蜒，开到30公里外就见了鄂陵湖，如大海般蔚蓝广阔，有600多平方公里，水深达30米，蓄水43亿立方。在鄂陵湖上面还有扎陵湖，略小一点，也蓄水30多亿立方。我们实在庆幸，在人类耗水还不厉害的时候，黄河母亲在这儿积蓄了一点“私房家底”。

> 三江源地区位于我国的西部，是长江、黄河和澜沧江的源头汇水区，被誉为“中华水塔”。

作者在黄河源牛头碑

我们沿着简易的公路一直到鄂陵湖与扎陵湖之间高耸的牛头碑下，这儿也是从隋代以来认定的黄河源区。张骞出使西域时曾误以为塔里木河是黄河源，曾向汉武帝汇报"河出昆仑"，这个错误已被古人纠正。隋代在此设河源郡，唐大将侯君集、李道宗寻访河源至此。那时，鄂陵湖称柏海，松赞干布率吐蕃大队迎亲人马在这儿扎营盘、牵牛羊，迎接文成公主，并举办盛大婚礼，至今还有迎亲碑、多卡寺等遗址。我们看到的情况是鄂陵湖与扎陵湖水色蔚蓝，浩浩荡荡，洪涛涌起，壮阔如海。四周山峦草色青青，牛羊散落其间并不繁密。藏族司机者才也感叹，现在牛羊少多了，再也不敢多养了。

> 牛头碑：为开辟黄河源头的旅游业，玛多县政府于1988年9月修建了一座"华夏之魂河源牛头碑"，纯铜铸造，已故十世班禅大师和胡耀邦同志分别为纪念碑题写了藏汉文"黄河源头"字样。

这是黄河吗

那天，我们回到玛多县城后，又专门去探访了号称"黄河第一桥"的玛多黄河桥。这座桥在玛多城外三公里处，黄河正从这里流过，近两年，黄河源区冬季连续降雪，水量有所恢复，也无水库挡截，黄河还保持着自然形态与风貌，从坦荡如砥的大草原上蜿蜒流淌，带来充沛的水量，形成大片湿地与沼泽，有大群的天鹅灰鹤游弋生息。也形成广袤无垠的丰美草原，几乎集中了草原上近百种科目的牧草，构成了如画风景。

> 文成公主进藏：文成公主进藏前，到达黄河沿，原计划可踏冰而过，不想春暖坚冰已融。迎亲的吐蕃臣民彻夜未眠，终于想出个好办法。次日，太阳刚刚升起，黄河源渡口出现一道彩桥，鼓乐齐鸣之中，文成公主被簇拥着走上铺满红毡的桥面，行走之间，公主感到脚下十分柔软，仔细一看，天哪，这分明是一座人桥，吐蕃同胞全站在冰冷的河水之中，肩负木板；再看桥栏，也是由吐蕃孩子挽着手臂组成，公主好佛，心怀慈悲，一时间激动万分，这一瞬间，她的心已与吐蕃臣民融合，把自己交付给了质朴、善良的吐蕃百姓，交付给了广阔雄浑的雪域高原。

当我们来到黄河边上，最初一瞬，简直不相信这就是黄河。眼前的黄河是那样的平静，波澜不兴，潺潺缓缓，从远处流来，向草原深处流去；宽度绝不超过100米，一眼就可以看清楚河对岸的岩石，狗尾巴草正在晨风中摇摆，丝毫没有大河巨流的水势与风采，这让同来的伙伴有些失望。

安静的黄河首曲

玉树临风·草原盛会

草原盛会——康巴艺术节

玉树康巴艺术节，是玉树藏民的传统节日。其实但凡藏区都会有类似的节日，只是名称不同。玉树由于有当年文成公主进藏在此停留的种种故事，又有藏传佛教规模宏大的结古寺，许多活动过去常围绕寺庙举行的各种法会展开，比如辩经、放生、晒佛、法舞、酥油花展、斋饭、驱邪镇魔、演藏戏等……藏民几乎都信仰藏传佛教，所以寺庙的活动，也就是广大信徒的活动。尤其每年七月结古寺都要举办规模盛大的说法辩经、野游和文体活动。这时正是牛羊肥壮的季节，整个草原水草丰美，绿草茵茵，白云悬吊，蓝天如洗，正是草原的黄金季节。

> 康巴藏区及康巴艺术节：云南迪庆州、四川甘孜州、青海玉树州和西藏昌都地区，有着共同的文化底蕴和民族特征，组成了康巴藏区。为加强四地州的文化交流和经济交往，整合文化资源，使康巴文化品牌成为国际性品牌，90年代初经四地州共同协商，达成了定期举办“康巴艺术节”的协议。每四年举办一次，由各地州各自承办一次。

这时，不仅从事牧业的藏民心情舒畅，乐意赶着牛羊聚会，那些居住在河谷地带从事农业或半农半牧的藏、回、汉等民族群众，也已收割完庄稼，腾出了手脚。于是，家家户户便忙着宰肥羊、炸油果、磨炒面、备砖茶，然后带上帐篷、炊具，骑上骏马，赶上牦牛，带上全家老幼，离开自己的庄户，到水草丰美的草原，搭起一座座帐篷，去拜会亲朋好友，去寺庙烧香还愿，去参加各类传统活动，过上十天半月轻松而有情趣的生活，让辛苦终年孤寂放牧的生活得到调节和放松。

> 结古寺：位于结古镇北面的山坡上，从结古镇打车前往10元左右。寺庙门票10元。

参加草原聚会的姑娘

藏族妇女服饰相当华贵

藏族服饰和佩戴

节日期间，牧民们要举办赛马、拔河、叼羊、摔跤等传统活动。活动是在村落之间展开的，所搭帐篷也约定俗成按地域划分，比赛前，都在各自的帐篷煮大锅手抓羊肉，熬大罐酥油茶，很多人家还备有青稞酒，亲朋好友免不了互相邀请，主妇们也趁机暗中较量，一显身手。正式活动还未开始，烹调手艺的比赛已经展开，会做多种饮食的巧妇会受到称赞和尊重，拿不出特色，显不出手艺的妇女则无光彩。于是会暗中学习，力求下次做出绝活，也显露脸面。待到全家老少吃饱喝足，便全都换上节日盛装，男子比较简单，但皮帽、皮靴、新藏袍、新腰带是少不了的。再是骏马，也需洗刷得毛色光亮，一尘不染，还要挂上铃铛，披上红绸，好马还需好鞍，有的骏马配上的镶银马鞍价值上万元呢。

玉树特色小吃：酸奶（纯正牦牛奶）、风干肉、肋巴烤肉、面片等。

玉树风俗禁忌之一：禁止在神山和寺庙周围乱砍乱挖树木、花草、药材和捕杀动物；忌搅动泉眼或在泉水中洗东西；禁忌捕杀鹰鹫；忌宰杀放生的牛羊和骑用的马匹。

藏族妇女非常重视服装和佩饰，平时在牧场，单家独户，很少有展示的机会；草原上的康巴节，正好让妇女们爱美之心，得到充分的展现。常常是在藏历新年一过，女人们便开始动心思了，藏袍选什么料子？配什么颜色？剪裁什么样式？再是项链、戒指与头饰全都不能马虎，一个藏族妇女的全套服装佩饰竟有重达几十斤，贵达几十万乃至上百万元，因为上面镶嵌的可全是金银珠宝。一般人家尽管不可能这么华丽贵重，但也是尽其所有，煞费心机，做出的服装姹紫嫣红、五彩缤纷。在一个月前就反复试穿，不断修改完善，尽可能做到至善至美才登台亮场。这几乎是所有参加康巴节的各族妇女共同心愿。所以，节日开赛那天，穿着节日盛装的人流从草原各个方面涌向大赛场的时候，真像片片彩云飘落到了草原，到处花团锦簇，美不胜收，让人目不暇接。

玉树藏族民俗禁忌之二：禁忌孕妇到别人家串门或参加婚礼；禁忌吃兽类肉；禁忌父系血统和母系血统的人婚配；忌男女生肖相克；忌父与女、母与子、兄弟与姐妹等在场时谈论与性有关的话题。

草原盛会

篝火和情歌

最吸引人的节目是赛马，这是许多牧民都喜爱的活动。游牧民族可以说从小就在马背上长大，许多牧民都是出色的骑手，那种骑着骏马在草原驰骋，任凭马蹄叩击大地，长风在耳边呼啸，追云逐月的感觉最能展示牧人的剽悍和风采，也最能在一片草原赢得人们的尊敬。所以报名参赛的骑手很多，在草原上常常出现几百名骑手和骏马同时比赛的壮阔场面。鸣枪为号，骑手迫不及待策动骏马，只一瞬间，那些披着红绸，响着铃铛的高头大马，无不四蹄腾空，如箭般射出，白色、红色、黑色、栗色、黄色各种颜色的骏马都好似一团流云或一团火焰，转瞬之间便消逝在草原尽头。等到返回时，那披着洁白哈达的骑手一定是最先跑到终点的健儿，也顿时成为牧民心中的英雄。

本书作者与藏族教师合影

夜晚，一堆堆篝火燃起来，与天上的星星相互辉映。月亮也升起来，整个草原都镀上一层银辉，晚风收尽暑气，大草原无比清爽，弥漫着野花的清香，这是唱花儿、跳锅庄的大好时机，参加者大多是年青的小伙和姑娘。她们约伙结伴，牵群打浪，围定一堆篝火。

> 玉树风俗禁忌之三：禁忌进入经堂不脱帽、喧哗和乱敲钟鼓；禁忌跨过袈裟和经书、法器等；禁忌在寺庙内吸烟、饮酒、随地吐痰、随地大小便；忌逆时针反转寺院、佛塔、圣山、嘛呢石堆和经轮等。

开始时的矜持和害羞是肯定的，待到人越来越多，篝火也越烧越旺，映红青年人青春的脸膛时，最有勇气的歌手也就出现了，最先出现的歌手不一定有最好的嗓门，却注定是草原公认的搞笑大王。每片草原都有些诙谐幽默的人物，消息灵通，见过世面，能讲各种笑话，给草原上寂寞的日子增添许多乐趣，也就最受欢迎。在香巴拉节上这类玩家也要露一手了，他会拿上一瓶扎了红绸的酒，有时还会戴上面具，或是打扮成滑稽模样，在场上高唱祝酒歌，歌词可以是现成的，也可以即兴现编，内容要结合当年的牛羊五谷，祝贺风调雨顺、六畜兴旺，扎西德勒(吉祥)。唱到兴头上，便要握住酒瓶舞动，最后出其不意地把酒瓶传到下一个人手上，接到酒瓶的人不能拒绝，要继续唱歌，然后往下传递，所有的人都有被点将的可能，尤其是出色的小伙和漂亮的姑娘可能性最大。

> 玉树嘉那嘛尼石城：整个石城全由25亿块玛尼石垒成，这是全球最大的藏传佛教玛尼石城，已载入世界吉尼斯纪录，每年都吸引大量游客前来观赏呢。

末了，兴到高时，情至浓处，所有的人都情不自禁放声高歌，男男女女全都手拉着手，围着篝火，跳起她们喜爱的锅庄，歌声和篝火传递着草原的欢乐，传递着牧民们的憧憬，当然也注定会传递年轻人的爱情。

卷四

雪域呼唤·古道新颜

XUEYUHUHUANGUDAOXINYAN

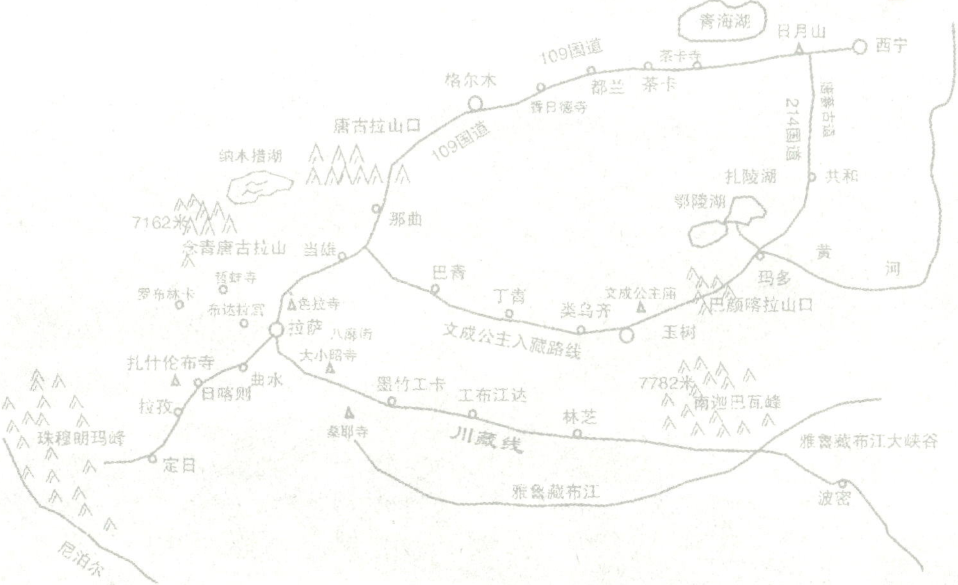

格尔木、玉树、拉萨旅游线路图

雪域上的魂灵

白雪皑皑的藏北草原

藏区把高海拔的草原称羌塘，比如藏北，平均海拔在4500米以上，所以藏北草原也被称为羌塘，这里是真正的雪域。唐古拉山终年披雪，宛如一条巨龙横卧在藏北。2004年10月初，当我终于来到藏北高原，映入眼帘的竟是无数的蜡像，因两天前，刚降落场大雪，四周的山峦全被白雪皑皑的积雪覆盖，格外清晰，像排成圆阵的蜡像，甩着长鼻，扬臂摇尾，向着盆地冲来，极目之间，白雪覆盖的山坡上，远远近近有无数的黑点在移动，那是牦牛，在雪域羌塘只有牦牛敢蔑视严寒。车转过山湾，正好一头牦牛站在土坡上，昂首扬角、威武凛凛，酷似海北州那尊被誉为“雪域魂灵”的牦牛雕塑。

牦牛天生适应雪域

现在，我们终于认识到一切动物，尤其野生动物是人类的伙伴，应该与它们和睦相处。事实上，若无动物，许多名山大川也就黯然失色，比如猿猴之于三峡，牛羊之于草原，骆驼之于大漠，猛虎之于丛林，雄鹰之于长空。应该承认，它们才是大自然真正的魂灵。

唐古拉山脉，海拔6000米左右，位于中国西藏东北部与青海省边境处，藏语意为“高原上的山”，在蒙语中意为“雄鹰飞不过去的高山”，是青藏高原中部的一条近东西走向的山脉。唐古拉山脉是长江的发源地，也是旅游景点之一。

我对动物的兴趣不亚于人类。看电视唯一长期保留的节目是《新闻联播》和《动物世界》。每到陌生去处，关注的除了名胜古迹、历史文化，再就是野生动物。在兰州专门去了动物园，得知青藏高原是野驴、野盘羊、野牦牛、野羚羊的故乡，就极希望能见到它们。我觉得野牲口比家牲口更像牲口，发达剽悍，野性十足，能给人留下强烈刺激的印象。

高寒中的野生动物

我明知即便去了青藏高原，想看野生动物也是奢望。但去的次数多了，却获得意外的满足。生活在青藏高原的主要野生动物：藏羚羊、藏野驴、野牦牛、草鹿、旱獭几乎都撞见过。拉萨、西宁博物馆最引人注目的便是各种野生动物的模型。其中最美的要推野盘羊角，粗壮的弯角盘成两个巨大的圆圈，一道道的纹路构成粗犷独特的图案，雄浑质朴的造型与天然无饰的线条都把一种原始美、自然美推向极致，同行者说这头野羊肯定是饿死的，因为角盘得太大，挡住了嘴巴就吃不上草了，运气好在草原上能捡到。

野盘羊角：主要指以青羊、北山羊、盘羊动物。盘羊的角是一种中药，有解热的功效，主治传染病引起的发烧。

野黄羊的角则是秀挺地长在脑门上，像藏民们背着的杈子枪。青海省作协主席朱奇告诉我，有两样东西在三年自然灾害中救了青海人的命，一是青海湖中的湟鱼，野生多年成群结伙浮来游去没人捕。这下好了，各单位都组织力量去捕捞，先是干部，后来工人农民涌上去了，真解决了大问题。再就是黄羊，当时也没保护动物法令，有能力的单位便组织围猎，场景极其悲壮。黄羊为生育和生存，每年都大规模的迁徙。成千上万的黄羊，十分严密有序。身强力壮的公黄羊承担探路先行，母黄羊与幼羊居中，按先后顺序和预定的路线行进，这就为猎手的捕杀提供机缘。只要预先埋伏于黄羊必经之处，枪一响定有收获。而遭到伏击的黄羊无论身边倒下的是父母还是兄妹，都顾不上悲伤，仓皇逃窜一阵，迅急又恢复队列，公羊依然担任护卫，母羊依旧带领着幼崽，极奋勇悲壮地继续行进。

野黄羊属于国家二级保护动物。

草原上还有野马、野驴、野牦牛等大型动物，近年加大了保护野生动物力度，野生动物的种群都不断增加，进入青藏高原就能见到。我在海北州政府所在地见到一尊雕像，是头牦牛，四肢茁壮，体格雄健，整个身体奋力前进，两支盘角直刺前方，雄性十足，威风凛凛，是我见到的最好的雕塑之一。这尊雕塑被命名为“雪域魂灵”。先是一愣，为什么不选骏马或绵羊？仔细一想，就觉得誉牦牛为雪域魂灵十分准确。

野驴属典型荒漠动物，栖居于海拔3800米左右的高原开阔草甸和荒漠草原、半荒漠、荒漠地带。野驴为中国Ⅰ级保护动物，被列入濒危野生动植物种国际贸易公约附录Ⅰ。

马太娇贵，在草原固然是天之骄子，但在高海拔的雪域就未必得逞。在高寒草原，马虽强健，但周身无长毛覆盖，无法御寒；马善奔跑，运动激烈，难免缺氧。青藏高原虽也养马，主要供牧人乘骑，在畜牧业中不占主导地位。

羊在任何草原都是大宗，毛肉兼用。各地草原都有优良品种，比如新疆细毛羊、宁夏滩羊、陕北山羊等。生长于青藏高原的是一种藏系绵羊。公羊角长且盘旋粗大，纹路精美，可做工艺品。这种羊毛长耐寒，肉鲜美，是牧民主要食品。

天牛合一

高原之舟——牦牛

牦牛就不同，天生的高原动物。在海拔六千多米的雪山照样靠吃苔藓地衣生存，特别耐寒，用牦牛毛编织的帐篷风雨不透，十分暖和，所以近年青海用牦牛绒纺织的牛绒衫全国风行。牦牛由于适应性强，耐寒耐饥，富于韧性和能够驯化，是牧人密不可分的伙伴。每当迁徙，便由牦牛承担全部载重，再艰辛难行的沼泽山路，高寒缺氧的地段，它们都能适应，都始终伴随着主人。在农牧间作区，牦牛还可拉犁耕种。自看到那尊"雪域魂灵"的雕像，一路我都注意牦牛，发现每一群羊中，总伴随站着十头左右的牦牛和一两匹马。这就是一户牧民的全部家当。每当迁徙，牧民骑马赶着羊群，牦牛则驮载帐篷和生活用品，就可以"逐水草而居"了。草原牦牛比内地马牛都要小，通体黑色，四肢短粗茁壮，两角盘旋，长毛拽地，貌似憨拙。可我企图接近它们拍照时，它们却在陡峭的山坡上健步如飞，一溜儿跑掉，十分敏捷。据说野牦牛几乎比家牦牛大一倍，且性格凶猛，连狼都惧怕它，不易驯养。倒有家牦牛跑进野牦牛群中不肯回来的事发生。

> 牦牛是世界上生活在海拔最高处的哺乳动物。主要产于中国青藏高原海拔3000米以上地区。耐粗、耐劳，善走陡坡险路、雪山沼泽，能游渡江河激流，有"高原之舟"之称。

高原牧民看重牦牛，所以家家户户几乎全部养着牦牛，这可能也和牦牛近年走俏有关。用牦牛线织的牛绒衫全国走俏，牦牛肉因营养丰富而昂贵。再是，牧民每天不可或缺的奶茶也主要产自牦牛，牦牛体大，产奶也多，在牧区最常见妇女干的活儿便是挤牦牛奶。牦牛奶除了供牧民全家日常饮用之外，还能做酥油、奶疙瘩，这也是草原牧民家中常

> 藏族习俗：藏族最大的禁忌是杀生，受戒的佛教徒在这方面更是严格。虽吃牛羊肉，但他们不亲手宰杀。藏族人绝对禁吃驴、马肉和狗肉，有些地区也不吃鱼肉。忌在拴牛、拴马和圈羊的地方大小便。忌将骨头扔于火中。

备的食品。在草原，一户牧民有多少牦牛，便也大致决定了这户牧民的收入与贫富。

要骑牦牛去拉萨

云中哈达·神奇天路

天路像一条洁白的哈达

白色公路一直在上坡，仿佛没有尽头，一个又一个山峦和垭口都甩在身后，但仍然在上，上得无止无境，上得让人提心吊胆。不停盘旋的白色路面像一根舞动的飘带，又像一条洁白哈达，从高高的蓝天碧空，从重叠的云团中抖落下来。事实远不止此，大团的白云就在山峦间、车身旁浮动。前边一辆满载蜂箱的大卡车直接就像行驶在云团上面，我忍不住隔着车窗拍下这个珍贵画面。

献哈达是藏民表达友情及敬意的传统方式，哈达是藏族最珍贵的礼品。哈达是一种工艺水平很高的编织品，有白麻织的，也有茧丝织的，长度二三米不等。哈达颜色有四种：红、黄、蓝、白。上面编织着莲花、宝盖等宗教的八宝纹图。目前，献哈达已经成为藏族的一种象征。

高原腹地玛尼堆

海拔4500多米的高原，空气稀薄，含氧量只有内地的一半，水沸点低，食物不易煮熟，我们几次进入藏区都在盛夏，牧草丰腴，释放氧气充分，乘车行走，感觉不到什么，但晚上住宿，还是有明显的高原反应。这次住在拉萨市一座四层楼上，竟然每爬一层楼，头都胀痛欲裂，这便是高原反应，只能休息，少说话，少用劲。

有了这层体验，沿途见着筑路大军便倍生敬意。从服装相貌看，多系民工，民工中又多系藏族群众，且大多数是妇女，年轻的媳妇居多，也有中年大嫂。施工路段，虽有挖掘、碎碾机械，但很多活儿，如砌护坡、挖边沟、清道渣、装推车都是人工，藏族妇女和男人一样，手握铁铲、挖镐，铲土挖坡，干着沉重的体力活计。

献哈达的来历之一：据说汉朝张骞出使西域路过西藏，向当地的部落首领献帛，古代汉族以帛为贵，象征纯洁无瑕的友谊。这样一来，藏族部落就以为这是一种表示友好、祝福的礼节，而且是从中原兴盛之大邦传来的大礼节，所以就一直沿用至今。

我推测，能在高海拔地段干重体力活，要归功她们世代生活在这里，从小适应环境，但根本上还是为了脱贫和解决温饱。毕竟，这儿属典型的“老、少、边、穷”地区，多数县被定为国家或省级贫困县。有时细想，人和人的区别一来到这个世界便被决定了大半，再有能耐的人出生在这儿，机遇恐怕也少得可怜。

筑路中的藏族妇女

高原地带，风云多变，大晴天飘来一团黑云，落雨、下雪，乃至砸下冰雹都是常有的事，高原上没有什么地方可以躲避。我们穿越祁连山遭遇冰雹时，看见筑路工人都跑到涵洞中躲藏，还有人把藏袍脱下顶在头上，这是无可奈何的事情，所以大热天，筑路的藏民还都穿着藏

献哈达来历之二：说是古代西藏法王八思巴会见元世祖忽必烈后带回西藏的，当时帛上有万里长城图案和“吉祥如意”字样。后来人们又对哈达的由来作了一些宗教方面的解释，说它是仙女身上的飘带，并以它的洁白象征圣洁和至高无上。

羊卓拥错

袍，戴着毡帽，这是生活经验告诉他们天有不测风云啊。

在若尔盖草原，藏民把修路挖掉的熟土，大约20到30厘米厚的黑土全都拉到定居点附近，他们珍惜能长牧草的黑土，这是多少年才能形成的东西。藏民在家乡修路比外来人更注意保护环境。

从拉萨到天湖纳木错，要翻越海拔超过5000米的念青唐古拉垭口，在接近山巅的地方，一伙藏族民工正在修砌护坡，男人在拌沙灰，砌石块，所用的石块竟全靠藏族妇女排成人梯传送。我们经过时，一个藏族妇女正用双手举起一块硕大的石头往上递。石头太重，两次都失败，藏族妇女笑了一下，一咬牙硬是把那块差不多上百斤的石块递上了高高的脚手架!

> 纳木措是中国第二大的咸水湖。位于西藏中部，湖面海拔4718米。湖的形状近似长方形，东西长70多千米，南北宽30多千米。湖水最大深度33米，为世界上海拔最高的大型湖泊。“纳木错”为藏语，而这个湖的蒙古语名称为“腾格里海”，两种名称都是“天湖”之意。

一路上，那位藏族妇女高举起的石块都在眼前晃动，正是有这些能吃大苦、耐大劳的藏族同胞，才使得高寒牧区有路可行，物资能够流通，信息能够传递，才使公路如洁白的哈达般把藏区与内地紧密联系在一起。

云中天路

西藏被认为是“除了月亮之外最神秘的地方”，一方面吸引着中外游客的好奇心，一方面又由于海拔太高，道路艰辛、山川隔断，被视为畏途。半个世纪之前，西藏没有公路，能通汽车的路仅有一公里。河流虽然众多，航运仍停留在原始状态的溜索、羊皮筏与独木舟。美国探险家保罗泰鲁在《游历中国》中说“只要有昆仑山在，铁路就永远修不到拉萨。”事实是青藏铁路从2001年6月动工，仅五年时间就全线通车，并创造了多个世界第一，在世界海拔最高，冻土里程最长修筑了世界上海拔最高的车站，最长的隧道，穿越了戈壁昆仑，飞架了裂谷天堑……用一条神奇的“天路”把雪域高原同祖国内地联系在了一起。

青藏铁路开工，我就萌生念头，一定要乘火车感受天路。2009年5月总算如愿，因格尔木市以东多次自备车辆来过，对沿途日月山、倒淌河、青海湖已熟悉的像老朋友。有次夜宿格尔木，清晨6时沿青藏线开到160公里外海拔4767米的昆仑山口，看着灿烂的阳光下冰雪闪耀的山峰和利箭一般伸向青藏腹地的公路，伙伴们跃跃欲试：向拉萨开！由于没有计划，缺了准备。下次吧，带着遗憾掉转车头，回到格尔木，还不到12点。索性午餐后，又行驰580公里穿越柴达木盆地，经大、小柴旦，越海拔3900米的党金山口，到晚上7时，我们已坐在敦煌夜市吃羊肉串，喝冰镇啤酒了，一天跋涉上千公里，刷新探访丝路的记录。这次感受天路，重点在格尔木以西，我盘算着下午4时从兰州出发至昆仑山口，正好第二天清晨，便能接续上次驿站，全程观赏感受天路。

云中天路

果真，翌日清晨，列车已过昆仑山口，一看，窗外大雪纷飞，一派混沌，起伏的山岭全在纷纷扬扬的雪花之中，这便是青藏高原。昨天一路还是艳阳高照，山川雄奇，牛羊布野，如今只能观赏到几十米的风景，朦胧中山岭逶迤，并不雄伟险峻，可我带的海拔表显示窗外海拔4600米，列车过格尔木后便施放氧气，车厢内很舒服。我想起一位地理学家对青藏高原山岭的描述是：“高海拔的山丘”，真是准确到位。别小看窗外那些飞扬的雪花中似隐似现的山丘，海拔全在5000米以上，有五岳之尊美誉的泰山，雄奇传岸，海拔不到2000米。大自然就是如此的鬼斧神工。

青藏铁路，被誉为“天路”，它东起青海西宁市，南至西藏拉萨市，全长1956公里。其中西宁至格尔木段814公里已于1984年投入运营。青藏铁路格拉段东起青海格尔木，西至西藏拉萨，全长1142公里，其中新建线路1110公里，于2001年6月29日正式开工，2006年7月1日，青藏铁路正式通车运营。它是世界上海拔最高、在冻土上路程最长、克服了世界级困难的高原铁路。

青海可可西里藏野驴

快看，藏羚羊！”

列车到楚玛尔河时，有旅客喊着。果然，窗外飞舞的雪花中，一群有上百只左右的藏羚羊正从一面山坡走来，不慌不忙，有的还停下来看着火车——这傲然驶过的庞然大物。看着在风雪中不畏严寒、悠然自得的藏羚羊，不愧是大自然的精灵。还遇着一群藏野驴，有几十头之多，比家驴雄壮，背梁毛呈粗黑色，就在飞驶的列车不远处岿然不动。正好让旅客隔窗抓拍图片。车窗外风景最引人注目的是沱沱河沿，尽管雪花仍在飞舞，但长江源那开阔的气势还是一览无余地展示出来，网状的河流似乎从雪雾深处流来，铺满了天地之间。沱沱河大桥是青藏铁路跨度最长的大桥，在海拔5000米的地方，最热可达30度，最寒为零下50度，正负相差80度。在这样气候恶劣、地质复杂的地方修筑铁路，真是创造了人间神话。

藏羚羊：多生活在中国青藏高原，被称为“可可西里的骄傲”。群居。背部呈红褐色，腹部为浅褐色或灰白色。成年雄性藏羚羊脸部呈黑色，腿上有黑色标记，头上长有竖琴形状的角用于御敌。雌性藏羚羊没有角。属于国家一级保护动物，也是列入国际上严禁贸易的濒危动物。

海拔5200米的唐古拉山口，是青藏铁路的制高点，也是青海与西藏的界线，一过山口，海拔逐渐下降，进入藏北大草原，雪花停止了飞舞，透过薄薄的云层，明显感到太阳在跃跃欲试，终于一下迸出云层，放射出朗耀的光芒，把窗外的一切都勾勒得层次分明，鲜活光亮，远处的雪山如屏，延绵不尽，开阔的草原，溪水如带，大大小小的湖泊如同散落在草原上的明镜，一群群的牛羊低头啃着草，缓慢地移动，就像经常在画报上看到的那样，吸引得旅客都扒着车窗张望。安多、那曲、当雄、羊八井……这些藏北名镇一一掠过。下午六时，太阳还高悬在一碧如洗的蓝天上时，雪域圣城拉萨到了。

木楼·经幡·玛尼堆

藏式木楼

来到藏区，尤其藏北，沿青藏公路，进入那曲、当雄，一种进入雪域腹地，即将看见圣城拉萨的激动油然而生，两眼一直盯着窗外，想看看和内地有什么不同？藏族村寨最明显的标志便是藏式木楼，高高地插在木楼四周和山坡上的经幡；再是每个村寨注定都有白色的佛塔，或是用石块垒成的供奉着牛羊牴角、插着经幡、布着各种彩色风马旗的玛尼堆。

藏区宗教禁忌之一：在藏区接待客人时，无论是行走还是言谈，总是让客人或长者为先，并使用敬语，如在名字后面加个："啦"字，以示尊敬和亲切，忌讳直呼其名。迎送客人，要躬腰屈膝，面带笑容。室内就座，要盘腿端坐，不能双腿伸直，脚底对人，不能东张西望。接受礼品，要双手去接。赠送礼品，要躬腰双手高举过头。敬茶，酒，烟时，要双手奉上，手指不能放进碗口。

藏式民居

藏区宗教禁忌之二：敬酒时，客人须先用无名指蘸一点酒弹向空中，连续三次，以示祭天、地和祖先，接着轻轻呷一口，主人会及时添满，再喝一口再添满，连喝三口，至第四次添满时，必须一饮而尽。吃饭时要食不满口，咬不出声，喝不出响。喝酥油茶时，主人倒茶，客人要待主人双手捧到面前时，才能接过来喝。

在草原上，除专事放牧的藏民还住帐篷之外，越来越多的从事农业和非游牧业的藏民都住在固定的村寨。木楼是藏族同胞起居、饮食、生活的主要场所。藏族的村寨则是由一座座独立的院落和木楼组成。我曾有幸住过藏族和侗族的木楼，留下很深印象。

藏族木楼常选取靠山近水、坐北朝南的河谷或向阳山坡，一般2–3层，也有4–5层的。底层和围墙用片石砌就，也有像汉族用木板填进黄土，筑成板墙。上层围墙全用木板，楼板也是把木板铺在粗大的梁木上，十分结实。

木楼一层喂养牲畜，有牛马羊，也有藏民养猪。二层住人，还用木板隔成若干单间，有厅堂之分。在上层放置粮食杂物。厅堂也兼做饭堂，其

华丽的藏式门窗

实也是厨房，中间放置有木架的火盆，上面三角架吊着铜罐或铁锅，煮肉，煮奶茶，做糌粑，都可以。

藏区高寒，一年四季家中均不离火，做饭的同时也能够取暖。空闲了，一家人围着炉火喝茶聊天，也借以度过高原寒冷漫长的夜晚。待到人困火熄，给牲口添完夜草，整个木楼也熏得温暖如春，一家人也正好安歇。

木楼大都带阳台，还有环绕整个木楼的，通风向阳，便于晾晒粮食衣物和悬挂牛羊毛皮头骨，眺望放牧归来的羊群，也便于家人在阳光下打酥油茶、纺织毛线，充分显示了藏族同胞的智慧。

考究的装饰

西藏临近印度，印度曾为英属殖民地，受其影响，不少藏族上层人物把孩子送往英国留学，带回了英国绅士的生活方式做派，把藏式木楼修建得十分考究。木楼内部有手工地毯、挂毯、壁炉、银质茶具，上世纪初就有留声机、照相机之类进口产品。木楼还带林卡（花园），类似上海滩的花园洋房。其文明程度，连进藏的内地高官都叹为观止。

其实，每个民族都曾创造过属于自己的文化和文明，都有过辉煌和骄傲。互相并不能取代，只能交流融合、取长补短。汉唐辉煌的重要原因之一即在于此。比如，秦汉时期，中原汉族聚居之地并没有床榻桌椅，王公大臣议事也是席地而坐，晚间则席地而卧。三国时期的风云人物刘备早年便编卖过草席。

在草原上生活的游牧民族由于经常迁徙，在水草地露宿，为了隔潮，创造出一种活动支架来做床用。迁徙时，折叠起来驮于牛马背上，到了宿营地，打开可坐可卧，十分方便。这种或坐或卧的支架，由于由马驮走，俗称马扎。这在当时就显然是优于汉族的一种文明和进步。

汉时，丝路畅通，中原与边地交往频繁，这种可坐可卧可折叠的架床传到中原，普遍受到欢迎。汉灵帝刘宏就十分喜爱“胡床”“胡座”。“上有好者，下必附焉”，从朝廷高官到普通百姓纷纷仿效。经过中原能工巧匠不断加工改造，发展为后来的龙床龙椅，高桌低凳。这种最初由草原游牧民族使用的原始工具，升华为人们日常生活家具，从席地而卧上升到床铺桌椅，应该看作是人的尊严的提升，文明的提升。

同时，中原王朝的典章制度，京都省府的亭台楼阁，也为草原游牧民族所羡慕接受，在他们定居的城镇寺庙出现了殿堂楼阁，在少数民族居住的村寨则出现二层至多层楼屋。鉴于高寒取土不易，靠近山林，取木方便，所以多造木楼。随着岁月推移，经验积累，木楼也已相当完备和考究。

> 藏区宗教禁忌之三：在西藏，金属制作的佛像、佛经、佛塔、佛殿、木雕、塑像、绘制的唐卡等物品，在法师格西、活佛或僧团开光后，就成为佛的真身。人们对这些物品要特别尊敬，无论什么时候都要庄重以待。

近年，随着退耕还林，尤其是江河源区对牧民实行整体搬迁。草原上选择海拔较低，避风向阳，又临近溪水的地方修建起不少定居点，大多由内地省份对口援建。既保留牧民喜爱的藏式传统风格，又采用新型节能材料，保暖空心砖，彩色塑钢瓦，门窗依然藏式彩绘，屋背依然经幡高挑，还有宽敞的天井院落，牛羊也专门设圈，人畜分开，水电俱全，深受牧民欢迎。2011年9月作者第三次到拉萨，乘火车途经那曲，只见许多牧民穿着鲜艳的新装，骑的马也一律披红挂彩，原以为是举办草原赛马，列车经过，才发现是一处新的定居点落成，牧民们都赶来参加侨迁之喜的。

经幡和玛尼堆

藏寨的另一个标志是经幡和玛尼堆。幡杆用长长的木杆做成，有四五丈高，上面缚着写有“俺嘛呢叭咪哄”六字箴言的经幡，在风中哗哗抖动。按藏民的说法，经幡每被风吹一次，就等于念了一遍经。至于玛尼堆则建在村里制高点上，经常有人围着走动，手中摇动着经轮，一年四季，月月天天，从无中断，让外来人十分惊讶。可见藏传佛教已深入藏区村村寨寨。

> 喇嘛教，又称藏传佛教，是指传入西藏的佛教分支。藏传佛教，与汉传佛教、南传佛教并称佛教三大体系。藏传佛教以大乘佛教为主，其下又可分成密教与显教传承，在藏区影响很大。

村落附近的玛尼堆

藏区宗教禁忌之四：行路遇到寺院，玛尼堆，佛塔等宗教设施，必须从左往右绕行。不得跨越法器，火盆。经筒，经轮不得逆转。忌讳别人用手触摸头顶。

藏传佛教在进入藏区一千多年中，吸收了曾经抵制佛教的本地土教一些教义和仪式，与藏区的风土人情、精神寄托、思想情绪更加合拍，其主要经典都用藏文记录，所以被称为藏传佛教。于是也就更加为藏区群众所接受。同时，藏区长期实行政教合一，许多活佛也是当地行政长官，更利于宗教的普及推广。

藏族群众世代生活在这样的氛围之中。我不止一次看见年轻的藏族母亲带着孩子出入寺院，从小耳濡目染，宗教情绪会伴随一生，渗进生活的各个领域。藏区寺庙众多，有许多专职喇嘛，来自藏乡村寨。这样，很自然地，喇嘛也就与民众有了不可分割的血缘关系，几乎每个人烟稠密的地方必然也会有寺庙。

我在青藏草原、玛曲和若尔盖草原，以及甘南、藏北草原这些藏族群

朝圣的藏族母子

众聚集居住的地方穿行的时候，似乎对宗教多了一些理解和体会。依据科学测算，20亩草地养活一只羊，100亩草地才能养活一匹马或一头牛。一户藏民若拥有一群羊和几匹马、牛所占的地域，几乎是内地一个村落拥有的地盘。空旷寂寥，精神苦无寄托，苦闷则无法排遣。宗教恰好能给人一种寄托，一种安慰。何况，慈祥的佛祖，庄严的法会，寺庙的各种活动，也都给人带来寄托和欢乐呢。

藏北羌塘明珠

可可西里无人区

汽车在唐古拉雪山中的“S”形公路上盘旋，这一带被称为藏北。沿青藏公路离开西宁市以后，翻日月山，过青海湖，在格尔木市停留住宿休整加油。若是七八九月，天气晴朗，路况良好，一般进藏车辆都采取两人轮换驾驶，早发晚至。清晨出发，一千多公里路程，当晚10时左右便可开进拉萨市区，以避免中途住宿的麻烦。不过对于自驾车的旅游者、探险者、考察者或摄影者来说，则无需这么赶急。

> 藏北草原是指西藏北部辽阔的高原，在那曲境内主要指羌塘大草原。它是中国五大牧场之一，位于昆仑山脉、唐古拉山脉和冈底斯山脉之间，是野生动植物的天堂。

离开西宁便开始了梦想成真的西藏之旅，沿途日月山、青海湖、沱沱河沿岸，不光景色美得让人陶醉，更重要的是你一生便有了穿越农耕与游牧文化分界的经历，有了领略世界最大咸水湖风光的经历和中华民族母亲河黄河源与长江源头景色的经历，这绝不仅仅是简单地满足了虚荣心，它会成为一种刻骨铭心的阅历，会长久地影响你的心态，自然是给你明朗健康的那种。

唐古拉山口海拔高达5231米，翻越山口也就进入了西藏，准确地说是进入藏北，沿途有安多、那曲、当雄、羊八井等城镇，这也是早年唐蕃古道必经的几处驿站。

> 可可西里无人区：被各国学者和专家称为“生命的禁区”。它位于西藏的西北部，面积有60万平方公里，平均海拔高5000米。这片地方除了高山、湖泊、草原和野生动物，几乎荒无人烟。历史上，曾经有一些人去探险，可是不是因为缺吃，就是因为迷失方向，很少有人生还。

藏北平均海拔在4500米左右，著名的可可西里无人区便与藏北相连。

藏语称“羌塘”意为北部的草原。如果运气好，很可能遇见藏羚羊、藏野驴、野牦牛，成群结队在广漠的草原上争相奔跑，这是只在电视中才能看到的情景，这会儿却近在咫尺，目睹这些在青藏高原生存亿万斯年的动物现在才被人类认可，你可能鼻腔发酸，有了一种情感上的冲动，这是你最质朴的感情被唤醒。青藏公路和铁路都由这里穿过，能够近距离欣赏藏北的原始之美。沿途高原有种刚劲苍凉，世界上海拔最高的淡水湖措那湖紧挨着青藏铁路，最近处不足20米，大团白云几乎就浮在湖面，没有办法，湖泊水面已高达4590米，比泰山高出两倍，只好让云彩浮在这里，湖泊面积有300多平方公里，火车要沿湖跑半个小时，车站牌为安多。从地图上看，措那湖为怒江源头，湖水有众多雪水及那曲河补充，又溢出为怒江源头，系流动状态，所以是淡水湖。

天湖纳木措

藏北还有一座更大的湖泊，那就是世界海拔最高的湖泊纳木错，静静地躺在这片高高的群山之中，凡进入藏北，没有不去拜访这片悬在高山顶上的大湖。可以稍作设想，秦岭主峰太白山海拔3767米，"太白积雪六月天"自古便为长安八景之一。若是晴日，在西安城楼便可仰望那远处云天中闪耀的太白雪峰，纳木错湖海拔4700米，比太白雪峰整整高出千米，若在西安仰望，简直是云天瑶池。

纳木错湖旅游交通咨询：从拉萨到纳木错最简便的方法是乘坐当地旅行社的车辆。在拉萨很多青年旅舍里，都有承揽散客的旅社。去纳木措一日160-180元/人，两日住宿扎西半岛320元/人，驴友扎帐篷是380元/人（不含帐篷睡具费用），只负责往返路程，食宿自理。车一般是金杯或商务车，根据人数多少决定。每天早晨7点左右在布达拉宫东门白塔处集合发车，为了省钱可以直接联系组织单位。

天湖纳木错

这会儿，我们便沿着念青唐古拉山中的简易公路向这天上瑶池攀登。念青唐古拉山主峰7162米，在当雄县境，逶迤延绵的群峰也多在5000米以上，去纳木错，必须穿越念青唐古拉山脉，公路如同弯曲的飘带在山石裸露寸草不生的山峦间缠绕，据说汽车在高海拔的青藏高原上行驶，也如同人在高原上跋涉一样，由于缺氧，费油费劲，损耗严重，使用期要比内地短三分之一。攀登雪山更是像甲壳虫般小心翼翼，沿着河谷盘旋而上，老远便看见一处山垭，有五颜六色的风马旗招展，这是藏区特色，几乎所有山垭、隘口、险峰、奇石、村落都布有经幡、风马旗和玛尼堆，藏民们经过时嘴里还要呼喊"啦索索、啦索索……"意为神胜利了，恶鬼走开。

纳木错湖旅游小贴士：纳木错湖海拔4718米，比拉萨(3650米)高了1000多米。所以在纳木错的高原反应比在拉萨严重得多。因此，可服用的抗高原反应药和保健品有：红景天、奥默携氧片、百服宁、西洋参、速效救心丸、丹参丸等，有助于缓解高原反应。

几乎登上山垭的同时，也就看见了天湖纳木错，远远地像一匹蓝色的

彩绸，静静地躺在念青唐古拉山脉环抱中的高原，四周如原始般的沉寂，风势凌厉，所有的东西都被吹拂得猎猎直响，有种透人骨髓的寒气，让人切实体味到西藏可以同时拥有强烈的阳光和凌厉的寒风。山垭有界碑，标明：那根拉海拔5190米。但距已经看见的纳木错，还有20公里，可见高原空气洁净，能见度高，也足见天湖之大。汽车沿公路盘旋向下，直奔大湖。

无处不在的经幡

彩绘天地

纳木错是青藏高原仅次于青海湖的我国第二大咸水湖，海拔却属世界第一，为4718米。东西长70公里，南北宽30公里，面积近两千平方公里。车在下山的途中，可以看清这是一处其大无比的高山平原，大湖四周还散落着一些零星湖泊，估计早先是连在一起的，现在的陆地比湖泊大，总面积恐怕五六千平方公里，可以放下中国最大的城市上海(总面积5000平方公里)，让人感叹西藏的辽阔。

纳木错湖景点票价：120元，另外进入扎西岛还得加收3元的停车费，开放时间：24小时全天开放。包车前往费用一般已含门票。

这里也是一片优良的高原牧场，由于有湖水滋润，虽不是直接灌溉，但高山雨雪，蒸发循环，牧草显得茂密，远近散布着羊群和骑马的牧民，黑色的牦牛毛编织的帐篷十分醒目地耸立，长长的炊烟飘向碧空。有了一种“天苍苍，野茫茫，风吹草低见牛羊”的气象。

终于来到天湖旁边，湖水清澈透明，能见度总在几十米，湖中褐黄色的岩石显露出来，像一丛丛黄色的珊瑚，玲珑剔透，有种透明的质感。据说湖水最深达300多米，远处的湖水深蓝深蓝，无边无际，有疾风吹过湖面，发出尖利的呼啸，卷起一层层浪花扑向岸边，岸边岩石被咬得凹凸起伏，惊得很多游人嬉笑着散去。一拨浪花扑哗哗散开之后，便会风平浪静，第二拨浪花还远在天际，此时湖水清澈平静的可爱，温顺地如同羊羔，让人忍不住想要赤足踩入去亲近湖水，但这却是绝对禁止的。

因为纳木错是藏民心目中的圣湖，湖水和湖水中的植物、游鱼都神圣不可侵犯。每年夏秋都有许多藏民来此朝圣，赶着牛羊在湖边扎起帐篷，一方面放牧，一方面要专门绕着大湖转经，步行一圈要半个多月。还有跪叩等身长头的，那就是要用身体来丈量一遍湖周了，其艰苦程度非外人可以体味，我们正好遇着一拨叩等身长头的，男女都有，诚恳庄严，一丝不苟，沿着湖水一路叩去，叩的人心里直发沉，我们以为他们会歇息，但是没有，眼睁睁看着他们一起一伏，消失在远方，溶进天水一色的圣湖。

纳木错旅游小贴士：在纳木错湖旅游，会有明显的高原反应。如若徒步前往纳木错，得带上足够补给及帐篷、睡袋。纳木错昼夜的温差较大，晚上风力强劲，常会有大雨或冰雹。在夏天，晚上也需要穿上厚厚的羽绒服。

天湖朝圣者

千年绝唱·大昭魅力

环形街道八廓街

还没到八廓街，刚走进大昭寺，心就醉了。数丈高的焚香炉香烟缭绕，在阳光下幻化为万道光柱，空气里飘浮着藏香气息。大昭寺门前，一大片跪叩长头的信徒，几位老人正把花白的头颅叩在石墙，默默地诵经；穿着醒目紫红袈裟的喇嘛，三五成群，手执法器，出出进进，再加上与八廓街相连的转经信众，从早至晚，人流滚滚，男女皆有，相貌注定不同，转经方向一致，无不手摇经筒，口念佛经，神情虔诚，步履匆匆，这种浓郁的化不开的宗教气氛顿时把人带入一种仿佛没有纪元的年月。

> 大昭寺：藏语意为佛殿，位于拉萨老城区中心，是一座藏传佛教寺院，始建于唐贞观二十一年（647年），已有1300多年的历史，在藏传佛教中拥有至高无上的地位。

大昭寺俯瞰

先有大昭寺，后有拉萨城——藏地民谣

八廓街是围绕着大昭寺一圈的环形街道，长约3华里，两边连着长长短短密如织网的街巷，宫厦套着石屋，回楼依傍古寺，清一色的藏式建筑，清一色的藏式商店，集中着藏族最传统的手工作坊。木匠、银匠、铁匠、画匠、裁缝，按照千百年流传的工艺织氆氇、地毯、藏被，打制银碗、铜壶、经筒、法号，出售奶酪、酥油、糌粑、牛羊肉制品和藏式血肠，弥漫着浓郁的藏族生活气息，几乎是几百年来藏族群众的缩影，是拉萨的缩影。只有在这里，才能触摸到藏族群众生活的底蕴，感受他们生活的形式和习惯，才能看见他们已经逝去的时代踪影，也才感觉到没有白来拉萨。

在大昭寺顶看布达拉宫

闻名世界的大昭寺

八廓街的中心和灵魂是大昭寺，若无大昭寺，八廓街就无从谈起。大昭寺建于公元7世纪，距今已有1350年历史，几乎与布达拉宫、拉萨城是同属吐蕃时期建筑，是藏王松赞干布为迎娶大唐文成公主修建的。当年，藏王松赞干布亲自领文武臣民赶到黄河源，首先拜见大唐使臣江夏王李宗道，行子婿大礼，然后李宗道主持去与文成公主相见，这位驰骋雪域高原的吐蕃王终于见到朝思暮想的大唐公主，顿时倾倒，他万没想到文成公主神态端庄，气质高雅，一派皇家风范，十分倾心。征得江夏王与公主同意在黄河源头按吐蕃礼仪举行了大婚。之后，又在玉树停留盘桓，当到逻些城时，尽管当时并无像样的宫廷建筑，但由数不清的帐篷构成的城池市容，也别具一格，生机勃勃。当文成公主一行到达时，受到了吐蕃臣民盛大欢迎，几乎是男女老幼倾城出动。为展示大唐礼仪，促进唐蕃和好，在江夏王李宗道主持下，松赞干布和文成公主又按大唐礼仪，在逻些城举办盛大婚礼。大唐礼乐飘荡在雪域高原，使全城吐蕃民众都真切感受到中原的礼仪风范，情不自禁载歌载舞，庆贺这盛大的节日。松赞干布更是喜上心头，对江夏王李宗道郑重表示：“我族我父，从未有通婚上国先例，唯我得大唐公主，实为万幸，我要为公主修建一座宫殿，以示唐蕃永远交好。”

> 八廓街：是拉萨著名的转经道和商业中心，较完整地保存了古城的传统面貌和居住方式。八廓街原街道只是单一围绕大昭寺的转经道，藏族人称为“圣路”。

这座宫殿便是鼎鼎大名的大昭寺。文成公主信仰佛教，从长安带去大量的佛经、菩萨、法器，还有佛界十分尊崇的释迦牟尼12岁等身佛雕，这也是佛教在西藏兴盛的肇始，所以大昭寺是按佛教寺院修建

> 释迦牟尼12岁等身像：此像是释迦牟尼佛在世时，按照释迦牟尼本人形象塑造的。等像塑好后，那些弟子有幸请佛祖释迦牟尼自己给自己的佛像开光加持。塑像的珍贵，不仅仅是因为它的历史价值和文物价值，最重要的是认为佛像和见到2500年前的佛祖没有区别。

的，但又兼有唐式大屋顶的庄重、华贵与大器，规模宏阔，庄严壮丽。

文成公主与大昭寺

大昭寺建成，文成公主安定下来后，协助松赞干布推行改革，使吐蕃在政治、军事、经济、文化各方面都取得长足发展，带去的工匠也把中原的农耕、织布、酿酒、造纸等技术传播给当地群众。可惜，文成公主入藏10年，年仅35岁的松赞干布去世。按唐律，她可以回到长安，但文成公主依旧生活在吐蕃。直到公元680年去世，整整40年中，她已对雪域高原产生了深深的眷恋，去世后，文成公主与松赞干布一齐长眠于拉萨南部山巅，世代受到藏族同胞的奠祭与怀念。半个世纪后，金城公主又沿唐蕃古道于公元710年远嫁吐蕃，两位公主前赴后继谱写了一曲汉藏和好的千古绝唱，不仅踏出一条扬名千古的唐蕃古道，也使雪域同胞与内地民众有了持续千年牢不可破的血脉关系。至今，藏族同胞为两位公主塑的金像仍供奉在大昭寺中，千百年来，不仅接受着千万藏胞真诚的膜拜，也吸引着千千万万的游客观赏和瞻仰。

> 金城公主：步曾祖姑文成公主之后尘，出降吐蕃赞普、赤德祖赞（松赞干布玄孙）。

寺中还供奉着历代佛家珍稀文物，成为西藏重大佛事活动的中心。五世达赖创建政教合一的"噶厦"政府便设在寺内。大昭寺建成后，寺周修有松赞干布供文成公主和王公大臣们居住的官邸。许多名门贵族也纷纷在四周建立住宅。尤其是15世纪之后，大昭寺不断维修扩建规模愈显宏阔，四周僧舍、宗教学府、中小寺庙不断增多，吸引着藏区的虔诚信徒汇聚于此。噶厦政府、地方法庭、监狱机构、商号、摊点、作坊，一间挨着一间，环绕大昭寺形成长达3华里的八廓街，在这条主街的两边又形成密如织网的街巷，构成一片最具浓郁藏族生活气息的街区。

> 金瓶掣签：活佛转世的"金瓶掣签"仪式历来在大昭寺进行。1995年，确定十一世班禅转世灵童的金瓶掣签仪式也是在这里举行的。

祈祷的信徒

你看我的左手多么强壮

逛八廓街的人首先会游览大昭寺，但要说清这座已经拥有1300多年历史，25000平方米，难以数计的大小佛像，无比丰富的壁画以及千年风雨中起落沉浮的故事，真需厚厚一本专著。在随着滚滚的人流游览的两个小时中，给我留下印象最深的是那数不清的酥油蜡灯，千万盏灯火一齐闪耀，千万张虔诚的面孔尽皆顶礼膜拜，那种浓郁的宗教气氛，那无数矢志不渝热切期盼的眼神，真是看过后就再难忘却。还有大昭寺顶传来此起彼伏悠扬委婉的歌声，顺着歌声，我们来到被安全网隔开的楼顶，大约看见我身背几架相机，工作人员没有阻止。

> 大昭寺主要景点：释迦牟尼12岁等身像、囊廓、唐蕃会盟碑。

只见正在维修的大昭寺顶，前后站着两排男女，用木杆连着的石夯砸实地面。这种古老传统的工艺，是将一种产于西藏的风化石，采集来晒干，研磨成粉状，再拌上酥油一层层砸实，可用于屋顶防漏。不仅在于这种古老的传统工艺表现出的智慧，更重要的是劳动方式的完美与和谐。前面一排唱歌打夯，一首歌唱完便停下来休息，后面一排又开始唱歌打夯，周而复始，简直是种优美的集体舞蹈。我在北大的先期学友廖东凡，上个世纪到西藏后，听到这种动人的歌声，翻译成汉语为：

请看我的左手多么强壮，
请看我的右手多么强壮，
呀拉索!用我强壮的左手和右手，
把拉萨打扮成待嫁的新娘……

就在这一刻，他对这个在雪域高原生活的民族深含敬意，一下喜爱上了当时还很破败陈旧的拉萨，他回忆当时仅市区野狗就有几千条，许多在内地已普及的日用品这里还奇缺，但他还是在西藏呆了下来，一呆便是二

十年，拉萨文工团便是由他组建，他后来在专著《雪域西藏风情录》中回忆，当初的文工团员全是八廓街上一群无业藏族青年，小喇嘛、小乞丐、小商贩为了生存，从小学会藏族民间各种歌舞小调，他们天生就会唱歌跳舞，对于各类演出有出人意料的天赋，还很诙谐幽默，经过短期培训，没想到首次进京演出就引起轰动……

囊廓：沿千佛廊绕“觉康”佛殿转一圈“囊廓”方为圆满。这便是拉萨内、中、外三条转经道中的“内圈”。拉萨主要的转经活动都是以大昭寺的释迦牟尼佛为中心而进行的，除“内圈”外围绕大昭寺则为“中圈”即“八廓”，也就是古老而热闹的商业街——八角街；围绕大昭寺、药王山、布达拉宫、小昭寺为“外圈”，即“林廓”，已绕拉萨城大半。

你看我的左手多么强壮

阿吉玛米酒馆

如今，亲耳听见拉萨这些普通藏族民工用如此优美歌声进行劳动，倍感亲切。只是，专门留意，八廓街上几乎见不到唱歌跳舞的乞丐了。作为千年古街，八廓街早年为土路且无地下排水系统，一些回忆文章说到晴天尘土飞扬，雨雪天泥泞。近年经过改造，上下水道畅通，路边也一律花岗岩石铺就，电线电网埋入地下，路边街灯华贵高雅，富于民族色彩，每临黄昏大放光明，使八廓街又笼罩于另一番情景之中。白天，在高原灿烂的阳光照耀下，八廓街通畅豁亮，两边一律为砖石砌就三四层高的藏式楼宇，门楣窗棂绘画着体现藏传佛教的各种花纹，图案艳丽，经幡飘摇，连小街小巷都整洁规范，既现代时尚又保持着浓浓的藏族风情。由大昭寺广

八廓街吸引众多游客

场进入八廓街，又是另一番景象，只见店铺林立，商幡招展，加之街道两边的商摊，密密麻麻摆满挂满色彩艳丽的藏族传统用品：氆氇、地毯、围裙、头饰、火镰、钱包、藏刀、唐卡、乐器、法器、菩萨、经筒、松巴鞋、酥油壶、鼻烟壶、金花帽……让人眼花缭乱，目不暇接，吸引着每天数以万计来自世界各地的旅游者。

大昭寺参观线路：大门——主殿觉康大殿——小殿（沿左手顺时针方向依次游览左侧各小殿）——释迦牟尼殿（最重要）——小殿（释迦牟尼殿出来后，沿左手顺时针方向依次游览各小殿）——觉康大殿二层——沿左手顺时针方向转动经筒绕大殿一周——院子西南角楼梯上到金顶——俯瞰大昭寺广场——遥望布达拉宫

八廓街上最有特色的是那些百年老店，比如那家叫“夏木嘎布”的古玩店，老板是尼泊尔人。上个世纪，曾祖父来拉萨经商，据说青藏高原的第一辆汽车便是他们从尼泊尔口岸拖进拉萨的。经历百年风雨，仍保持着老店的风貌，经营尼泊尔的手工艺品和西藏的古玩，现在已有几家分店，十分兴旺。再是一座黄色二层小楼，叫阿吉玛米酒馆，据说曾是充满传奇人生的六世达赖仓央嘉措的秘宫。当年他与女友幽会的地方分外引人注目。如今，这儿成了一处高品位的艺术酒馆，四周贴满绘画、摄影和艺术品，书架上摆满关于西藏的书籍图片，播放着动听的藏族民歌。有美国、俄罗斯姑娘自愿来打工，每天吸引着中外艺术家到这儿休憩、聊天，不同国家、不同民族的各种文化在轻松愉快之间获得交流，让人深感惬意，真正乐不思蜀。

大昭寺门票价格：旺季价格：85元/人旺季时间：4月21日——10月19日。淡季门票：70元/人

大昭寺开放时间：9：00-18：00（大昭寺实行限时参观）；8：00-11：30主要为教徒开放，期间不接待10人以上的团队；11：30-17：30主要对游客开放

大昭寺交通指南：大昭寺位于拉萨市中心东南部。如果你想真正体验一下信徒的感觉，可步行前往。或者可以乘坐三轮车前往大昭寺，约4元/人。

最能体现八廓街魅力的是一早一晚的转经，仿佛接到无声的命令，潮水般的人群像从地下冒出一般，集结为浩浩荡荡没有尽头的人

流，男女老少、喇嘛游僧、商旅乞丐、各类艺人，手摇经筒，默诵经文，加之来自世界各地的旅游者，尽皆按顺时针方向绕着大昭寺转经，终年四季，刮风下雨，落雪降霜都从未中断，沿着八廓街走向他们心中的洞天福地，极乐世界……

祖孙逛新城

多情诗人·六世达赖

多情诗人

俏眼如弯弓一样，情意与利箭相仿，
一下就射中了啊，我这火热的心房。

东方的工布巴拉，多高也不在话下；
牵挂着我的情人，心儿像骏马飞奔。
——六世达赖：仓央嘉措

几乎是一见面，互相还没有熟悉，天祝藏族自治县文化馆馆长、藏族画家、诗人奥让智登就对我滔滔不绝地背诵起六世达赖喇嘛仓央嘉措的诗作，说："经典，简直首首都是经典！"奥让智登背上几首就要对我称赞一番：

> 六世达赖喇嘛仓央嘉措：门巴族人，西藏历史上著名的人物，1683年生于西藏南部乌坚林村的一户农奴家庭，家中世代信奉宁玛派（红教）佛教。

"暴雨前的乌云，在天空驰来驰去。没结婚的姑娘，在人前闪来闪去，爱情的话儿藏在心里"。还有更精绝的呢："假如我们没有相识，我们就不会相恋"。这么简单明白，又耐人寻味，我常常想，就是歌德、海涅这些大诗人也不过如此，仓央嘉措的诗完全可以和他们媲美，至少是情诗。在奥让智登怂恿之下，我们在紧张的一天时间里，去了天祝已深入祁连山腹地的天堂寺，"那是一定要去的，六世达赖仓央嘉措为逃避清廷捕捉，就隐藏在天堂寺里，这寺庙不大，可名气很大，就是沾了仓央嘉措的光"。

六世达赖仓央嘉措画像

返回后，我查阅了几种比较可靠的史书，仓央嘉措1683年正月16日出生于西藏南部门隅地区一个偏僻穷困的小山村。两岁被认定为五世达赖的转世灵童，起因便缘于阴谋，败露后牵扯到已成为活佛的仓央嘉措，被取消名号，押送京城，至青海湖畔便辞世。也就是说，他一生并未走出青藏高原，就不可能到甘肃天祝的天堂寺了。有可能到达天堂寺的是十三世达赖喇嘛，据牙含章《达赖喇嘛传》记载，1904年7月，英军第二次入侵西藏，十三世达赖仓皇出逃，经青海、甘肃，赴蒙古，途中有可能在天祝天堂寺小驻。这是上世纪初的事情，达赖小驻，天堂寺扬名，得以修葺扩建，维系至今，比较可靠。而仓央嘉措则是300多年前的人物，寺庙不一定维持至今。关键是压根就没有来过这里。

天堂寺：解放以前是天祝境内最大的藏传佛教寺院。位于天祝县西部的天堂乡，东、西、北三面靠山，南隔大通河与青海省互助自治县嘉定藏族乡相邻。

天堂寺的最佳路线：1.如果从兰州出发，可在兰州汽车西站搭乘前往华藏寺的长途班车，大约四个小时，然后在华藏汽车站乘中巴可直接到达天堂寺。2.如果从西宁出发，可在西宁汽车西站搭乘前往青海互助县的长途汽车，大约需要四小时，再从互助县乘中巴可直接到达天堂寺。

传奇的经历

仓央嘉措是西藏尽人皆知的传奇人物。一方面，他出身于藏南穷乡，世代为奴，贫寒微贱，却戏剧性被认定为转世灵童，登上宗教领袖宝座；他进入佛门，却痛恨教规，不忘恋人，为情痴迷，写下许多缠绵徘恻，广为传播的情诗；他害怕、厌倦权谋斗争，可他能成为六世达赖，起因便缘于一起政界权谋。结果，他屡受打击，历经坎坷，遭遇拘押、流放，乃至过早失去生命，但他的情诗却震动着西藏大大小小的宗教寺院，拨动着蒙藏和各民族男女群众的心弦，乃至飞向大洋彼岸，300多年过去，仓央嘉措和他的情诗不仅没有被岁月淹没，反而借助时尚先进的互联网广为流传。

自己的意中人儿，若能成终身的伴侣，
犹如从大海底中，得到一件珍宝。
邂逅相遇的情人，是肌肤皆香的女子，
犹如拾了一块白光的松石，却又随手抛弃了。
伟人大官的女儿，若打量伊美丽的面貌，
就如高树的尖儿，有一个熟透的果儿。
野鹅同芦苇发生了感情，虽想少住一会儿，
湖面被冰层盖了以后，自己的心中仍失望。
——仓央嘉措

仓央嘉措“现象”是350年前的西藏政治斗争所产生的悲剧。当时在五世达赖之前，格鲁派两大活佛达赖和班禅仅仅是宗教上比较强势的领袖，并不掌握西藏政权，执掌政治大权的藏巴汗害怕格鲁派势力壮大，另外噶举派也很仇视格鲁派，于是五世达赖为寻找新的靠山，便率领三千随从进京觐见顺治皇帝，当时清王朝刚刚入关，全国大局未稳，迫切需要各种力量来协助稳定政权，双方一拍即合，赐给五世达赖金印金册，有了中央政府支持，格鲁派自然声威大振，如日中天，正式确立了在西藏宗教界的领袖地位。

五世达赖有出众的才华与能力，也确实是一位杰出的领袖，这从他敢率三千随从进京就可以看出他能够把握大势，在关键时刻展示政治手笔，且出手不凡，取得预期效果，使格鲁派在他手中进入新的历史阶段。另外，他在宗教界也有较大的建树，他严于律己，绝不浪费，用清皇室的赏赐修建了十三座较大的寺庙，定出规章制度来管理寺庙，使格鲁派的寺庙、僧众、资产在这一时期迅猛发展，为下一步政教合一打下了社会基础。

你见，或者不见我
我就在那里 不悲不喜

你念，或者不念我
情就在那里 不来不去
你爱，或者不爱我
爱就在那里 不增不减
你跟，或者不跟我
我的手就在你手里 不舍不弃
来我的怀里
或者
让我住进你的心里
黯然 相爱
寂静 欢喜

——仓央嘉措

五世达赖，在佛学学术上也堪称一代大家。他精研各类佛教著作，结合当时僧众学习上的疑难，完成了20余种著作，涉及宗教和西藏的社会生活，比如《西藏王臣记》为今日留下珍贵的史料，受到西藏各界以及藏学家们的一致肯定。五世达赖生前有很高的威信，深受清王朝的信任和西藏众僧的拥戴。1682年，五世达赖在布达拉宫圆寂，享年66岁。

其时，协助五世达赖处理政教事务的第巴桑结嘉措为维护自己的权力地位，匿丧不报，继续利用五世达赖名义发号施令，长达十五年之久。但他毕竟心虚，做好两手准备，在地处偏僻的藏南门隅小山村寻找转世灵童，好处是不为人知，再是这一带信仰红教，若出现转世灵童，也便于黄教普及，完全出于偶然，在这里出生的仓央嘉措阴差阳错地被认定为六世达赖。但为保密，并没有送他进寺庙从小学习佛经，而是与父母生活在一起。藏南海拔较低，植被茂密，泉溪遍布，最宜培养诗情，仓央嘉措从小在这儿长大，倾心自然，无拘无束，犹如在山野长大的牛犊，不习惯圈养。

那一天我闭目在经殿的香雾中 蓦然听见 你诵经的真言。

那一月我摇动所有的经筒　不为超度　只为触摸你的指尖
那一年我磕长头在山路　不为觐见　只为贴着你的温暖
那一世我转山转水转佛塔　不为轮回　只为途中与你相见
——仓央嘉措

六世达赖仓央嘉措幽会的茶楼

后来，桑结嘉措匿丧不报，为清王朝觉察，桑结嘉措出于无奈，只得把仓央嘉措迎进布达拉宫，扶上达赖喇嘛宝座。但仓央嘉措怎么也过不惯充斥着清规戒律的空门生活，他少年时代曾经结识过一位清丽的姑娘，互相都很倾心，他把对恋人的思念写成一首首情诗。他还经常微服潜出，在八廓街一带寻芳猎艳，饮酒寻欢，据说拉萨八廓街那座黄色的阿吉玛米茶楼就是仓央嘉措当年与情人幽会的地方。可惜好景不长，桑结嘉措勾结蒙古葛尔丹谋反也被清廷觉察，康熙大怒，不仅严惩了桑结嘉措，也祸及桑结嘉措扶位的六世达赖仓央嘉措，他被以“耽于酒色，不守清规”的罪名废黜，并押送京城，途经青海湖畔圆寂，年仅24岁。

玛吉阿米茶楼吸引的外国游人

不朽的诗佛

古今中外，许多有才华的诗人，比如李贺、王勃、普希金、裴多芬……生命都很短暂，但他们的作品却犹如划过暗夜的彗星，留下炫目的光彩，仓央嘉措便属于这样的天才。据军旅作家长篇小说《六世达赖喇嘛仓央嘉措》的作者高平回忆，他1951年随军进藏的时候，就发现了多种版本的《仓央嘉措情歌》，1985年他出访匈牙利时，也在那里看见译成匈牙利文的《仓央嘉措情歌》。可见真正优秀的作品是不分国界和民族，也永远不会被岁月淹没。

> 六世达赖以世间法让俗人看到了出世法中广大的精神世界，他的诗歌和歌曲净化了一代又一代人的心灵。他用最真诚的慈悲让俗人感受到了佛法并不是高不可及，他的特立独行让我们领受到了真正的教义！
>
> ——藏传佛教高僧论仓央嘉措

清廷虽然取消了仓央嘉措六世达赖的名号，并在理塘另选了一位转世灵童作为六世达赖，但却不为西藏广大僧俗认可，藏区群众认为理塘那位灵童应该是六世达赖仓央嘉措的转世灵童，应该为七世达赖，人们还为这种说法找到了依据，因为仓央嘉措的诗歌中就有一首这样的诗歌：不到远处去飞，只到理塘就回。

碍于众情难违，1724年雍正皇帝顺应民心，正式恢复了仓央嘉措六世达赖的名号。2010年玉树地震发生后，一个10岁的小男孩才仁旦舟到处帮着翻译抢救伤员，在人民大会堂振灾演出时，才仁旦舟唱的正是仓央嘉措的诗歌：

洁白的仙鹤，请把双羽借我；
不到远处去飞，只到理塘就回。

仓央嘉措的诗在藏族同胞中流传

繁华街市·艳丽唐卡

繁华的街市

大昭寺和八廓街的魅力，除了悠久的历史，灿烂的文化，特色鲜明别具一格的藏式建筑，浓得化不开的宗教气氛，让人炫目的各种色彩，五颜六色、无处不在飘拂的风马旗，涂抹得看不出本色的门楣和窗棂，满街妇女穿着的鲜艳无比的服饰，再就是每座佛殿，每个家庭抑或说每面墙壁都悬挂的色彩无比艳丽的唐卡。唐卡是藏区流传的一种传统绘画，类如内地的年画，但又比年画要普及得多，因为不分节庆、不分地域、不分城乡、不分贫富，只要有人居住的房子，有空的墙壁就注定悬挂着唐卡。

唐卡：指用彩缎装裱后悬挂供奉的宗教卷轴画。唐卡是藏族文化中一种独具特色的绘画艺术形式，题材内容涉及藏族的历史、政治、文化和社会生活等诸多领域；传世唐卡大都是藏传佛教和苯教作品。

拉萨街景

色彩艳丽的唐卡

所以，当不少进入西藏的朋友告诉我，蓝天和白云，荒原与湖泊以及同时拥有骄人的太阳和凛冽的寒风，是那块神秘的雪域最诱人的地方，我却认为还应该加上艳丽的色彩。山坡突然出现的牧羊女鲜艳的衣裙和彩巾，布满一座山垭、五颜六色的玛尼堆，更不用说草原聚会时，成千上万藏族同胞身着的多彩服饰构成的洪流霓彩，再是走进任何一座寺院，经堂、佛殿、廊道、门厅、活佛官邸和僧民住地，都绘满五颜六色的壁画，连巨大的殿顶都彩绘得琳琅满目，让人目不暇接。即便普通藏民家庭，若是定居，土院土墙，室内壁画和廊柱的彩绘必不可少。若是游牧，则悬挂有唐卡。

唐卡的题材：包罗万象，有宗教画、传记画、历史画、反映生活习俗的风俗画，也有反映天文历算和藏医藏药、人体解剖图的科学画等等。它们具有通俗性、趣味性、知识性、宗教性、工艺性等特点，故被人们誉为藏族的“百科全书”。

据统计，整个藏区有三千多座寺院，每座寺院都需对众多的建筑进行彩绘和装饰壁画，对画师要求数量很大。清初翻修布达拉宫曾从全藏调集数百名画师，之后由于需求量大，有市场，可以靠绘画生存，在藏区就有了靠绘画为生的职业，一直沿袭至今，他们所绘制的作品主要便是寺院的壁画和唐卡。

色彩艳丽的唐卡

唐卡是藏区流行的一种传统绘画，类似内地的卷轴绘图。画的内容多与佛教相关，或画各种活佛、菩萨、罗汉金刚，或画与佛教相关的故事。唐卡的特色是工笔细描，画一幅大唐卡历时数月甚或一年。再是色彩艳丽，让人看一眼就难以忘怀，有人说这是传统，我却推测这是对荒原与孤寂的反叛，是对极乐和热烈的追求，是雪域诞生的画师对佛教、对生活、对来世认同的倾泻。唐卡

最早的唐卡：据《大昭寺志》记载：吐蕃赞普松赞干布在一次神示后，用自己的鼻血绘制了《白拉姆》像，由文成公主亲手装帧。这就是藏民族的第一幅唐卡。

尺幅可大可小，材料可纸可布，还有画在羊皮上、墙壁上，不拘形式。还有画轴可卷成筒状，便于携带，就更受牧民喜爱。我曾见过高度达30米，超过10层楼宇的大幅唐卡和扑克牌大小的袖珍唐卡。唐卡由于材料、质量不同，价格也很悬殊，几十元到几十万元都有。

八廓街上的洋喇嘛

唐卡由于绘制的大多为宗教人物和宗教故事，佛祖、菩萨、观音、法王或是历代达赖与班禅，粗看好像一样，几乎是一个模式，让人怀疑是印刷品。其实不然，所以给人雷同的印象，原因很简单，任何艺术品，一旦进入批量生产，就绝无“创造”可言，流水作业，只讲进度，只顾数量，

何谈创新？再是，“创新”又谈何容易？任何艺术领域、任何一点一滴的创新与进步，莫不是艺术家潜心钻研的结果，这样真正的艺术家往往又很少，绝大多数人为着生计，沦为画匠，这就是唐卡千篇一律的根本原因。

但唐卡中也确实有画得出类拔萃的作品，我在布达拉宫和大昭寺中就见几幅不知出自哪个朝代无名画师的作品，所画人物无论佛祖还是观音皆栩栩如生，让人过目难望。再是布达拉宫法王洞有一组松赞干布和大臣们的塑像，无不逼真平实，性格鲜明，呼之欲出，堪称艺术经典，这些无名工匠，让人敬意无限。

> 唐卡现存代表作：1.现存世界最大的一幅西藏刺绣佛像“唐卡”——“刺绣红夜魔唐卡”，制作于中国明朝年间。2.元代《时轮坛城》唐卡。3.明《多吉丹佛塔》唐卡。4.清《松赞干布像》唐卡。

布达拉□前虔诚的

我曾专门去青海同仁，因为这是整个青藏高原的唐卡之乡，也是全国工艺美术大师夏吾才让的故乡。夏吾才让当年曾同张大千去敦煌临摹过唐代壁画，打下坚实的绘画基础，回到同仁带出了大批绘画人才。全县有两千多位藏民专门从事唐卡制作。我们去下吾塘村一户藏民家，全家做画框、浆画布、勾轮廓、画人物、涂油彩，各司其职，画好的唐卡在坑头叠起高高一垛，有专人收购，每幅一千元，但须画两个月，也不算贵。老大是位高明的画师，他告诉我这批画是甘肃河西要的，正忙着赶活呢。

可与唐卡媲美的酥油花

我以为与唐卡可以媲美，或者说珠联璧合，堪称藏族传统工艺美术的两朵奇葩是唐卡与酥油花。所不同的是唐卡是工笔细描，酥油灯花是用调入各种颜料的酥油来雕塑人物花卉。两者最大的共同点是同属藏传佛教寺院的产物，题材都与宗教相关，再是都追求一种艳丽的色彩，或者说是用艳丽的色彩来表达画意主题。青海省塔尔寺和甘南拉卜楞寺的酥油花灯都以历史悠久工艺精巧闻名于世，两寺都于每年农历正月十五举办盛大的酥油灯花展。各经院、班级的僧侣把自己用酥油做成的寺院、佛祖、人物、山水、花卉等工艺精巧、造型逼真的作品抬到大殿展览，允许信教群众参观，这种展示实际也常鼓励僧人们在工艺上暗中比赛，不断创新，因此，大寺院常常拥有不断涌现的灯花高手。不过酥油花因原料需用酥油，寺庙才会大量拥有，再是需保持低温，否则就会融化，故不易普及。相比绘制唐卡就容易，只要有原料，有兴趣，随时可画。寺院和牧民加上外来旅游者，也有不小的市场需求呢。

酥油花：是塔尔寺的“艺术三绝”之一，它是用酥油作原料造出的各种佛像、人物、山水、亭台楼阁、飞禽走兽、花卉树木等艺术精品。每年农历正月十五展出时，由民族管乐器为主组成的花架乐队演奏出节奏缓稳、庄严肃穆的花架音乐乐曲，来烘托宗教气氛，并随着灯光的闪动；在含蓄典雅的音乐中，展示出酥油花雕塑的群体千姿百态。塔尔寺的酥油花集雕塑艺术之大成，不仅具有很高的艺术水平和独特的艺术风格，而且规模宏大壮观，内容丰富多彩。

雪域圣城——拉萨（上篇）

这是拉萨吗

一座座现代化高楼拔地而起，一条条街道宽阔平整，路灯明亮，信号闪烁，潮水般的车流，潮水般的人流，西装革履，俊男美女；街道两边一家挨一家的专卖店，品牌林立，霓彩广告，星级宾馆，歌厅影院……有一瞬间，直让人疑惑：这是拉萨吗？与内地省城商埠有何两样？直到汽车沿北京路驶进广场，神圣庄严的布达拉宫高耸眼前，梦想成真时方才见证这就是拉萨。

拉萨是全国建设速度最快、变化也最快的城市，不止一位朋友如是说：近二十年拉萨市由过去3平方公里不足10万人口已经建设到50多平方公里，30多万人，再加上汹涌而至的旅游者，建设者和各类商贩恐怕超过50万人口了。

拉萨城的由来：拉萨城曾是一片沼泽地，叫做倭塘湖，传说在建大昭寺之前，文成公主运用阴阳五行的方法观察地形，认为西藏形似一仰卧的魔女，而倭塘湖乃是女魔的心脏，应填湖建寺才能消灾驱魔。工程开始后，在施工中，成群的彭波白山羊往来驮土，因为藏语“山羊”叫“惹”，“土”为萨，所以寺庙被称为“惹萨”。后来人们又把“惹萨”名称赐给这座城市，806年“惹萨”改称为“拉萨”，即“圣地”之意。

气势不凡的拉萨河

逶迤明净的拉萨河

但我感兴趣的仍是拉萨延绵不绝的历史，历尽沧桑的古迹，藏族独特浓郁的风情以及雪域高原蓝的透明的晴空，洁白如棉的白云，强烈灿烂的阳光照耀下的这片神奇土地。这种兴趣在参观布达拉宫时获得极大的满足，且不去叙说这座世界上海拔最高的艺术宝库，仅是居高临下俯瞰拉萨平原，就会深深感叹只能是天造地设鬼斧神工，打造出这么一块神奇地域。一般人对青藏高原的畏惧在于高原缺氧，严寒荒凉。这也是事实，不仅西藏的阿里、藏北，就连川西北理塘、石渠、青海三江源，凡海拔在四五千米地带，气候恶劣长冬无夏。但你想不到，在青藏高原腹地，西藏首府拉萨海拔仅3650米，一般人来此休息一夜，翌日便可适应，与内地无大区别。我们下榻宾馆的一位重庆女孩说，她来这几年都不想回了，重庆雾多阴冷，夏天太热，这儿四季阳光都好，冬天晒着暖洋洋的太阳挺舒服。湖南衡阳一位女孩说老家夏天能热死，拉萨就中午热一会，早晚凉爽得很，来五六年早适应了。这得益于拉萨的环境，四周是延绵不绝的雪山，雅鲁藏布江的最大支流拉萨河夹带高山雪雨，漫流过来，冲淀出一块五十多平方公里的高山盆地。至今拉萨河还紧挨着拉萨城南流过，最开阔处达300多米，每年四周雪山融化，无数溪流汇聚拉萨河，水量充沛，水波荡漾，沿岸芦苇成片，终年都有黑颈鹤、白天鹅飞落栖息，河水游弋着高原鱼类。在佛教盛行的西藏，人们视一切生物为神灵，河流没有遭到污染，鸟儿鱼类得到保护，为圣城拉萨提供了绿色环保的生态。

> 日光之城——拉萨：由于拉萨全年日照时间在3000小时以上，素有“日光城”的美誉。

> 雅鲁藏布江是中国最长的高原河流，位于西藏自治区，也是世界上海拔最高的大河之一。水能蕴藏量丰富，在中国仅次于长江。雅鲁藏布江大拐弯处的雅鲁藏布江大峡谷是世界第一大峡谷，获得中国世界纪录协会的世界最深大峡谷、世界最长大峡谷两项世界纪录的认证。

透迤明净的拉萨河

拉萨城的建立

据《西藏风物志》载，6世纪之前，这儿还是河流纵横、湖泊如镜、水草丰茂的湿地沼泽，各类野生动物栖息出没，一派原始天然牧场景象。当时，从山南崛起的吐蕃部落王子松赞干布踏寻属地来到拉萨，一眼就看上这块山环水绕平旷坦荡的风水宝地，不仅可以放牧牛羊，养育百姓，驻扎军队，更神奇的是平原中心突兀高耸的延绵三座山峰正好修建宫廷，这无疑是佛祖赐予吐蕃开创基业的圣地。

史籍上第一次出现“拉萨”：见于公元806年藏王赤德松赞所立《噶琼寺碑》，其中有言：“神圣赞普先祖松赞之世，始行圆觉正法，建拉萨大昭寺。”由此可见，拉萨的城名，已经出现了近1200年了。

从那时起拉萨揭开了划时代的一页。年仅13岁已才干毕露的吐蕃王子松赞干布，毅然放弃山南崛起故地，带着吐蕃王室贵族和臣僚及数万战骑，赶着大群牛羊，从山南起程，浩浩荡荡开进拉萨荒原，在湖畔峰峦之间连营十里，扎起一座名副其实的帐篷城，这应是拉萨城的起始，距今已有1350年历史。

1951年5月中国人民解放军和平接管拉萨；1960年正式设立拉萨市。

拉萨在打啊嘎的歌声中建起

之后，大规模的土木建筑在拉萨开始，一方面大小昭寺的修建，四周王公贵族的官邸构成八廓街，形成最早的拉萨古城雏形。另一方面，在拉萨平原突兀而起的红山上修建宫殿，也就是布达拉宫。红山原本就是天然制高点，可俯瞰拉萨平原。修建于红山之巅的布达拉宫有十三层，120米高，所以分外雄伟壮丽，成为拉萨乃至西藏的象征。凡来拉萨者必定游览参观布达拉宫，也无不为其宏伟的规模、高超的建筑和难以计数的奇珍异宝所震撼。

布达拉宫：位于拉萨市的中心的红山上，最高处海拔3767.19米，也是世界上海拔最高的古代宫殿。从山脚入口处到顶端，一共有900多级石阶。布达拉宫由红宫、白宫两大部分组成，红宫居中，白宫横贯两翼，红白相间，群楼重叠，是集宫殿、城堡、陵塔和寺院于一体的宏伟建筑。

世界上任何一处伟大建筑都需要和这个民族的智慧一起成长，比萨斜塔修了350年，意大利圣保罗教堂修了500年，把所有遗憾都消灭在完工之前，把所有智慧都发挥得淋漓尽致，最终使整个建筑天衣无缝、浑然天成。布达拉宫便是如此。自松赞干布迁都拉萨，1300年间不曾迁徙，布达拉宫也就不断得到维护和修葺。

9世纪，西藏爆发了平民起义，作为王权象征的布达拉宫首当其冲，许多建筑毁于战火，但又为更大规模的修筑带来契机，并在五世达赖手中得到实施。五世达赖是被公认的历代达赖最能干、最智慧、贡献也最大的杰出人物。清初他率三千僧侣去京朝见清顺治皇帝，正为如何治理遥远的雪域犯愁的皇帝见其主动归顺，龙颜大喜，赏赐多多。五世达赖便把清顺治皇帝赏赐的大量金银钱财用于大修格鲁派寺庙，其中重点项目是布达拉宫。工程在藏历木鸡年（1645年）四月初一开工，“在此之前的日子里，狂风不时

五世达赖喇嘛·阿旺罗桑嘉措（1617-1682），是我国藏传佛教高僧。1652年，36岁的五世达赖受清顺治皇帝的邀请，来北京弘法。到北京时，清帝与后妃太子并诸亲王请受灌顶，赐以金册金印，封为“西天大善自在佛掌领天下释教菩提瓦赤拉拉旦达赖喇嘛”。于1682年2月25日在布达拉宫圆寂，享寿66岁。

大作，从当天起，晴空碧霄，连一丝微风都不曾吹起，红光四射，白云萦绕，美不胜收，贵贱人都亲眼目睹花雨飘落，出现了奇异的瑞兆”，这更使拉萨僧俗官民兴奋不已，抓紧施工，用三年时间建成白宫。

布达拉宫旅游小贴士：最佳旅游旺季在每年的五月至十月之间。为尽量减少游客对布达拉宫土木结构建筑的人为损害，布达拉宫管理处限定每日参观人数为4000人。

圣殿——布达拉宫

1682年，五世达赖圆寂，为了安放五世达赖灵塔，于藏历铁马年（1690年）开始修建灵塔及红宫。史书记载康熙皇帝专门从北京派来汉族宫廷巧匠114人，另有尼泊尔工匠119人，再是云集拉萨的藏族最杰出的石匠、木匠、铜匠、铁匠、画匠、漆匠……以及每天6000名普通工匠，一时间巧匠云集，大师荟萃，人头攒动，歌声（夯土时唱歌）入云，历时三年零两个月，修筑成功今日的布达拉宫，此时距松赞干布首次修宫已整整历时1100年之久。

此次大修，不仅白宫、红宫大功落成，作为宗教建筑，红宫顶上还专做七个金顶，在朝阳与晚霞中熠熠生辉，佛光四射。除主要宫殿，红宫、白宫、德阳厦、日光殿、思昔平措大殿之外，还有印经院、僧人学院、仓库、公务房、供水院、骡马圈、藏军司令部、监狱等，充分展示政教合一特点的功用完备综合建筑群落。

布达拉宫：是历世达赖喇嘛的冬宫，也是过去西藏地方统治者政教合一的统治中心，从五世达赖喇嘛起，重大的宗教、政治仪式均在此举行，同时又是供奉历世达赖喇嘛灵塔的地方。

此时完工的布达拉宫已不完全是人居住的宫殿，而是神明，是佛祖的象征，是广大信仰藏传佛教群众心目中的普陀山，在藏语中，“普陀”就是“布达拉”，布达拉宫也就从那次维修后矗立在了藏族群众和全国人民心中。一般的游人与普通的信众没有必要，也不可能去仔细地了解布达拉

宫的前世今生，他们只要在一生中有机会亲眼看一次就十分满足。布达拉宫外表为红白两色，屹立于山头，因色泽对比鲜明，在蓝天白云映衬下，分外庄严肃穆。白色为藏族尊崇的圣洁，红色则象征藏传佛教。布达拉宫最早为吐蕃皇宫，自五世达赖受清初顺治皇帝册封，成为西藏政教首脑。之后，布达拉宫不仅是政权中心，也是活佛所在地，成了藏族同胞心目中的圣地。

万众景仰的圣殿

任何一个进入布达拉宫参观的人，上不了几层就感到进入了一个巨大的迷宫。到处都金碧辉煌，廊柱如林，大殿中套着小殿，小殿又突然显露出洞穴。据介绍，截至目前，整个布达拉宫已经统计出2500余处各类殿、堂、厅与房间，但记录仍不时被刷新，因为某个喇嘛在清理杂物时又突然发现了新的佛窟、地垄乃至于仓库，里面完整存放着不知是哪辈达赖的全套法器。许多一生都在布达拉宫念经的喇嘛也并不能说清这座庞大的建筑，连他们也有许多角落乃至殿堂没有去过。因为布达拉宫的许多通道、走廊、楼梯与殿堂并不完全依据建筑常规，而是依据佛家的理念、逻辑思维来进行安排，巧妙搭配，一般人视如迷宫，那些修行到家的高德大僧来到这里，会心领神会地含笑点头，因为他们已经洞察到了全部奥妙。

布达拉宫：其外观有13层，自山脚向上，直至山顶。整体建筑主要由东部的白宫(达赖喇嘛居住的部分)，中部的红宫(佛殿及历代达赖喇嘛灵塔殿)及西部白色的僧房(为达赖喇嘛服务的亲信喇嘛居住)组成。在红宫前还有一片白色的墙面为晒佛台，这是每当佛教节庆之日，用以悬挂大幅佛像的地方。

长头随处可叩

> 布达拉宫：是我国首批被列为国家重点文物保护单位，也是世界十大土木建筑之一。集中西藏宗教、政治、历史和艺术诸方面于一身。可以说，布达拉宫是“西藏历史的博物馆”。

庞大的布达拉宫内佛像、法器、珍宝供奉无数，其中仅是五世达赖圆寂后灵塔所用黄金即达11万两，镶嵌珠宝无数，藏民自豪地称这座灵塔为“赞木耶夏”，意思是这塔的价值顶半个世界的财富。再是白宫顶层的东西日光殿，对阳光的利用十分科学合理，屹立于山巅的布达拉宫本来就毫无遮拦地承受着阳光，东西两殿达赖寝宫朝南一面又采用整体落地玻璃，充分采光，从日出到日落都是阳光灿烂。即便冬日，室内也其暖融融。最让人想不到的是登临布达拉宫会发现白宫和红宫之间竟然还有一个宽广1600平方米的广场，叫德阳厦，供藏历节日时僧侣官员与群众举行歌舞和跳神法事活动。每当启用之时，整个布达拉宫焰火通明，规模盛大，夜晚望去，宛如云彩天宫中的歌舞。

经帆无处不有

我们登上布达拉宫的那天，夜雨刚过，秋日的阳光分处灿烂，大团的白云悬吊在头顶的蓝天上，空气清新如洗，可以看见极远的地方，整个拉萨市区尽收眼底，远处拉萨河蜿蜒如银光闪闪的玉带，缠绕起这高原深处的圣城，又流向远处的天边，流向苍茫的历史深处。

那一瞬间，我突然莫名感动，嗓子眼发酸，泪水也盈眶了，也许这正是古城拉萨的魅力，最纯粹最纯净最古朴的东西往往能唤醒人内心深处最柔软最质朴也最纯净的情感。没有想到的是这种感动在拉萨的几天中竟频频发生，在大昭寺、在八廓街、在哲蚌寺和罗布林卡。

罗布林卡——历代达赖的夏宫

拉萨的另一种魅力在于林卡，意即天然花园。目前向游人推荐的景点罗布林卡，曾是历代达赖的夏宫，是在拉萨河谷故道风景优美地段，建有亭台楼阁、花园草坪、湖泊游船，是一座官方园林。其实，过去的拉萨城由于城建面积不大，拉萨的河谷沼泽湿地、绿树池塘不少，可以说拉萨遍布林卡，活佛、贵族、富商、平民、工匠、艺人、乃至乞丐和妓女都有各自固定的林卡，每年夏秋所有的林卡都帐篷密布，全家老少来林卡游玩十天半月，歌舞、游戏、喝酒、野宴、斗牌，富人穷人各有各的玩法，追溯起来，可能是远古游牧民族一种与野外大自然亲近的遗风。

> 拉萨周围旅游景点：布达拉宫、大昭寺和罗布林卡被列为世界文化遗产。主要旅游景点有哲蚌寺、色拉寺、小昭寺、宗角禄康、藏王陵、楚布寺、拉萨清真寺、曲贡遗址、西藏博物馆、药王山、直贡噶举派寺庙群等，主要商业区有八廓街、宇拓路步行街、拉萨百货大楼等。周围具有经济价值和医疗作用的地热温泉遍地，堆龙德庆县的曲桑温泉、墨竹工卡县的德中温泉享誉整个藏区。

时至今日，拉萨虽然城区成倍扩大，一些过去的林卡建成了学校或单位，但却开辟了多处广场和林荫大道，可供市民游览散步。在拉萨的几天，我发现几乎每天中午阳光强烈的时候，宾馆下林荫大道两边的草坪都

有三五成群的人，有街道两边商店的藏族女老板在草坪上打扑克，有年轻藏族小伙躺在草坪上喝啤酒，甚而还有几个年轻喇嘛坐在草坪戏耍，这可能也是玩林卡的遗风？

闲散的拉萨市民

在拉萨的日子，我去的最多的地方是大昭寺，因为大昭寺与文成公主的关系最为密切。她从长安带来的释迦牟尼12岁等身金像和佛经至今供奉在大昭寺内，已成为价值连城的文物。我一直对1300年前这位唐代女子心存敬意，稍加设想，就不难明白当年这位大唐公主面临的抉择何等艰难，何等沉重。众所周知，唐王朝是中国历史上最为鼎盛时期，它所创造的辉煌与文明，让我们今天都

藏族节庆文化：藏历新年、牛王会、传昭大法会、酥油花灯节、萨噶达瓦节、沐浴节、雪顿节、赛马节、望果节等

为之骄傲与自豪。作为唐王室公主从小接触的环境、受到的教育，唐王室的文明与开放，宫室女子可以春游，可以逛曲江与大唐西市。而吐蕃刚刚摆脱蒙昧时期，在生活上委实存在不小差距。

所以，在踏访长达3000公里的唐蕃古道途中，在农牧业分水岭，也是唐蕃地界的日月山，在空气稀薄、干燥严寒的古柏海；在风雪弥漫、寸草难生的藏北羌塘，设身处地去为当年一位正当年华的女性着想，在“唐蕃交好，惠泽后世”的这些大道理后面，公主的真实心态，只能去猜测推想了。何况，到达拉萨仅10年，松赞干布英年早逝，史书无文成公主再嫁记载，其时她刚25岁，之后漫长的30年如何度过？也都融进千年的历史烽烟，这正是文成公主让人敬重敬仰的地方。

可惜，在拉萨的日子太短促，尽管，这里是延续千年之久，长达3000公里的唐蕃古道的终点，我自己历时数年，几次成行，才全程走完这条古道，但对拉萨这座古城的认识才刚刚开始。离去时，路经布达拉宫广场，朝阳升起，正把这座巍峨的宫殿照耀地金壁辉煌，呈现出神秘的壮美，仿佛一本书的封面，刚刚打开阅读了第一页……

布达拉宫的门票：布达拉宫的门票比较紧张。每年的五月一号至十月末是西藏旅游的旺季，这段时间布达拉宫门票需要预约，即当天去布达拉宫西门领取预约票，第二大才能拿着预约票在规定的时间到布达拉宫南门购票参观，所以打算自己购票参观布宫的朋友一定要注意下时间，以免耽误了行程。

门票价格：旺季（5月1日-10月31日） 票价200元/人 专职讲解员400元/次； 淡季（11月-1日-4月30日） 票价100元/人 专职讲解员200元/次。

雪域圣城——拉萨（下篇）

叩长头的藏族少女

我一直认为对于一座名城的认识，犹如阅读一本名著或了解一个哲人。雪域圣城拉萨便如同这样的名著或哲人，能给我们无穷的智慧和教诲。世界上再也找不出像拉萨这样的城市，因为她实在是雪域高原、神秘青藏和充满佛教色彩、宗教氛围的广大藏区一个完整的缩影。

> 藏族崇拜的动物对象主要有猕猴、牦牛、羊等，另外还有犬、狮子、鸟（鹏）等

在西藏的日子里，我觉得拉萨最有特色的应该是建筑。拉萨强烈的历史感、地域感、宗教感以及凝重感，很大程度来自于建筑。你会不由自主被这些建筑吸引，去仔细观赏，徘徊不去，百看不厌。比如布达拉宫，无论是从什么方位，在什么时间去看，都是那样雄浑壮观，浑然天成，你绝对想不到在雪山环绕、平坦开阔的拉萨河平原上，又孤零零地平地高耸起一座红山，天然制高，环窥原野，而红白两色的布达拉宫又高耸于红山之巅，全部巨石砌就，俨然中世纪的古堡，让人望而生畏。让人百看不厌。这次由于下榻的宾馆与布达拉宫近在咫尺，每天起床只要打开窗户，首先看到的便是沐浴在金色朝阳中的布达拉宫。

> 【着装要求】不能戴帽或者佩戴墨镜参观布达拉宫，爱美的女士们衣着穿得不要太暴露了，毕竟布达拉宫是藏族人民心中的圣地。而且建议女士不要穿着高跟鞋进去参观，不仅走起路来会很不方便，行走时发出的声音在这里也显得极不融洽。

也可以说，每日清晨，太阳的第一束光芒注定要照到的是布达拉宫，此时的白宫银光闪烁，圣洁无比，红宫则通体红艳，散发着红宝石般的柔光，红顶上的七个佛柱金顶金光灿灿，云蒸霞蔚，意味着拉萨这座圣城一

天的开始；傍晚，则是另一番景象，落日往往把西天辉映的彩霞满天，一片紫金，此刻的布达拉宫肃穆庄严，太阳落下去的瞬间，天地间猛然一暗，布达拉宫则为一层如烟似雾的暮霭笼罩，似乎在宣告圣城一天的结束。

【携带物品要求】参观布达拉宫时，不允许携带水、饮料、化妆品等液体，不允许携带刀具、火具（火机、火柴）等物品。携带了以上东西的朋友可以把东西寄存在布达拉宫售票处，待你参观完布宫从北门出来时，可到寄存处领回。

拉萨第一缕晨光

【拍照要求】在布达拉宫拍照，后果会非常严重，轻则相机没收，重则罚以巨款甚至行政拘留，所以参观布达拉宫时，不要触碰、抚摸佛像等文物，一句话总结：只可远观而不可亵玩也。

由于临近布达拉宫，我连续几天早早起床，意在拍摄布达拉宫日出，我以为一定是最早到达广场的一个，岂料，每次到达广场都已是人影晃动，来自全国各地的摄影发烧友，早早支起脚架，架着各类长枪短炮，耐心等待从布达拉宫东侧升起的第一缕霞光。更多则是来自世界各地的朝圣膜拜者，她们有的来自喜马拉雅山脉南侧的印度、缅甸和尼泊尔；有的来自蒙古和甘南草原；更多的是邻近藏区的青海、阿坝、甘孜、玉树、理塘或巴塘；有的乘坐飞机、火车和汽车，有的骑马、赶着牛车或开着拖拉机；最打动人心的则是最古老最虔诚也最艰苦的，即每一步都用叩长头的方式前进，用身体去丈量从家乡到布达拉宫的每一寸土地，不管这个距离是几百或几千公里，也不管沿途是高山、深谷、沼泽或草地，他们一里都不会偷懒或马虎，不管这需要几月或是几年，他们需要了却的是一个信徒一生最重要的功课。

美丽女子的朝拜

舞蹈般的姿式

在布达拉宫广场，我见到三个叩长头的少女，她们年龄绝不超过二十岁，全都身材修长，娇媚婀娜，从她们穿戴还算干净整齐的衣衫来看，不一定全程跪叩长头，但到拉萨后她们却从布达拉宫广场的一角开始，三个姑娘一起虔诚地叩起长头，引得许多发烧友前后左右奔跑，想拍下她们如舞蹈般的身姿，她们却目不斜视，依然如故，朝着布达拉宫，朝着那万众景仰的圣殿，深深地俯下少女那美丽柔软的身躯……

【参观时间】参观布达拉宫是有时间限制的，即你从进去布达拉宫的白宫建筑算起，你的参观时间不可以超过一个小时。里面上厕所很不方便，建议先解决好了再进去。

“这一定是藏东来的，昌都那边姑娘不到拉萨来朝拜都嫁不出去……”

人群中有熟悉情况的人在议论。我心中一愣，再回头看布达拉宫，想不到在神圣、庄严、崇高的背后还牵连着世俗和芸芸众生，牵连着如此美丽姑娘的青春……

藏传佛教最大的寺庙——哲蚌寺

除了布达拉宫，再是哲蚌寺、色拉寺、大小昭寺、罗布林卡，其规模格局，其恢宏气势，无不让人震撼。也无处不有让人震撼和牵动人心的朝圣者，最让人难忘的是那些孩子，有的刚牙牙学语，有的还在母亲的襁褓之中，大的也不过六七岁、八九岁，她们随着母亲，先去拨动那些长长的几乎望不到尽头的经筒，然后行走在漫长的甬道，小眼睛中的目光是那样洁净和清澈，看一眼就再也忘不了。

哲蚌寺系黄教六大寺庙之一，是藏传佛教最大的寺庙。哲蚌寺是中国藏传佛教格鲁派寺院。与甘丹寺、色拉寺合称拉萨三大寺。

门票：50元

哲蚌寺距拉萨10公里，原在郊区，现在差不多快连成一片了，我是乘早班公共汽车去的，仅两元车票，清晨上班上学，人挤得满满当当，藏族居多，我抓住扶手站着，有人拽我衣服，原来一位藏族小伙让我座位；“大叔坐下！”诚恳的脸上露出洁白的牙齿，让人感动。

拉萨小吃：甜茶、藏面、.凉粉、牦牛肉干、酥油茶、青稞酒、糌粑。

让我难忘的是第一眼看见哲蚌寺的情景。汽车并不能直接到站，还有一段山坡，我缓缓地步行着刚转过一道山湾，强烈的朝阳从山坡斜射过来，像一道强光，把耸立在整整一条山沟、一面山坡上建筑群落勾勒得明暗相衬，轮廓分明，以白色为主调的一座座藏式楼宇拔地而起，一条条深红色的门窗门檐，彩绘装饰得整整齐齐，宛如飘带整齐划一地缠绕在白色的建筑物体上，红白分明，异常庄严，异常美丽，把人完全带入一种佛家境界，"哲蚌"藏文的汉语译音就是"米堆"，这么想时，那白色为主体的建筑又像一座座雪白的米袋构成的世界，你不能不佩服藏族群众在宗教建筑中又融入了他们对幸福生活的憧憬与向往。

虔诚的祈祷

最能体现藏族建筑特色与生活底蕴的是围绕大昭寺修建的长达3华里的八廓街，以及与八廓街相连，长长短短，宛如织网又叫不出名字的老城区小巷。最初的感觉有点像北京的大栅栏，宽不盈丈，并不规范地一家接着一家的商业门面，一条街巷又能串起另一条街巷，商幡高扬，字号林立，编织氆氇、打制金银、制作毡帽、缝制围裙，再是兜售唐卡、乐器、法号、经筒、藏刀、马鞍、银器，还有奶酪、酥油、糌粑、羊肝、牛肠、风干肉、藏血肠……弥满着一种浓浓的化不开的藏族生活气息，从早到晚，穿流着永不止息的人群，男女老少，喇嘛游僧，乞丐艺人，再加之来自世界各地、各种肤色的男女老幼旅客游人，让人目不暇接，让人激动兴奋，更让人感到没有白来拉萨……

特殊的宗教群体——喇嘛

在拉萨，与巨大的石块砌就灰白为主雄浑古朴的建筑对比鲜明的是色彩，是那种逼人眼目，震人心眩又无处躲避的色彩，是踏进大昭寺就见着的数万盏黄铜铸就的酥油灯一齐跳跃着橘红色的火焰，是数万平方米的墙壁绘满的宗教壁画，画的四面墙壁满满当当，没有一丁点儿缝隙，是五颜六色，无处不在飘拂的风马旗，是用深红橘黄涂抹得压根看不出本色的窗棂和门楣。在距布达拉宫不到300米的一座小山丘上，有两座耸立的白塔，每天有无数的游客以它们为前景，拍摄布达拉宫，转过一道山弯，便会让你惊讶得合不拢嘴，整整一面山坡用酱红色的石板刻就的六字真言玛尼石。山坡上面则是用五颜六色的风马旗构成的一个奇大无比遮天蔽日、色彩绚丽的玛尼堆，这一瞬间，你会在心里由衷感叹，藏族群众真是把色彩运用到了极致，也许世界上再也找不出这样爱用和善于用色彩的民族。

> 玛尼石：“玛尼”来自梵文佛经《六字真言经》“唵嘛呢叭咪吽”的简称，因在石头上刻有“玛尼”而称“玛尼石”。

拉萨是一座宗教意味十分浓烈的城市，那些高大雄奇，色彩斑斓，美轮藏族服饰的最基本特征是肥腰、长袖、大襟、右衽、长裙、长靴、编发、金银珠玉饰品等。

美奂的建筑无不与宗教相关，布达拉宫、大小昭寺、哲蚌寺、色拉寺、楚布寺、止贡寺、热振寺、麦如寺、达普寺、罗布林卡等……这些藏传佛教有名的寺庙差不多都集中在拉萨，这个阳光灿烂的高原城市也就生活着一个特殊的宗教群体——喇嘛。据记载，哲蚌寺僧人编制为7700名，色拉寺5500名，甘丹寺3300名。另外，根据规定，凡信仰藏传佛教的地方，比如内蒙古、青海、甘南、川西北等地寺庙的僧人，若想取得“格西”一类的学位，必须到拉萨三大寺来进修，这就造成拉萨街头喇嘛之多，全国罕见，他们常三五结伙，或老或少也像世俗人那样进商场，进饭店，购物或逛街，紫红的袈裟，逶迤点缀街头，成为拉萨城中一道独特风景。

在拉萨你会轻易地发现，几乎所有的藏族妇女，跨越不同的年龄阶段，都无一例外喜欢穿彩色衣裙，藏族妇女的风采正是穿着彩色衣裙得到充分展示。早有学人发现，少数民族较之汉族更注重衣服的装饰与生活情趣，经过研究认为这是因为汉族地区人烟稠密，生存竞争的压力无处不在，挤压了生活中的情趣，少数民族地广人稀，会用生活中的色彩填充空间，填充人类无与伦比的想象。少数民族妇女几乎都喜欢穿彩色衣裙和佩戴金银首饰，典型如苗族、瑶族、侗族等，藏族妇女若逢康巴节一类集会，也常常是以此为展示服装展示美的机会，几乎每位妇女，尤其是待嫁的姑娘都穿得姹紫嫣红，五彩缤纷，全套由珠宝、松耳石、金银首饰竟重几十斤，价值几十万到上百万元。当她们从四面八方汇聚过来时，真像是片片彩云飘落高原。即便在平时，拉萨的妇女在日常上班、工作或上街时，上身是五颜六色的毛衣，下面大多彩色裙子，打扮得非常时尚。

在拉萨的日子，我不止一个下午去八廓街，到玛吉阿米茶楼。坐在三楼临窗的位置，要一壶藏式甜茶，独自品尝，独自观赏下面转经的人流，这道人流以妇女老人居多，斑斓的彩裙中，夹杂着身着大红大紫袈裟的喇嘛，皆手摇经筒，默诵经文，组成一道彩色的河流，久久地流淌，也久久地吸引着你的目光。

一天从转经开始

现代拉萨人的生活

我关注的还有拉萨人的生存状态。一方水土养一方人，位于神秘青藏高原腹地的拉萨，又会养育些什么样的人呢？松赞干布、文成公主、禄东赞、宗喀巴、仓央嘉措，一代代的达赖喇嘛、班禅喇嘛和由此派生出来的“亚溪”贵族，都伴随着岁月的流逝逐渐走向历史深处，走进了那些已经变得发黄的史籍……

藏族人饮食习惯：最常见的是从牛、羊奶中提炼的酥油，除饭菜都用酥油外，还大量用于制作酥油茶，酸奶、奶酪、奶疙瘩和奶渣等也是经常制作的奶制品，作为小吃或其他食品搭配食用

今天的拉萨人生活得怎么样？先去市井，我一直认为市井是了解一方人生存生活最重要的窗口。在拉萨再没有比八廓街更能集中反映这座城市人们的精神面貌、生活情趣和生存状态的了。每天清晨，常年四季风雪无阻，拉萨的大街小巷都充斥着转经的人流，无论男女老少，手中都摇着各式各样大小不一的经轮，转着摇着，口中呢喃着，开始一天的生活，也可以说早上从转经开始。当你走到八廓街时，转经的人群接踵摩肩，人流滚滚，让你怀疑半城人都集中到这儿来了，八九点钟，当明亮强烈的太阳把大昭寺顶上那几根奇大无比的金色钟柱辉映的一片灿烂时，转经的人流开始疏散，主妇们涌向八廓街市场，尤其是蔬菜瓜果市场。

酥油茶：是藏族最常见的一种饮料。多作为主食与糌粑一起食用。此种饮料用酥油和浓茶加工而成。先将适量酥油放入特制的桶中，佐以食盐，再注入熬煮的浓茶汁，用木柄反复捣拌，使酥油与茶汁溶为一体，呈乳状即成。与藏族毗邻的一些民族，亦有饮用酥油茶的习惯。

深信，第一次来到这里，你会大吃一惊，这高原上的蔬菜市场与内地几乎没有什么两样：西红柿、黄瓜、豆角、土豆、小红辣椒，紫色茄子、大白菜、小萝卜、青丝瓜、绿豌豆、豆腐豆芽、豆皮豆干，应有尽有，再

是各式各样的水果：苹果、梨、西瓜、香蕉、桃子、杏、葡萄。能够展现高原与藏族特色的是牛羊肉市场，刚宰杀的冒着热气的羊肉红白分明，整个儿悬吊起来，望不到尽头的长长一排。若讲气势应是牛肉，高高的架子，悬挂着偌大的牛头、牛腿，掏光了腹腔的牛体，仍是庞然大物，威风依旧。成排成桶叫卖的是新鲜酸奶，大盆盛着黄亮亮的酥油，高高垒起的风干羊肉，各种各样的奶疙瘩、长长短短的藏式香肠，熙熙攘攘的人群，弥漫着浓浓的牛羊肉味、酥油味、酸奶味，让人想起高原上大群缓慢移动啃草的牛羊，想起大草原上飘散着亲切温暖的炊烟……

拉萨的土特产：主要有虫草、藏刀、唐卡、藏药等。可以在以下地方购买：八廓街、藏医院路、小昭寺路。

今日时尚现代的藏族姑娘

市场藏式食品多不胜数

卷五

川藏线风景

CHUANZANGXIANFENGJING

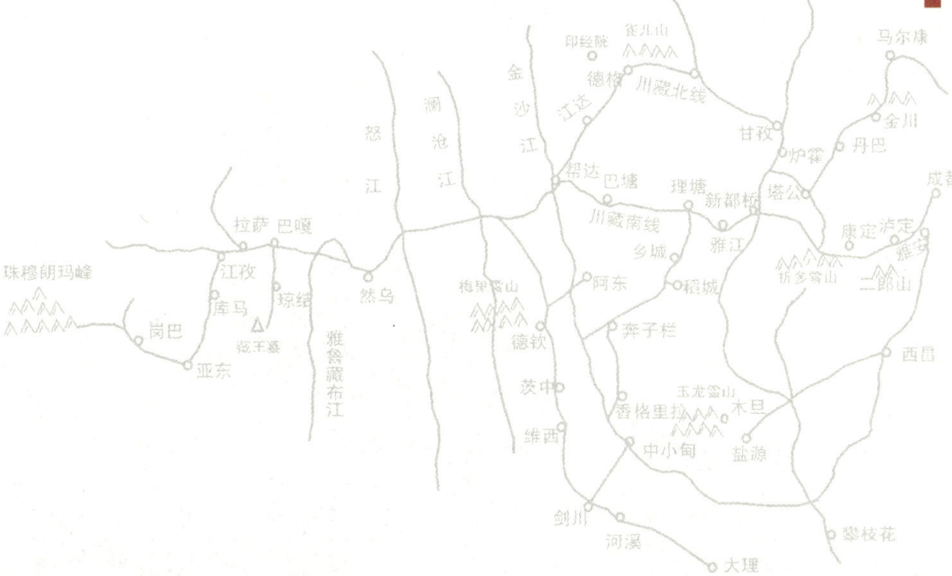

雅安、康定、巴塘、帮达线路示意图

四水灌川·锦绣天府

诗圣笔下的西岭雪山

两个黄鹂鸣翠柳，一行白鹭上青天。
窗含西岭千秋雪，门泊东吴万里船。

杜甫的这首七绝，把四川的山河地貌、柔媚春色表现得淋漓尽致又气势磅礴，成为千古绝唱。这首诗许多国人在儿时便牙牙成诵，幼小的心灵，接受过多少美妙的滋润。但估计没有多少人清楚窗含的西岭是指哪座雪山？惭愧得很，我也是直到考察唐蕃古道，多次从成都出

杜甫（712－770）：生于河南巩县。唐代现实主义诗人。杜甫在中国古典诗歌中的影响非常深远，被后人称为“诗圣”，他的诗被称为“诗史”。杜甫共有约1500首诗歌被保留了下来，大多集于《杜工部集》。

晴日下的西岭雪山

发，到了大邑，一道延绵如屏的雪山便紧逼眼帘，其主峰更是高耸云端，高达5364公尺。受海洋季风影响，海拔4000公尺，即为雪线，有如此高出雪线的山峰，自然，雪峰延绵，冰川壮丽，终年不化，关键距成都市区直线距离仅95公里，若是雨后晴日，自然临窗便可观赏西岭千秋雪了。

西岭雪山距“天府之都”如此相近，与四川地理格局相关，整个川西北都是属于青藏高原，从高海拔的地球第三极逐渐降至海拔仅500米的成都平原，带来的最大好处是水源充足，青藏高原，冰雪消融，滋润千山万岭，又九曲回肠，汇纳百川，汇流入金沙江、岷江、沱江、嘉陵江四大水系，无一例外地流进四川盆地，形成四水灌川的地理格局。故有地理学家认为：四水灌川，便是四川省名的来历。

西岭雪山，位于四川省成都市大邑县境内，属世界自然遗产、大熊猫栖息地、AAAA级旅游景区、国家重点风景名胜区，因唐代大诗人杜甫的千古绝句“窗含西岭千秋雪，”而得名。海拔5353米，为成都第一峰。

西岭雪山门票：平时为120元；春节等节日价格为160元；上山交通费：60元（往返）。

惹人口水的成都小吃

每每提起四川，便勾起人一种莫名的向往，一种抵御不住的诱惑。我所居汉中，历史上曾归四川，至今民间流传：“老不上山，少不入川”。意思四川钟灵毓秀，物产丰饶，风情浓郁，美而诱惑，年轻人去会沉湎其中，忘了父母家乡。

成都名称由来：宋人乐史认为成都的得名是“以周太王从梁山止岐下，一年成邑，二年成都，因名之曰‘成都’”。

我至今难忘首次入川情景。1979年，新时期文学拉开序幕，陕西作协组织读书会，为期两月，结束时让出去开眼界，大家不约而同选择了成都。去后果然，尽管改革初期，成都市井一派繁荣，商店林立，货物充裕，可谓琳琅满目，让人眼花缭乱。印象至深是饮食业最为发达，至深夜仍灯火通明，炉火蒸汽伴着拖长尾音的川调吆喝声，什么张鸭子、钟水饺、谭豆花、赖汤圆、夫妻肺片、麻婆豆腐……林林总总，不下几十种。

记得那年去是冬日，古城西安八百里秦川早已黄叶落尽，北风呼啸，一派萧落，但川西平原仍然满目绿色。清晨，淡淡的晨雾中，晶莹的露珠悬挂于依然青绿的麦苗、胡豆、油菜枝叶尖上，到处水汪汪的湿润，田畴耕种精细，地埂植着桑树。印象最深是一幢幢土墙茅屋构成的农舍，全都掩映于一丛丛挺拔婀娜的凤尾竹林之中，在晨雾中隐现。面面池塘都有麻鸭浮游，狗吠鸡啼，充满生机，真正天府之国，名不虚传。

雨量充沛，特别是秦朝修建了都江堰水利工程之后，成都平原成了中国历史上农业和手工业都十分发达的地区，成了中央王朝的主要粮食供给基地和赋税的主要来源，故称“天府”。四川盆地周围都是崇山峻岭，交通闭塞，易守难攻，因而避免了很多次战争，社会相对安定。再加上历史上的张良、诸葛亮等都把四川当作可以立国的根基之地，唐玄宗和唐僖宗都是逃到四川成都避乱，当时的成都，在他们的眼里正是一片笙歌宴舞之地，当时就被称为“天府之国”了。

天府小吃

美丽富饶的天府之国

之后，又有多次四川之行。举凡峨嵋、乐山、三星堆、武侯祠、都江堰、九寨沟，乃至阿坝、甘孜、折多雪山、川西高原皆曾游览，方对这天府的历史渊源、山川格局有所了解。

“噫吁嚱，危乎高哉，蜀道之难难于上青天!蚕丛及鱼凫，开国何茫然。”李白名篇《蜀道难》曾提及四川天府的渊源环境，高原与群山包裹着盆地，从开国首领蚕丛、鱼凫以来，文明史可追溯三千余年，三星堆出土的与中原青铜器迥然不同的器物便是明证。战国时，秦灭蜀，从此融入华夏民族大家庭之中。四川四周皆群山耸立，尤其川西北的青藏高原，千年积雪融化为奔腾的江河，其中金沙江、岷江、沱江、嘉陵江四大水系尽在无垠的丘陵与原野流淌。战国时蜀郡太守李冰父子修筑都江堰，堪称世界最早，也最伟大的水利工程。引岷江水自流灌溉，使川西平原成为中国最早的水旱从人、不知饥馑的沃野天府，也成为历代中原王朝最可靠的粮赋基地。

都江堰：位于成都市都江堰市灌口镇。世界文化遗产， 国家AAAAA级旅游景区。都江堰是中国建设于古代并使用至今的大型水利工程，被誉为“世界水利文化的鼻祖”，是全国著名的旅游胜地。通常认为，都江堰水利工程是由秦国蜀郡太守李冰及其子率众于公元前256年左右修建的，是全世界迄今为止，年代最久、唯一留存、以无坝引水为特征的宏大水利工程。

都江堰宝瓶口

> 能攻心则反侧自消，从古知兵非好战；
> 不审势即宽严皆误，后来治蜀要深思。
> ——武侯祠诸葛亮殿前对联

早在汉末，诸葛亮便在著名的《隆中对》中称赞四川：“益州险塞，沃野千里，天府之土，高祖因之以成帝业”。汉高祖刘邦曾被封为“汉王”驻守汉中，管理巴蜀等地方。汉代的益州包括今四川盆地和汉中盆地。诸葛亮的英明论断已被历史所证明，不仅刘备取得三分天下有其一的帝业，蜀国定都成都，也在天府数千年的文明史上留下一段精彩华章。三国故事，脍炙人口，三国遗迹，遍及巴蜀，葭萌关、古阆中、白帝城、张飞庙，更有坐落成都南郊的鼎鼎大名的武侯祠。杜甫有名句：“丞相祠堂何处寻，锦官城外柏森森”。可见早在唐代，武侯祠便成为一处供人凭吊游览的胜地。

成都武侯祠

不仅如此，千年积淀，成都市区的杜甫草堂、薛涛井、青羊宫，加之相距不远的宝光寺、三星堆、都江堰、青城山，均使成都生辉，增添不少让人向往，增人游兴的魅力。

武当山（湖北）、青城山（四川）与龙虎山（江西）、齐云山（安徽）合称道教四大名山。

地灵注定人杰，早在汉时，蜀都才子司马相如一篇《子虚赋》名播天下，竟引起失宠的皇后陈阿娇赏识。为重新引起汉武帝关注恩宠，不惜花费千金请司马相如作《长门赋》，真正一字千金，留下千古佳话。

唐时，李白、杜甫这两位中国诗坛高峰的代表人物均与天府有不解之缘。李白故乡在蜀中江油，杜甫曾居成都草堂，诗仙诗圣，双子星座光耀千秋。宋代出生于四川眉山的苏洵、苏轼、苏澈父子，三人都以文章名世，进入唐宋八大家行列，一门三杰，传为美谈。尤其苏轼一篇《赤壁怀古》真正浪淘尽千古风流人物。近代四川更是各类人才辈出，朱德、邓小平、刘伯承、陈毅、张澜、郭沫若、李劼人、沙汀、艾芜……数不胜数，他们的伟业文章、道德文范为巴山蜀水增添了不朽的光彩。

当然，历史并不全由大人物创造，倒常是处于草根基层的最广大的群众靠勤劳的双手，打下坚实的基础。四川人素以吃苦耐劳、顽强生存闻名。特别是改革开放以来，四川更是全国闻名的劳务输出大省。每年春节刚过，几百万男女便如潮水般四溢，大大小小的车站，莫不人头攒动，奔赴经济蓬勃，势头强劲的珠三角、长三角、北上广。所以我们谈及改革成就，无管新辟多少空港，路建多少高速，高楼如何林立，城市如何美丽，离开千百万勤劳质朴，富于牺牲精神的农民工，这一切辉煌都无从谈起。

唐宋八大家：是唐宋时期八大散文作家的合称，即唐代的韩愈、柳宗元和宋代的苏轼、苏洵、苏辙（苏轼，苏洵，苏辙三人称为三苏）、欧阳修、王安石、曾巩。

勤劳的川人。此为被称为‘棒棒’的农民工

名人与名菜

四川气候温暖，雨量充沛，加之灌溉便利，物产南北兼有，各类谷物、薯类、豆类皆备，鸡、鹅、鸭、鱼都产，生猪存栏富为全国之首，故而腊肉历来出名。蔬菜、水果更是种类繁多。“一骑红尘妃子笑，无人知是荔枝来”，当年杨贵妃所食荔枝即是四川涪陵所产，沿蜀道远驰长安。四川蜜橘则更是名声遐迩。众多的物产为酿制美酒和烹调佳肴打好基础。四川酿酒业可追溯至李白名诗《蜀道难》中提及的古蜀国蚕

> 蜀门去国三千里，巴路登山八十盘。
> 自到成都烧酒熟，不思身更入长安。
> ——（唐）雍陶

成都宽窄巷子

丝、鱼凫时期。在三星堆古蜀都遗址中，发现有大量的陶制和青铜酒器，另外还出土有双手过顶捧着酒樽做供奉状的青铜人像。酒器品种之繁多，样式之精美，让人叹为观止。其中不仅有能开怀畅饮的畅口酒杯，还有一种束颈的瓶形杯，这就表明当年蜀人饮酒的方式已是小口啜饮，所饮之酒已是一种无渣的清酒，比中原地区同时期的"连糟"酒更加先进。之后，历经秦汉，唐时酒业已十分发达繁盛。

至今四川名酒荟萃：五粮液、泸州老窖、剑南春、全兴大曲、郎酒，占据全国酒业半壁江山绝非妄语。名酒则需名菜，成都除了各类小吃驰名，川菜亦为八大国菜之一，川菜植根于天府盆地丰富的物产和讲究饮食好吃会吃的历代川民的不懈努力，已成了满园名花看不尽的大气候。天府四塞险要，山川阻隔，在漫长的岁月中，川民无法走到京都中原去谋求富贵，彻悟之后，索性挣钱不挣钱，混个肚儿圆；富贵不富贵，哪如天天醉，在饮食文化上下足功夫，用够脑筋。连文人雅士、达官贵人也参加进来，文豪苏东坡首创东坡肘子，肥而不腻，老少皆宜；川督丁宝桢贡献了宫保鸡丁，脆软皆有，最逗食欲；画家张大千亦烧制出大千鸡，原汁原味，鲜香养颜；林林总总不一而足，使川菜既满足食欲口福又具备了人文内涵。

改土归流·川边藏情

川边山水

在人们印象中，西藏属雪域高原，高耸云端，是一个气势磅礴充满神奇的世界。而四川盆地钟灵毓秀，素称天府。这是两片风马牛不相及的天地，没有多少人会把它们联想在一起，更没有多少人会想到在雪域高原与天府盆地之间，还有偌大一片山水，北抵青海、南至云南，纵4000里，东起康定，西至丹达横3000里，面积倍于四川省。历史上称为川边或西康。实为四川盆地向青藏高原迈进攀登的过渡地段。

西康省：过去为中华民国的一省，延续清朝制度所设置的22省之一，设置于中华民国二十八年（1939年），是内地进入西藏的要道，有重要的军事意义。1949年，国民党当局败逃台湾后，中华人民共和国政府继续管辖西康省，后于1955年废止，分别并入四川省和西藏自治区。

时至今日，若沿川藏线进藏，则需翻14座海拔超过3000米的雪山，道路之高峻，之险要，创世界交通史之最。历史上，茶马古道，从雅安起程抵达拉萨，行程半年，其中4个月均在大山激流间跋涉。今日之川藏公路，成都至拉萨，若顺利，无雪崩激流，道路堵塞，亦需10天左右，其中需要穿越的便是被称为川边的这片地域。

川边绝大部分县治，举凡泸定、康定、小金、丹巴、理化、石渠、德格、色达、稻城、定乡、盐井等大都处于两山夹一谷的狭窄地段，即便曾为西康省会康定亦是如此，官衙、庙宇、街市、民居、机关、学校无不沿河缘山修筑，蜂巢般密集，蛛网样勾连，远处看去，一片灰蒙蒙的房舍建筑密不透风，唯有宏大的喇嘛庙黄色瓦顶在树丛中隐现。这也就提醒往来客人，此亦进入藏区，当然还不能和藏族核心比如卫藏相比。这一带汉藏杂居，回羌混住，服饰驳杂，饮食各异，但无论藏汉回羌又莫不需要柴米油盐，婚丧娶嫁，生儿育女，支差纳税，把人生的功课或甜或苦地进行到底。这片泥墙瓦顶之下，火塘吊罐之畔，也如同外部世界，不乏复杂与纷扰，丰富和多彩，尤其清末民初以来，百十年间，世纪更迭，新旧交替，演绎出多少恩怨情仇，人生活剧。单说只要进入川边康区，饮食便骤然生变，四川天府，稻麦两熟，一日三餐，大米白面，花样翻新，各类蔬菜，必不可少，家境富庶者自然鸡鸭鱼肉。隔三差五，打顿牙祭。康区却主产青稞、包谷、土豆、荞麦、杂豆。主食则为糌粑，是把青稞麦炒熟，磨细并不去皮，类如汉地炒面。藏人外出，羊皮袋中必装糌粑，怀中则有木

> 进入藏区注意事项之一：最好不要抽烟、喝酒，防止呼吸道感染，带上必要的应急药品和其他物品；初到高原，不要剧烈的运动，不能大声喊叫，上下车都要轻手轻脚；最好不要洗澡，以预防感冒，引起高原反应；多吃水果、蔬菜，如无条件可口服维生素C，一日三次；多喝开水，但每一次不能喝多。

> 进入藏区请注意事项之二：面见僧人最好的礼节是双手合十，微微低头，不要握手、拥抱；与喇嘛交谈，最好避免提免提及钉戮、婚配等，也不要随意打听食用腥荤之类的事情； 在寺庙里面不要大声喧哗或乱动乱摸，如遇上佛事活动，最好静立默视或悄然离开。

碗，黄昏扎营，煮沸开水，抓糌粑于碗中，添进沸水，用手指捏团，即可食用。讲究者再放进酥油和奶渣。隔三差五，食牛羊肉，牧区则有鲜奶，随时可饮。古语“腥肉之食非茶莫消，青稞之热非茶不解”。故茶叶早在秦汉便传入牧区，牧民以马易茶，形成始于隋唐，盛于两宋，延续至明清的“茶马互市”，牧区则将茶在实际生活中推演为酥油茶。原料并非今日都市考究之名茶，其实名茶营养并不丰富，要等茶叶长老，茶味浓郁，再加工压缩为便于运输、储藏，亦方便使用的砖茶。牧民使用时敲下小块茶砖，用水熬成浓汁，滤掉茶叶，倒入细长的木桶充分搅拌，再添进酥油、牛奶、食盐，还可放进芝麻、核桃提味，使之成为消渴、解腻、营养、充饥，堪称经典的牧区酥油茶。只要进入藏区，酥油茶便是男女老幼不可或缺的饮品，需求量十分惊人。

川边多为藏民

康定作为康藏门户，仅是做茶马生意便多达48家锅庄，运进雅安川南所产砖茶，动辄万引，每引30包，每包30斤。用骡马驮了，沿古老的山道运往广阔藏区，运出则为康藏土产，大宗为羊毛畜皮，次为药材、大黄、贝母、虫草、秦艽、羌活、泡参、知母；当年并无动物保护一说，故麝香、鹿茸、鹿筋、熊掌、兽皮亦有相当数量。单说48家锅庄，这家有骡300头，那家注定有骡马500匹，占据最大份额的八大锅庄，骡马均以千计，每年马帮起动之时酒宴需摆三日，到处张灯结彩，鞭炮炸响之处往往头骡上了40里外的折多山顶，尾骡方刚从院落起身，无论东去雅州，西出拉萨，在长达数月乃至半年的旅途中，马帮管理，货物照应，人畜食用，夜晚宿营，风雪骤至，严寒冻伤；道路突然崩塌，人畜意外伤亡，还免不了骡马惊散、土匪打劫等等。稍加细想，会深感组织马帮驼队所需经验智慧、素养耐力，绝不亚于组织一次大规模的战争。但藏族同胞硬是凭着与生俱来的坚韧、吃苦、勤勉，加之马帮驮队千百年积累的经验和行之有效的行帮规矩，把这桩惠泽藏地藏胞的茶马买卖推演了千年之久。

进藏需要准备的药物：感冒药（退烧，消炎，抗生素，板蓝根冲剂）、外伤药（云南白药喷雾剂、创可贴，眼药水），营养药（复合维生素）、防止高原反应（青海或者西藏制药厂出的红景天胶囊）、去火药（牛黄解毒片、夏桑菊）、肠胃药（氟哌酸、吗丁啉）、润喉片，其中板蓝根冲剂及复合维生素，润喉片每天必吃，红景天也应吃。

为什么要献哈达？献"哈达"是藏族人民最普遍的一种礼节。在西藏，婚丧节庆、迎来送往、拜会尊长、觐见佛像、送别远行等，都有献"哈达"的习惯。献"哈达"是对对方表示纯洁、诚心、忠诚、尊敬的意思。据说，藏民进了寺庙大门，先献一条哈达，然后参拜佛像，到各殿参观，随坐，到离别时，还在自己坐过的座位后边放一条哈达，表示我人虽离去，但我的心还留在这里。

改土归流

中华亘古为多民族国家，早在汉时，班超担任西域都护府长史，负责管理西域36国长。公元100年班超离任时，继任者尚任请教管理要务，班超只讲了两个字“羁縻”。羁为马缰绳，縻为牛笼嘴，意思对少数民族应尊重安抚，让其自治，不生事端即可。事实班超管理西域30年间，“西域诸国，莫不向化，大小欣欣，贡奉不绝”，呈现一派繁荣安定。其间汉章帝调班超回中原时，于阗国王竟跪栏班超马头，说“汉使如父母，诚不可去！”说明班超在西域采取的“羁摩”政策十分成功。

> 土司：是中国边疆的官职，元朝始置，用于封授给西北、西南地区的少数民族部族头目。

之后，“羁縻”为历代王朝所采用。对西南一带少数民族头人设置安抚司、宣抚司等，让其自治，并采取子孙相袭的世袭制，让其对所在地方的人口、土地、赋税、差役等进行管理。这也是史书上说的“羁縻州”。这种土司制度一直沿袭到清代。好处是让少数民族充分自治，起到稳定大局、安抚边陲的作用。但天长日久，其落后性日益显著，土司祖辈相承，子孙无意进取，荒唐无度，如同土皇，赋役无名，刑杀随意，有土司为儿子婚娶，所辖百姓三年不得婚娶。更为荒淫、野蛮的是有的偏远地域还实行所谓“初夜权”，即所辖百姓无论谁家迎娶新娘，均需送往土司官寨，供其淫乐，之后才正式承认为其属民。土司之间又常互相攻杀，实际祸害百姓。土司之地，暗无天日，只知土司，不知国家。土司制度还易导致地方割据，不利中央对地方的管理。

西康一位土司

清末川滇边务大臣赵尔丰

清雍正时，广西巡抚鄂尔泰上书改土归流，意思是废除世代相袭的土司制度，改由朝廷派遣的官员。清时官员，一般三年即需调动，流动性强，也称流官，正如俗语“铁打的衙门流水的官”，改土归流应该是一项顺应历史潮流的进步举措，但由于触动了世代相袭的土司利益，一些占地广大，人多势众的土司便联合起来，以武力相抗。清王朝亦派兵镇压，用武力在云贵、广西一带强制推行改土归流。

赵尔丰（1845-1911）祖籍山东蓬莱，官宦世家，其兄尔震、尔巽、尔萃皆中进士，赵尔巽官至湖广总督，兄弟均为晚清重臣，赵尔丰尤为干练。晚清政府在川边推行改土归流，受到当地土司、西藏当局乃至英印政府的重重阻扰，甚尔酿成杀害驻藏大臣凤全的“巴塘之变”。

今日川边依旧汉藏杂处

四川西北，即今日阿坝、甘孜两个藏族自治州及凉山彝族自治州也系世代相袭的土司制度，但由于与西藏相连，按照藏族传统地理概念，把藏民居住的地区分为卫藏、康区和安多三大区域。卫藏即以拉萨、日喀则为中心的前后藏区，为核心区；安多则包括藏北那曲、青海全部和甘南藏区；康区又称康巴藏区，主要指川西北甘孜、阿坝、滇边、藏边等地。

> 晚清知兵帅，岑袁最有名。
> 岂如赵将军，川边扬英声。
> ——章士钊赞赵尔丰的诗

为避免藏区动荡一直没有进行“改土归流”，直到清末，由于英帝插手，挑拨西藏独立，屡生事端。迫于形势，1905年，清政府派封疆大吏赵尔丰加快了康巴地区的改土归流，其要务是“改造康地，广兴教化、开发实业、内固蜀省，外附西藏，迨势达拉萨，藏卫尽入掌握时，仿东三省之例，设置西三省总督。”按说这是一个系统经营西康（省）的计划，亦可概括为：改土归流，西康建省，卫川、固藏、御英。这个计划由于能够针对时弊，联系实际，且有操作的可能，受到清政府重视，改土归流随后在西康开始推行。

红原·绿水·青山

长征中的过"草地"今在何处

从读小学始，接受革命传统教育就是每周政治课的重要内容，红军长征爬雪山、过草地，也就成为人尽皆知的故事。我记得上小学时，学校还曾请过一位曾经参加过长征的老红军来学校作报告。这位老红军是四川人，身材不高，长征时是一位将军的马夫，他讲的让人最难忘的事是在最饥饿的时候，曾把战马粪中没有消化尽的青稞用水淘过煮了再吃。

> 七律长征
> 毛泽东（1935年10月）
> 红军不怕远征难，万水千山只等闲。
> 五岭逶迤腾细浪，乌蒙磅礴走泥丸。
> 金沙水拍云崖暖，大渡桥横铁索寒。
> 更喜岷山千里雪，三军过后尽开颜。

这样，草地就与恐怖、严寒、饥饿和深不可测的泥淖沼泽连在一起，至于草地在哪？什么状况？今日情景如何？却不甚了解。几十年过去，当那些壮举已淡化为遥远的剪影，我却两次穿越了红军当年走过的草地。这片草地与青海、甘肃接壤，现属四川省阿坝藏族羌族自治州。1960年为纪念红军过草地这一壮举，特地划出一片草地设立了红原县。

死亡之地——草地沼泽

现在这片草原再不是茫茫草地无路无人烟的状况，红原县经阿坝可通青海，经若尔盖可去甘肃，经理县可达成都，且路面多为黑色油路，交通的便捷，从根本上改变了面貌。与七十年前红军经过时期完全不是一回事了。

过去这里亘古就是藏族群众生存的游牧去处，并没有固定的村落，只是季节性地有牧民帐篷。当年红军经过时还十分荒凉，完全是一片沼泽遍

壮美的红原草地

布的死亡之地，即便当地生长的藏民，放牧时也小心翼翼，也只是靠近草原边缘的高地或山坡，整个沼泽区自古没有人烟，更不要说通过一支人马数万，携带武器、行李、转战经年的疲惫之师。据一些回忆录讲：茫茫草原，无边无际，走兽不行，飞鸟不见，黑色的泥沼地被积年的腐草覆盖着，在腐草上面又长着青草，掩盖着深达数尺乃至数丈的深坑。可以说是一种半流体的“酱缸”，没有任何承载能力，且又深不可测，人马一旦陷进，几乎无生还可能。即是近在咫尺也无法援救，因为陷阱是无底洞。红军之间出于友爱，开始都奋力抢救，但为救一个红军，会搭进几个红军，为避免无谓牺牲，只能眼睁睁看着战友牺牲。

红军三大主力在两年数次过雪山草地期间，非战斗减员至少在万人以上。
——四川省阿坝藏族羌族自治州党史研究室的研究表明。

长征（1934年10月—1936年10月）：是中央主力红军（红一方面军）为了摆脱国民党军队的“围剿”，被迫实行战略大转移。其间共经过11个省，翻越18座大山，跨过24条大河，走过荒无人烟的草地、翻过连绵起伏的雪山，行程约二万五千里，于1935年10月到达陕北。

红原赛马会

今日红原草原已远非昔比，当年红军浴血奋斗的地方都开辟有纪念馆，接待游人进行革命传统教育。红军八·七会议遗址、俄界会议遗址、著名战场腊子口、玛曲黄河第一曲、黑河旅游村等，每年都有大量游客前往参观，为红原带来人气，也增加收入。

划为红原县的这片草原总面积达7000多平方公里，正好坐落于川西北阿坝、红原、若尔盖三大草原中心，地处通往青海、甘肃、四川几省的要冲。经过将近半个世纪的建设，县城已初具规模，纵横几条大街，政府机关、银行、邮局、商店、学校、宾馆、饭店一应俱全，尽管地处高寒，沼泽湿地较多，无法种植粮食，但宜于放牧牛羊，是个纯牧业县，牦牛养殖

居四川全省首位。牛毛、奶制品、牛肉的加工日渐繁盛。更重要的是当地政府利用大草原天然资源开展旅游业，在每年“七一”举办红原赛马会。届时广阔的草原，方圆百里的牧民搭成了帐篷城，炊烟彩旗，人喊马嘶。赛马时，只待哨声一响，数百匹骏马箭般射出，引得欢声如雷，每年都吸引大批游客来红原旅游。我们没有看见赛马，却看见了一片真正的红原、绿水、青山。草原上有一种红茎草，喜在沼泽中生长，牵连成片，在阳光照耀之下，直映得天也红了，地也红了；白龙江一条叫白河的支流清澈见底，在草原划出无数“S”形，蜿蜒而来，河水中倒映着蓝天与白云，倒映着青山与羊群，一阵阵微风徐来，吹起绿水中的涟漪，吹动红茎草阵阵摇摆，也吹动草原上滚动的羊群与蓝天上的白云，让这大草原益发如梦如诗、美丽如画……

若尔盖草原最佳旅游时间：夏季是草原的黄金季节，这里天高气爽，能见度很高。天地之间，绿草茵茵，繁花似锦，芳香幽幽，一望无涯。草地中星罗棋布地点缀着无数小湖泊，湖水碧蓝，小河如藤蔓把大大小小的湖泊串连起来，河水清澈见底，游鱼可数。

草原羊群密集

红原县周围景点：刷经寺森林公园、月亮湾草原、麦洼寺、瓦切塔林、雪玛格勒冰川、红原草原等。

草原上的小景

康定情歌·泸定桥

康定情歌

跑马溜溜的山上，一朵溜溜的云哟，
端端溜溜地照在，康定溜溜的城哟，
月亮弯弯，康定溜溜的城哟。
李家溜溜的大姐，人才溜溜的好哟，
张家溜溜的大哥，看上溜溜的她哟，
……

在中国，大约没有人不知道康定情歌的。那如诗如画诙谐幽默的歌词，那优美动听轻快明丽的旋律，只要听上一遍，便再难忘记。喜欢音乐的会对这首情歌寻根问底，何人创作？何时传播？一度时期，人们把创作康定情歌的桂冠送给西部歌王王洛宾。但遭到质疑，因为王洛宾一生并不曾到过康定，此事曾在音乐界引起过争论。

全城皆唱康定情歌

康定系汉语名，因丹达山以东为"康"，取康地安定之意，故名。

1996年，《甘孜日报》刊登消息，悬赏万元寻找《康定情歌》作者。一时间，全国媒体争相转载，后来《四川日报》几位记者深入调查，认为《康定情歌》系李依若创作。李依若系四川宣汉人，酷爱音乐。上世纪30年代在成都读大学时，与一位姓李的女同学谈恋爱，李是康定人，两人暑期去康定玩时，登上跑马山，李依若触景生情，依据当地流传的"溜溜调"编了一首跑马歌，唱给"李家溜溜的大姐"听。这首本来是一对恋人之间的即兴游戏之作，日后成为流传开来的《康定情歌》。

陶醉其中的小夫妻

据说，最初的唱法是："跑马溜溜的山上，一朵溜溜的云，端端溜溜地照在朵洛大姐的门，朵洛溜溜的大姐人才溜溜的好哟，会当溜溜的家来会为溜溜的人"。至于"李家大姐"何以成为"朵洛大姐"，我倒觉得这恰恰反映了康定特色。凡去过康定的人都知道，在历史上作为一种地理分界，从泸定跨越大渡河，便算进入了康区（藏区）。康定恰处于大渡河与折多雪山之间，已属典型的藏区，藏族群众骤然增加成为主体民族，不仅历史上如此，时至今日，康定也依然是甘孜藏族自治州的首府。但康定又毕竟是康区最靠近内地的地方，深受汉文化

的影响，尤其是经商的锅庄（商家）。当年康定城有48家锅庄，其中实力雄厚的有8家，号称八大锅庄。经商多为藏族人，经营的马帮也多雇适应当地环境、气候的康巴藏人，也称康巴汉子，以体形强悍、吃苦耐劳著称。这些锅庄商人走南闯北，多通汉语。为经商方便，大都有汉藏两个名字，到雅安、成都进货用汉名，把货物运往昌都、拉萨用藏名。这个习惯也用在子女身上。

跑马山：位于康定城南，当地藏族称“拉姆则”，意为“仙女山”，是藏族著名神山之一。为纪念佛主释迦牟尼的诞辰（浴佛）日，当地群众每年农历四月八日都要在这里举行隆重盛大的纪念活动，称“四月八”转山会，并进行赛马活动。一首誉满全球的“康定情歌”，更使人们十分向往。

当年能够送孩子去成都读书没钱不行，而家道富裕者多为锅庄商人，以此康定的“李家大姐”定是藏族锅庄商家。到成都读大学，用汉语取名也很正常。李依若与恋人一到康定，知道了“李家大姐”的藏族名字“朵洛”，出于戏谑，编进歌词，亦合常情。2007年，我在康定认识了一位藏族小学教师呷让拉姆，汉名郑景莲。她告诉我在康定读师范时，同班藏族同学都有汉名。她身穿牛仔裤、羽绒服，满口普通话，不说根本不知是藏族。

唱红《康定情歌》的喻宜萱：《康定情歌》的传播则要归功于民国时期的当红歌手喻宜萱。李依若创作的《康定情歌》在逐渐流传的过程中被当时就读于重庆国立音乐学校的福建学生吴文季搜集，请作曲的江定仙老师正式配曲演唱，江定仙又把配好曲的这首歌推荐给了当时走红的歌唱家喻宜萱。当年，喻宜萱在南京举办的个人演唱会上演唱了此歌大获成功，《康定情歌》也不胫而走，传播开来。

当年，李依若并没有因为这首《康定情歌》成就婚姻，因为家庭反对作罢，并因此与父母闹翻得不到资助，最终是义父石体元（时任四川省财政厅长）支助才读完大学。后曾在《新蜀报》任诗歌编辑，发表过诗歌。新中国成立后回到故乡宣汉，曾做教师和文化馆长，担任过川北民歌委员会委员，搜集了大量民歌，可惜不到50岁便去世了。

《四川日报》记者曾找到李依若的生前好友和遗孀赵氏老人，她们都讲多次听李依若唱《康定情歌》和因此歌产生的故事，并坚信《康定情歌》的作者就是李依若。

如今，《康定情歌》已唱红大江南北，还是我国第一首飞向太空的歌曲，成为世界十首经典名曲之一，还曾为此歌举办过艺术节——中国西部康定情歌节。《康定情歌》已成康定一张名副其实的名片，让古城康定走出折多雪山，走出四川盆地，也风风光光地走出国门。

泸定看桥

泸定桥由于毛泽东的长征名句“金沙水拍云崖暖，大渡桥横铁索寒”而广为人知，作为中国工农红军在长征途中夺取的事关生死存亡的重要通道，1961年，泸定桥被国务院公布为全国第一批重点文物保护单位。泸定桥愈加出名，凡来泸定的人没有不看泸定桥的。这也为泸定桥所处地理位置所决定，不然当年也不会成为太平天国骁将石达开全军覆没之地。由于西康地区处于青藏高原向四川盆地过渡地段，从海拔600米逐渐升高至3000米以

泸定桥雄姿

上，这些高山巨河基本上是由北向南，也就是横断山系，这也就决定了由四川进入西藏要跨越多道大江巨流。其中著名的河流便有大渡河、金沙江、雅砻江、澜沧江等。大渡河正好处于著名的二郎山和折多雪山之间，是由四川盆地向青藏高原行进，也是汉藏之间进行商贸交流马帮商队必须穿越的第一道河流。

泸定桥：位于中国四川省西部的大渡河上。相传康熙帝统一中国后，为了加强川藏地区的文化经济交流而御批修建此桥，并在桥头立御牌。1935年，中国工农红军在长征途中“飞夺泸定桥”，使之成为中国共产党重要的历史纪念地。

任乃强在《泸定视察报告》中称“大渡河水量不亚于岷、沱，而激流如矢，横渡皆难，更无沿溯之利”。即便今日，乘车由雅安出发，沿川藏公路盘旋多圈，才能攀登上海拔近3000米的二郎山隧道。穿越山岭，眼前豁然开朗，正好在下山公路转弯处设了一处观景台，让来往旅客饱览雪山激流的壮美，只见无数的山峦如大海波涛般铺展开去，眼前的河谷深切千米，一道宛如白色飘带的河流深沉谷底，望之眩目，这便是鼎鼎大名的大渡河。而河谷的对面远方是延绵的山岭白雪皑皑，在日光下闪耀，那便是比二郎山还要高出千米的折多雪山，大渡河便是这两道雪山之间冰雪消融汇纳百川形成的一道激流了，无怪水量如此充沛，水流如此汹涌。车下到山半腰便能听到大渡河如雷的吼声，愈近愈响，待到谷底，只见一河绿汪汪的大水泛着浪花白沫，从两山夹持的峡谷咆哮涌出，奔腾而来，吼声如雷，惊涛裂岸，那横跨河面的岿然铁索大桥也直逼眼目了。

泸定桥的传说：泸定桥西有噶达庙。相传修桥的时候，13根铁链无法牵到对岸，用了许多方法都失败了。有一位自称噶达的藏族大力士，两腋各夹1根铁链乘船渡过西岸安装，当他运完13根铁链后，因过于劳累不幸 。死去。当地人修建此庙，以纪念这位修桥的英雄。

伫立河边，细观山形水势，真正感到这是一处咽喉要道，非控此桥不足以连通两岸，汉藏交流也就无从谈起。早在西汉，中央政府就在泸定设县，西控康藏，东接巴属。建桥之前，常用木船渡河，水大浪急，事故频发，还曾用铁索连接两岸，人马悬溜而过，慢且费事。历代都有建桥之议，均因地形险恶、工程浩大而作罢。直到清康熙年间，西康叛乱，驻在康定的宣抚使被围困，因大渡河阻隔驰援不及被杀。此次叛乱平息后，清廷痛定思痛，决心造桥，毕竟正处在康乾盛世，国力强盛，此桥于1705年开工，仅用一年便大功告成，鉴于水大浪急，无法安柱，桥工利用河面狭窄，锻造铁索悬桥。大桥两端各建20米高的桥台以固定铁柱，用13根铁索链连接两端，其中9根为底链，铺设木板，其余4根分设两边做扶手。整个铁链由12164个铁环相扣，全桥铁件重达40余吨。据说当年为把每根长达百米的铁链勾连起来，穿越波涛汹涌的大渡河，还颇费周折，后来想出的办法是，选用藤编的链条沟通跨越河面，再把环环相扣的铁链用滑动竹节筒把藤链拉过去，简单实用，充分显示了古人的智慧。

> 飞渡泸定桥：1935年5月，中央红军为摆脱10余万国民党军的围追堵截，强渡天险大渡河。在红军到达前，国民党守军已将桥板拆除。29日傍晚，以红4团第2连连长廖大珠为突击队长的22名红军战士，攀着铁栏，踏着铁索，迎着守军枪林弹雨，冲过火障，占领桥头，攻入泸定城西门。后续部队随即铺设桥板，迅速跟进，占领泸定县城。随后，中央红军迅速通过泸定桥，越过天险大渡河，摆脱了国民党军队的围追堵截。至此，蒋介石围歼中央红军的企图彻底破灭。

此桥建成，康藏与内地天堑顿通。上报朝廷，康熙帝十分高兴，御笔亲题“泸定桥”高悬桥首，并立巨碑一通《御制泸定桥碑记》，详载建桥起因、过程及大桥维修等，至今匾碑俱存，见证着300年前的壮举。如今，300多年的风雨霜雪过去，泸定桥经历战火、地震、雷击等各种劫难，但依然悬空，沟通两岸，其桥身坚如磐石，其铁环光可鉴人，即使现代科技发达的今天也非易事。细观此桥，无论规模、气势、工艺，都堪称大器一流，绝不简单也不平凡。正是此桥，保障了300年来汉藏同胞的频繁交流，保障了祖国西南边陲的安宁与统一。

> 泸定桥门票：10元/人
> 最佳旅游旺季：一般在7—10月

折多风雪雅安雨

康巴第一关——折多雪山

在川西高原多条南北延绵的山系中，最为出名的是贡嘎雪山，因为它以海拔7556米不可挑战的高度，高居群山之巅，享有“蜀山之王”的美誉。再就是二郎山了，二郎山的出名是因为上世纪五十年代，修筑川藏公路时，音乐家时乐蒙的一首《二郎山》歌，红遍大江南北，国人都知道“二呀嘛二郎山呀，高呀高万丈……”

> 贡嘎山景区开放时间：8：00-18：00
>
> 贡嘎山门票价格：75元/人，贡嘎山下有缆车，可送游客上山。缆车价格160元，坐缆车才能看到冰瀑布。

地理分界折多山

二郎山：在四川天全县城西50公里处，海拔3437米，是千里川藏线上的第一道咽喉险关。二郎山隧道已于2002完全通车，是亚洲最长的公路隧道。

但在历史地理学家们的眼中，他们更看中的是折多雪山，因为它是一道名副其实的地理分界线。折多雪山位于四川省甘孜州康定县境，准确地说，鼎鼎大名的康定城就坐落在折多山与跑马山之间，由折多河水冲刷出的一道长长的峡谷之中，属典型的两山夹一水。河谷平坦温暖，且有取水舟樯之利，开阔的地方还垦殖出来种植，逐步引进的青稞、胡豆、玉米和土豆，再是生长期短的蔬菜，有了这些也就可以安排下千把户人家。一道短短的街市，若再有一座院子来安顿县署，警局、机关、牢狱和一所学校，差不多也就形成一座相当规模的县城了。

作者偕夫人在海拔4300米的折多山口

那么，折多山何以受到史地学家们的器重，必须身临其境才能恍然大悟。乘了汽车离开成都，一路向西行驶140公里便可到达雅安，这儿是山水环绕，满目青翠，进入了横断山脉，或者说是青藏高原的边缘，所以人们把雅安归为川藏公路的起点，也是延续千年茶马古道的起点。沿川藏公路继续向西，行驶160公里，翻越川藏线上第一座海拔超过3000米的二郎山，再下到谷地便是泸定县了。细心的旅客会发现，泸定河谷与县城与内地并无太大区别，河谷开阔，温暖向阳，田亩相望，村庄多为汉族群众，因为泸定河海拔仅仅1500多米，自古适应农耕。越过大渡河，再往西去，到达康定县城，毕竟做过西康省会，气势规模远超泸定，但县城海拔已超过2600米，河谷很少有田亩庄稼。不管城乡，藏族群众已成为主体，历史上康定48家锅庄（商家）几乎垄断了整个藏区的砖茶和生活用品。康定城区商号林立，人烟辐辏，自古繁华。

> 折多雪山：折多在藏语中是弯曲的意思。位于四川省甘孜州境内，海拔4962米，是康巴第一关。折多山又是重要的地理分界线，西面为高原隆起地带，有雅砻江，右为高山峡谷地带，有大渡河。也是汉藏文化的分界线，翻过了折多山，就正式进入了康巴藏区。

故从川藏线进藏，离开成都，第一天必宿康定，次日继续前行，离开县城便登山，这山便是川藏公路也就是国道318通往西藏必须翻越的折多山，几乎要整整两个多小时，才能到山垭，海拔4300米。在此环顾，前方山峦叠嶂，无边无涯，白雪皑皑，银光闪耀，骤然产生步入另一个世界的感觉，回首探望，康定县城坠入谷底，自己已有站在青藏高原边沿的感觉，这感觉是对的。因为翻越折多山后，向西下到谷底新都桥，海拔也在3500米，这

> 318国道始建于1950年，1954年建成。起点为上海人民广场，途径江苏、浙江、安徽、湖北、重庆、四川、终点为西藏聂拉木县樟木镇友谊桥，全长5476千米，是中国目前最长的国道。因其横跨中国东中西部，囊括了平原、丘陵、盆地、高原景观，包含了江浙水乡文化、天府盆地文化、西藏人文景观，拥有从成都平原到青藏高原的高山峡谷一路的惊、险、绝、美、雄、壮的景观，而被中国国家地理杂志在2006年第10期评为中国的景观大道。

儿是川藏南线与北线的交汇处，也就是说，无论南北线，再往前行都是藏区和牧区了。

吓死人的二郎山，翻死人的折多山——当地俗语。

雅安赏雨

雅安是座小城，是个让人难以忘记的地方。首先是由于雅安有特色，"雅雨""雅鱼""雅女"并称雅安三绝，我觉雅安的特色来自它所处的地理位置。雅安距成都以西140公里，这儿已是川西平原的边沿，是四川盆地向青藏高原的过渡地段，整个雅安都分布在邛崃山脉的河谷与盆地，笼罩于浓绿滴翠的山峦之中，这里是通往西藏的川藏公路和通往云南的川滇公路的起点，也是已经逝去的茶马古道的起点。

雅安周围景点：蒙顶山、碧峰峡、周公山热地公园、上里古镇等。

雅安多雨亦多桥

正是由于雅安是四川人走西藏去云南的必经之地，与阿坝、甘孜、凉山三个少数民族地区紧密相连，也成为一块民族交汇之地，有民族走廊之称。至今这片土地上还有彝、藏、羌、苗、蒙古、傈僳、纳西、布依等20多个少数民族和平相处，共同生活。造成雅安地形多样、物产多样、民族多样、生活多样的鲜明特色。几次去雅安，留下至深印象的是雨。几乎每次去都下雨，且各有不同。有次去是初夏，成都平原已是夏日炎炎，酷热难耐，一到雅安，满眼青绿，心里便清凉许多。刚选定青衣江畔的宾馆下榻，就见山头起了乌云，转瞬铺扯开来，气势汹汹，一派不干好事的模样。接着便是一阵疾风，吹得窗户叭叭乱响，院里晾晒的被单、衣衫像风帆般鼓起，只听服务员一片喊声：“雨来了，快些收衣服。”话没落点，只听“咔嚓嚓！”一声惊雷仿佛就在楼顶炸响，一道闪电把黑云撕开，紧接着大雨如同江河倒悬，铺天盖地而来，眼睁睁地看着闪电处厚厚的云层裂开一道缝，那白花花的雨水便瀑布般跌落，形成一道奇观，仿佛谁把天河戳开一道口子，整个河水都倾泻下来，四周哗哗一片。天空被乌云罩得严严实实，只有雨帘闪着白光，弥漫着浓浓的雨腥味。啥叫大雨暴雨？与眼前雅安这雨相比，都不是了，这才真正叫大雨、暴雨，雅安的雨！好在时间不长，个把钟头，风停雨住，云散天开，复又日光朗耀，把水淋淋的雅安城照耀得无比清新。

雅鱼传说：相传雅鱼乃女娲补天时从其身上遗落的宝剑入水所化，所以雅鱼天堂骨形似宝剑。又传，雅鱼头骨暗藏一柄“宝剑”，为战国时苏秦离间诸国后，车裂生亡，其佩剑滑落江中，为雅鱼收藏，以至于成为日后奖赏雅鱼的“防伪标记”：有剑则真，无剑则假。

雅雨：雅安有“夜漏之城”的称呼，尤其是夏秋季，几乎每天晚上都会下小雨。由此，成为古人传说女娲补天之地。

这时，突然呐喊声四起：“荒水来啰！”荒水是四川土语，就是洪水，刚才雨猛且急，四面山峦涧谷的雨水全都涌向青衣江，只见潮立墙头，从上游直扑下来，第一波浪花便铺满河道，刚来见着纤弱河水顿时丰满。待到几个浪潮下来，已是满当当的一河大水，吼声如雷，惊涛裂岸，满城的雅安人全都黑压压镶嵌在一河两岸，看水看河也看人了，据说这是雅安城每年会有的风景。

随风潜入夜，
润物细无声。
——唐代大诗人杜甫的这两句诗说的就是是雅安夜雨的情况。

雅安年降雨1800毫米，最高可达2400毫米，是全国降雨最多的城市，有“雨城”美誉，是同纬度城市降雨量的几倍。正因为雅安多雨，故而植被茂盛，密密麻麻地挤满山峦峡谷，无一丝黄土裸出，无一块岩石显露，连空气都是湿漉漉、绿茵茵的。一方水土养一方人。在滴哒着檐水的街巷和毛竹环绕的农舍里走出来的川妹子，大多都灵秀细柔，恰像木桶里泡出的豆芽菜，细纤纤的娇嫩，这就是“雅女”了。隔日在雅安上里古镇拍到一组图片，果真如此。

灵秀俏丽的雅女

卷六 滇藏线风情

DIANZANGXIANFENGQING

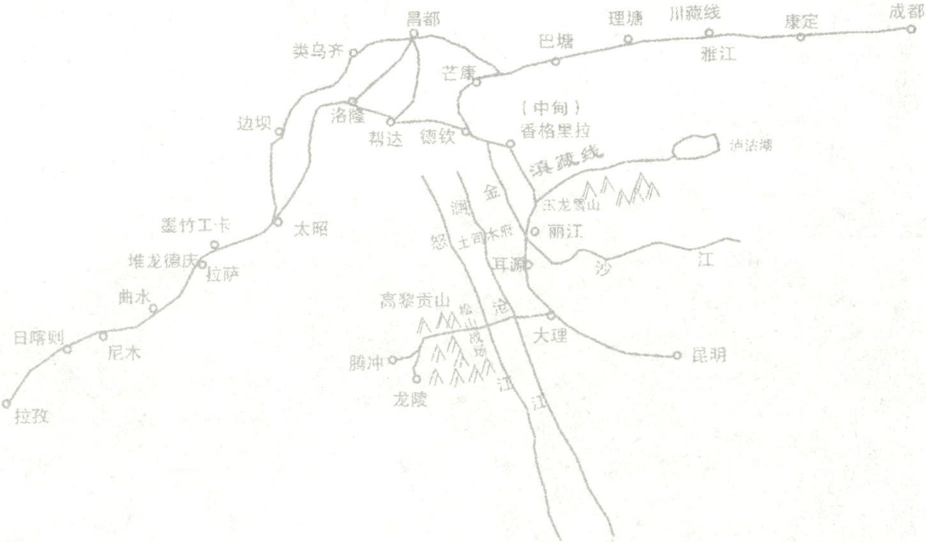

滇藏线：大理、腾冲、丽江、中甸旅游示意图

三江并流·藏羌走廊

三江并流

三江是指怒江、澜沧江与金沙江，这三条驰名中外的大江皆发源于青藏高原，与我们耳熟能详的“三江源”多少有些区别。“三江源”也在青藏高原，多了条黄河，少了条怒江。黄河发源于巴颜喀拉山脉，在鄂陵湖与扎陵湖积蓄了最初的力量，经玛曲时受到阿尼玛卿雪山阻挡，流向了中国的北方，对华夏民族的孕育成长起到举足轻重的作用，黄河也就成为中国北方的一条大河，不再与中国的东南纠缠。怒江、澜沧江、金沙江流经的地域则为藏东南、滇西北与川西南。也就是地理书上所说

> 怒江为中国西南地区大河。发源于青藏边境唐古拉山南麓，注入缅甸后改称萨尔温江，最后流入印度洋孟加拉湾。从河源至入海口全长3240公里，中国部分2013公里；总流域面积325,000平方公里。

金沙江河谷

的横断山脉。这些山脉大多高耸入云，是世界屋脊青藏高原的组成部分，终年积雪，冰川遍布，蕴涵着巨大的水源。冰雪消融，汇纳百川，形成怒江、澜沧江、金沙江三条水量充沛的巨江。

这三条江的共同点是都受到横断山脉的限制，只能顺着由北向南的河谷流淌，形成了三江并流的地理奇观。这一奇观伴着青藏高原的形成诞生，至少已有340万年的历史。由于地形险峻，突兀跌落，少有地理学家光顾。直到明代万历年间，大旅行家徐霞客才来到这里。徐霞客的贡献是首次提出金沙江是长江正源。在此之前，古人一直认为长江的上游是岷江，所谓“岷山导江”。但徐霞客没有现代测绘仪器，他并没有发现和提出“三江并流”。

> 澜沧江：在东南亚为湄公河，是亚洲流经国家最多的河，流经中国、缅甸、老挝、泰国、柬埔寨和越南，在越南胡志明市附近注入南海，是世界第六大河，全长4900公里。这条河在中国境内的流程为2198公里，境外长度2711公里。

直到上世纪地理大发现时，“三江并流”的奇观才被人发现，他是英国植物学家金敦·沃德。这个人在他73年的人生旅途中，竟然有45年在中国滇藏交界的横断山脉之中活动和考察，他是植物学家，凭着专业知识，他认定横断山脉独特的地理环境，使植物垂直分布，其品种之多、门类之广，都出人意料、收获惊人。他几乎毕生都沉迷于这片土地，凭借广博的学识与阅历，关注这片地域的山形地貌、气象物候，乃至民族人种。他甚至还写作出版了一本地理著作《神秘的滇藏河流》，在这本书中，他以生动的笔墨描写滇西北的横断山脉，这里雪峰排列壁立千仞，宛如一把把插入碧空的利剑，银光闪烁，寒气逼人；在高黎贡山、怒江山、云岭、大雪山四道莽莽山岭之间，奔腾着怒江、澜沧江、金沙江三条大江，河谷深切，江水奔腾，惊涛裂岸。金敦·沃德在他的著作中，第一次描写了三江并流的奇观：“在某个地点，三条河流相互间的距离当在

> 金沙江：全长2,316公里，流域面积34万平方公里。由于水深流急，形成著名的虎跳峡，它是世界最深峡谷之一。

80.5公里以内，中间的湄公河（澜沧江）与长江相距45公里，而与萨尔温江（怒江）相距32公里，这是世界地理上的奇观之一。”事实上，三条江的最近距离仅66.3公里，这一地理奇观2003年被列为联合国世界自然遗产名录。

更为重要的是这些高山激流间的河谷，历史上曾是民族交融的通道，被史学家称为“藏羌走廊”或“藏彝走廊”，为民族之间的沟通交流做出过举足轻重的贡献。

藏羌走廊

我国藏学奠基人与开创者任乃强先生花费时间与精力深入西康地区，在广泛田野调查基础上，写出过专著《羌族源流探索》，对民族间的演变、迁徙、融合做出了令人信服的论述。他对河谷在这个过程中所起的作用十分看重，可以推想，当初尚处在游牧状态的古代先民，沿着湿润平缓的河谷，一边采摘渔猎，一边寻觅栖息之地，长期探索，终于发现险峻的大山竟然有河谷可通，原始的古道一般都要经历自然踩踏的阶段。

河谷作为民族交融的通道，被许多专家关注并深受青睐，比如费孝通先生上世纪八十年代初提出“藏彝走廊”这个学术概念。费先生强调的是，

河谷春耕人家

甲居藏寨门票：60元；

甲居藏寨交通：去甲居的路沿着大金川而建，与大金川背道而驰。最方便的交通方式是在市区租雇当地司机以及车辆，在丹巴县城内有很多提供服务的车，车型多为面包车以及哈飞路宝等小型车。丹巴3大景点一天下来包车费大概100左右。

人们研究西藏或藏区，多把目光停留在藏区自身的区划与差别，很少关注到藏族与其它民族在历史交流、交融中发生的变化。其实，不仅是三江并流的河谷，在川西北的岷江、沱江、嘉陵江以及众多的脉流河谷，都为民族交流提供了天然走廊。千百年中，由于战乱、灾荒，多个民族在利用河谷辗转迁徙，寻找新的家园时，也把传承已久的生活方式，风俗民情乃至于文化积累带到了新的栖息地。时至今日，若乘了汽车，沿着川藏线或滇藏线行走，可以轻易发现许多民族交融的痕迹。

2007年，我曾到过丹巴的甲居藏寨，这个大渡河畔的村落，散居着百十户人家，红白相间的石砌小楼掩映于洁白的梨花丛中，恍然仙境。这个寨子因为离县城仅7公里，海拔却要从1800米上升为2500米，简易公路在陡峭的山坡上盘旋，一边是奔腾湍急绿汪汪的大渡河水，一边是高耸入云的钢蓝色的山崖，村落便散落在崖下山坡上，村周田垅相望，麦苗青菜花黄，在河谷望去宛如云端中世界，羌人素有“生活在云朵中的民族”美誉。而地图上却分明标着“甲居藏寨”，目前已是以旅游业闻名的村子，几乎家家都搞“藏家乐”，有接待游客吃住的条件和能力。我们去的一家，女主人叫拥忠拉姆，身姿高挑，明眸皓齿，举止大方，还能讲普通话。她首先带我们参观新盖的三层雕楼，上下楼的独木梯子引起我的关注，有曾相识之感，这是用整根独木间隔凿出踏步，固定斜靠在楼层之间，整个川西北羌族寨子都使用这种独木梯。既然专家认为嘉绒藏族的先祖为羌人，那注定会把构筑雕楼的经验、使用独木梯的习惯也带进藏区。

甲居,藏语的本意是指“百户人家”。

丹巴风俗：每年春节前夕,寨房主人们依照传统习俗,以当地的“白泥巴”为主要原料,通过配方煎制成白色染料,精心涂染寨楼墙面,使整个藏寨披上洁白的盛装。

羌人头帕

多彩婚姻

一方水土养一方人，一方水土也养育一方婚姻。

在滇西北、川西北的三江流域，至今保持着一夫多妻、更多是一妻多夫的婚姻模式。既有传统的影响，亦有环境的制约。上世纪藏学家任乃强深入藏区便谈到客观原因，比如藏区男子多去寺庙当喇嘛，造成男女比例失调。藏学家柳陞祺曾任国民政府驻藏办事处英文秘书，在拉萨5年，著有多种藏学著作。在其《西藏与西藏人》中谈到，他曾参加过西藏贵族程序繁多的婚礼。他调查认为："一妻多夫，也就是几兄弟共有一个妻子，是西藏婚姻中的普遍现象。我们知道一家，一个妻子主持着七个丈夫的家政。在众多的性要求者中，每个丈夫的权利如何分配，依各个家而不同，想必有一种建立在轮换制基础上的默契。在普通人家中尤其是这样，因为总有人要外出朝拜或经商。在比较上流的社会，优先权自然属于

> 藏族的婚姻具有非常浪漫的民族色彩，整个过程，可概括为抢手帕——浪寨子——抢婚——说媒——结婚五个阶段。

这儿的妇女十分勤劳

最成功的丈夫，凡事都论级别地位，似乎是西藏贵族血统中的遗传基因。当女人生下了一个孩子，最有权势的配偶则得到父亲的称呼，其余的人就是叔伯了。"

迪庆藏族的婚姻形式：历史上，有一夫多妻、一夫一妻和一妻多夫三种形式。一夫多妻限于历史上的上层阶级内，但和汉族的娶妻纳妾不同，一个男子以姊妹两人为妻，婚礼中明媒正娶1人，其他姊妹则与姐夫（或妹夫）同居为妻。几个妻子无尊卑之分，能和睦相处。一妻多夫是藏族广大平民百姓中最典型的婚姻形式。

在西藏上流社会贵族世家中，"一夫多妻"和"一妻多夫"的情况也多有发生，有姐妹共嫁一夫，乃至于"父子共妻"的情况。藏族女学者次仁央宗，在其专著《西藏贵族世家》用专章介绍了这种情况："近代贵族擦绒家是一个具有典型性的例子。达桑旺堆原来出身卑微，因为得到十三世达赖的宠信，才被贵族社会关注。后来，他又抓住机会，与原擦绒公子桑珠仁次的遗孀建立了婚姻关系，堂而皇之地进入了贵族擦绒之家。以后，他又有了巩固地位的机会，那就是原擦绒家的女孩子们到了结婚的年龄。就这样，达桑旺堆又与原擦绒家的女儿们分别建立了婚姻关系。从此，达桑旺堆名正言顺地以原擦绒家的女婿身份活跃在贵族社会中。毫无疑问，原擦绒家的女子们之所以接受共夫这一婚姻事实，极大的可能是为了延续不连贯的家族体系而做出的婚姻选择"。

另外，曾经出过八世、十二世两辈达赖的拉鲁家族，也出现过两代女人共夫的情况。据拉鲁家族最后一位继承人次旺多吉回忆，他最初进入拉鲁庄园时还是个孩子，只有12岁，而已经寡居的女主人已经是30多岁的中年妇女。在他成人后，正式与比他大20多岁的女主人结为夫妻。他的回忆录中有这样一段记载："在我26岁时，有一天我和央宗次仁（女主人）正在家中，拉鲁随员们谈了他们的想法，'我们拉鲁家势单力薄，将来若无后嗣不行。为此，如能迎请一位年轻姑娘就好了。就此请央宗次仁予以三思。'央宗次仁问道，若迎娶她亲戚的姑娘吞巴·德吉怎么样？我念及她是央宗次仁的外甥女，且体态、容貌各方面皆好，便表示同意。"就这样，在拉鲁家再一次顺利地出现了符合于贵族社会观念的一夫多妻。

贵族杜洛少爷之父死后,他与后母结为夫妻.陈宗烈摄于1957年

由于在贵族家庭地位巩固，拉鲁·次旺多吉成为西藏地方政府四位噶伦之一，新中国成立后曾进京与毛泽东、周恩来有过交往。1959年任叛军总司令，曾被监禁，后又任多届西藏自治区政协副主席，是西藏家喻户晓的传奇人物。2011年才以98岁高龄去世。

夏觉：中甸一些地方婚礼中最后一道仪式：主人为客人献上青稞酒，收下客人的贺礼，然后从喜官开始，依次脱帽致幽默诙谐的笑词，互相取笑，使婚礼气氛更趋于活跃。送亲队伍返回前，喜官还要唱"嘱咐调"，以眷恋之心，请迎方家人亲友善待进门的新人。当晚，迎方家举行锅庄舞会，长的通宵达旦甚至数日不歇。

上世纪五十年代进藏工作多年的摄影家陈宗烈，曾在后藏采访过一起父子共妻婚姻，那是一户小贵族杜洛，老杜洛夫妇生有一个儿子，妻子去世后又娶了个年轻的女人，仅比儿子大8岁。儿子长大后，老杜洛去世，小杜洛自然与后母结为夫妻。这种事情在西藏没有人觉得不对。陈宗烈还为这"母子婚"拍摄了照片。

在三江流域，环境制约也十分明显，表面上三条大江带来充足的水源，实际情况并非如此，怒江、澜沧江、金沙江在上游有个共同特点，两岸山谷立壁千仞，一河流水奔腾湍急，落差很大，通常为2000米至3000米，山顶雪峰延绵，谷底却十分炎热，被地理学家称为干热河谷。谷底虽奔腾着江水，在漫长的历史岁月中，并无电动抽水一类现代设备，澜沧江上游盐井至今靠妇女们用木桶背盐水就是例证，连值钱或赖以为生的盐水都靠人背，灌溉或生活用水只能靠天吃饭了。

起座歌：在女方家中，迎亲者为催促新人出门，要唱《起座歌》，迎亲者请送亲者起座，送亲者以相应唱词请迎亲者耐心等待时辰的到来。新人出门前，喜官唱告别歌，以美好的语言，留下美好的心愿。新娘出门，唱乘马歌，营造一种吉祥的气氛。然后双方以问答的形式，唱起程歌、拦路歌，一路上，过岔道唱岔道歌，遇桥梁唱过桥歌，见水唱水、见山唱山，见了玛尼堆就要唱敬神歌。

事实上，三江河谷并无多少川道或坝子可资利用。大多是山腰流淌一股泉水，四周的山坡被开垦出来，养活几户人家，形成一个几户或十几户

的自然村落。村里人口多少则取决于泉水流出的数量，世代相袭，甚至几百年都没有多少变化。限制人口增长的重要密码便是婚姻模式，一家不管有几个弟兄，都只合娶一个妻子，好处十分明显，一处老屋能世代相袭，若是兄弟各娶妻子，自立门户，分家另过，便要另盖新房，仅是这一项便要把可以利用的良田耕地占完用尽；再是，过去无计划生育，但妇女生育时间有限制，几个男子合娶一个妻子，自然限制了人口。只要是土生土长的村民，无论男女，都清楚这种受环境资源制约的格局，女子多外嫁，多余的男子则去寺庙做喇嘛。据说，三江河谷有许多古老的村落，从清代至今都没有增加人口。这个现象，早在上世纪初就被进入三江并流地区的外国传教士注意到了，并认为是符合当地生态的生存模式。这并非遥远的历史，现在仍然如此。

门歌：到了男方家门口，迎亲者举行迎接仪式，之后，进门又有进门歌。进门后，上楼唱攀梯歌，入座唱卡垫，入歌宴席唱席位歌……

近年，有一部五集电视纪录片《西藏一年》曾在中央电视台和多个国家电视台播放。该片导演、撰稿及制片人叫孙书云，1986年，我进北大首届作家班学习，她正好毕业去了英国，现为自由撰稿和独立制片人。她曾一人沿着玄奘西行的道路独闯西域、中亚和印度，返回写出一本纪实作品《万里无云》，由此引起我的关注。她还曾多次去西藏，并在江孜与《西藏一年》中八位主人公相处一年。除完成一部引起广泛关注的电视纪录片外，还于2009年由北京十月出版社出版《西藏一年》，用专章介绍了“一个女人与三个男人”，这家的女主人央宗，是一位能干、贤惠、漂亮的中年妇女，她的三位丈夫洛嘎、顿旦、次旦是亲兄弟，其中老大洛嘎脑子不好使，有点傻，但还能干点背水之类的粗笨活。央宗结婚时不到17岁，婚礼那天还不知道新郎是老大洛嘎还是老二顿旦？老三次旦才13岁，没有介入。下面直接引用孙书云和央宗的对话：

圆梦歌：男方家婚礼高潮中，还要唱圆梦歌，送亲人和迎亲人以美言给婚姻一个圆满的祝愿和美好的象征。

“嫁给三兄弟怎么过呀？”我直奔主题。

“兄弟共有一个妻子是我们这儿的风俗。”她淡淡地说。

“你和次旦是什么时候成为夫妻的？”

“次旦19岁那年，顿旦问我能不能接受次旦？我没答应也没拒绝，顿旦就当我答应了。”

央宗说到这儿的时候，显得有点手足无措，她站起来，从罐子里取出一些青稞晾晒。不过她还接着说下去了：与次旦结婚没有仪式和典礼，也没有结婚证，只是顿旦找了个借口出门走亲戚而已。

寄托歌：在离开前，送亲者唱寄托歌，标志着已将新娘寄托在幸福的新家，恳请新家给她照护。

这就是一个女人与三个丈夫的基本故事。在这本《西藏一年》中，还用了整整一章，描写了一对新人嘉措与宗嘎的婚礼，尽管规模宏大，十分热闹，把藏族的婚礼风情展示得淋漓尽致。但从头到尾相貌端庄的新娘宗嘎都在姐姐陪伴下哭泣，新郎嘉措则神情冷漠，好像参加别人的婚礼，原因是他对新娘不感兴趣。婚姻是双方父母一手包办，唯独新郎的弟弟，一位中学生跑出跑进十分高兴，因为他只要中学毕业，这位嫂子也就是他的妻子了。这是全村人都心知肚明的事情，顺理成章，没有什么不对。

书中还写了一位包工头仁青，不吸烟、不喝酒、精明能干，组织起一百多人的建筑公司，几乎承揽江孜一半的建筑工程，事业干得十分成功，又娶了远近闻名的美人琼达做妻子。可仁青也有烦恼，他与前妻的儿子洛桑，年轻气盛，喝酒杀了人，已经关了十年。仁青一直为儿子减刑奔波。临到孙书云离开西藏前夕，见到仁青，他高兴地说，儿子很快就回来。可是书云的助手藏族小伙边巴却说：“看吧，那个漂亮的琼达注定要成为他们父子俩的老婆。”边巴还强调：“藏族人不谈这种事，他们只做不说。”

但是，也有主动说的情况，我的一位朋友，创造了一项几乎堪称吉尼斯世界纪录的事情，利用国庆节七天长假，全程跑完了3000公里的青藏线和

2400公里的川藏线。去过的人都知道，仅川藏线需要翻越14座海拔4000米的雪山和无数深谷激流，最老练的司机仅川藏线也需一个星期。但我这位朋友却几乎用每天近千里的速度跑了天险天路。我问其感受，他没讲雪崩路塌、黑夜迷路、车坏焦灼的种种险情，却讲起在藏区遭遇的“艳遇”。

有一天他们连夜过金沙江，赶到巴塘，进了四川，海拔也低，美美睡了一觉。第二天一早赶路，在小吃店门口遇到位藏族姑娘要求搭车，他们见姑娘身姿高挑，眸子黑亮，有幅野劲，就答应了。姑娘热情活泼，唱了一路藏歌，还用手机跟康定家中联系，邀请他们前去做客，小伙们都乐了，说要去演“康定情歌。”姑娘掩嘴含笑。

藏族青年的恋爱：藏族青年男女婚前有社交自由，常可以在牧场里、庙会上及其他节日里寻找意中人，经父母同意，便可结为夫妻，也有父母包办的。不重聘礼。早婚的少，一般二十余岁才结婚。

路上，谁冒失地问：“听说藏族几兄弟合娶一个老婆，有这事吗？”

“有哇，我妈就嫁了我爸三兄弟！”姑娘毫不掩饰，坦诚地告诉他们，三个父亲，一个在山上放牧，一个在家种地，一个在外面做生意。妈妈在家里操持家务，她们姐妹两个，她当教师，妹妹考上公务员，是交警，刚盖了新房，一家人其乐融融。

“那三个父亲都在家咋办？谁跟你母亲住？”

“谁先进母亲房子，把鞋放在门口就行了……”藏族姑娘还有种炫耀般的得意。

那天，他们受到姑娘全家的热情接待，姑娘家新修的房子在康定城郊，三层藏式建筑，彩绘门楣，悬着经幡，宽敞明亮，加之满满当当的一桌藏餐，两姐妹都穿着鲜艳的民族服装，献哈达、跳锅庄，唱歌劝酒，吸引了许多邻居。藏族人

抢婚：在州内一些藏区，曾盛行抢婚习俗。当有情的男女不能自由结合或无财力举办婚礼时，就由一方结伙背着另一方父母将另一方强拉回家。所谓“抢”，其实也只是一种形式称谓，被抢的人心甘情愿，过后，抢方托人向被抢方父母赔罪禀明，被抢方父母也一般不再反对，婚事就告成功。

好客，以邀请到汉族小伙到家做客为荣。他们都像做了"准女婿"，晚上住在散发着油漆清香的客房，新床新被，辗转难眠。费解的是，当晚藏族姐妹也住在同一层楼上，房间紧挨着，谁都发现两姐妹整夜房门都虚掩着，几个小伙都"有贼心没贼胆"，谁也没敢造次，也许人家真选上门女婿，那麻烦可就惹大了。

其实，笔者务农时节，在秦巴腹地也曾遇见"一妻多夫"的婚姻，山地男子因狩猎、割漆、伐木致残机会较多，一旦丧失劳力，女人便需另招一位男人上门，养活儿女，也包括原先的丈夫。山地谓之"招夫养夫"，其间全凭女人聪明，从中周旋使两个男人都得到好处和温存，把人生的功课进行到底。大凡环境艰苦、生存艰难去处，都会有类似婚姻发生，有的叫法不同，比如"拉帮套""站门汉"均属此类情形。任何时候，生存总是第一位的事情。如同一位哲学家所说："存在的就是合理的。"

一位回娘家的藏族少妇

泸沽湖畔·走婚男女

高原仙境

三月的滇西北高原，花团簇锦，五彩斑斓，放眼望去，粉嘟嘟的山桃花，白艳艳的野梨花，金灿灿的油菜花，在环绕山腰的绿麦苗映衬之下，仿佛一幅巨大的油画，流光溢彩，逼人眼目。大家惊叹不已，只听“咔嚓、咔嚓”的相机快门声不绝于耳。向导却微笑不语，一脸矜持——好戏还在后面。

> 泸沽湖：位于四川省凉山彝族自治州盐源县与云南省丽江市宁蒗彝族自治县之间。湖面海拔约2690.75米，面积约48.45平方公里。湖边的居民主要为摩梭族，也有部分纳西族和普米族同胞居住。

果真，车刚转弯，呀！所有人都惊叹得说不出话，一大片蓝宝石般的湖水，安静地躺在群山环绕的高原，远处的雪山银光闪烁，四周的山峦青绿滴翠，几只小船荡漾在水面，正是落日时节，西天紫金的彩霞把整个湖

泸沽湖远眺

面辉映的云蒸霞蔚，波光粼粼。这便是至今保持着走婚习俗的母系家园，以独特的摩梭风情，成为世界文化遗产保护单位的泸沽湖。

知道泸沽湖是上世纪80年代。人们还不知道有这个美丽的地方。四川的一位文友捷足先登去了一趟，感到震撼，他是位编辑，曾专程来汉中向我约长篇小说。闲聊时说到泸沽湖，“别的地方可以不去，一定要去泸沽湖，它要告诉你的是这个世界上早已消逝的、也许再也不会有的东西。”这位文友一再叮咛：去泸沽湖看看，那里人们的生活还停留在母系社会形态，是几千年我们祖先生活的活化石。他们至今流行着走婚，走婚是以相互喜悦作为男女交往乃至夜晚同居的唯一理由。一旦相互生厌就分手，不存在分财产、分子女或打官司。孩子都随母亲生活，多数不知道父亲是谁，知道也没有认同感。妇女只提阿注，不提丈夫，阿注是走婚对象，谁的阿注多谁有面子。男女白天都在各自的家庭生活，只有晚上在朦胧的月色中，在山坡和原野上才能见着走婚男子匆忙又喜悦的身影，各自去寻找自己的阿注，黎明前又匆忙离去。每一次充满爱意的夜晚虽然短暂，但坚持有爱才能走婚。虽然要更换多位对象，但喜悦和爱情却会贯穿她们一生。

走婚：是摩梭人的一种婚姻制度。摩梭人是母系社会，在白天，男女很少单独相处，只有在聚会上以唱歌、跳舞的方式对意中人表达心意。男子若是对女子倾心的话，在白天约好女子后，会在半夜时分到女子的“花楼”。传统上会骑马前往，但不能于正门进入花楼，而要爬窗，再把帽子等具有代表性的物品挂在门外，表示两人正在约会，叫他人不要干扰。然后在天未亮的时候就必须离开，这时可以由正门离开。若于天亮之后或女方家长辈起床之后再离开，则会被视为无礼。

最佳旅游时间：泸沽湖一年四季各有特色，冬天有其他季节看不到的鸥鸟，成群野鸭，还可能遇到雪景。春节可以观看大年初一的成丁礼。春天春暖花开，可以看见很多梨花、桃花等；夏季6月—9月是雨季，时雨时晴的，满湖海藻花，草海一片绿色，转山转海节也是在8月底及9月初（农历七月十五和二十五日）；秋天颜色最为丰富，有漫山遍野的格桑花。关于淡旺季，公共假期（清明，端午，五一，寒暑假，十一，元旦，春节是旺季。

摩梭女人说：“十五的月亮亮一天，摩梭女人要亮一生。”

这种爱情和婚姻方式，对于处在现代社会的人来讲，几乎不可理解，感到无比新奇。怎么还有这样的地方？唯一获得解释的是，这片高原仙境太偏远、太闭塞了。其位置在三江并流的滇川交界之地，其中大部分水域属云南丽江地区宁蒗县永宁乡。这个乡1972年才通简易公路，历史上的马帮一直沿袭至今。马帮从宁蒗到这里也需要整整10天。除了县上检查工作的干部和极少数的地质或科研人员，几乎没有人来过这里。那时也没有电视、电话和其他任何电传手段，让外面的人知道这里，或是让这里的人知道外面的精彩世界。正是这种与世隔绝般的偏远与闭塞，才在这川滇高原保留了独特的摩梭文化和最后的母系家园。

> 泸沽湖：2009年11月，泸沽湖景区被国家旅游景区A评委专家评定为AAAA级风景名胜区。

可惜，虽然知道了泸沽湖的神奇，几次去了云南，到了丽江，却阴差阳错，没去泸沽湖。随着近年的旅游开发，尤其是申报世界文化遗产的成功，泸沽湖已是旅游热点，2010年3月，怀着看个真实情况的目的，约了伙伴，自备车辆，避开旅游热线云南丽江，专门从四川凉山彝族自治州所属西昌市盐源县境进泸沽湖，想看个究竟。

环湖见闻

我们从四川盐源进入泸沽湖，沿着环湖公路，经罗洼、格撒、小洛水、里格进入云南境内的洛水村，穿越了泸沽湖大半个周围，能够近距离地观察到湖畔摩梭人的生存状态。就大格局来讲，这是一片高原盆地，我携带的海拔仪显示为2650米，就纬度讲还低于杭州，若不是海拔高，注定炎热难耐。这里

> 到泸沽湖必看景点：泸沽湖、摩梭母系部落、草海、走婚桥、黑喇嘛寺、扎窝洛码头、洛洼堡、博凹湾、情人树、博凹岛、小草海、鸭子垭口、祭神台、鸟觉湖湾、转山古道、后龙山、洼垮湖湾、情人滩、情人堡、达祖湖湾、安娜俄岛、格姆女神山、泸源崖、泸沽湖小落水村。

却四季分明，湖畔是田畴连片，村落相望，隔不了三五里便有摩梭人村庄出现。村落不大，三五十户、二三十户不等，房子多为木楞房，即四面墙壁均用圆木重叠而成，屋顶盖瓦，大都两层，上层有栏杆走廊，通往各个房间，显得古朴典雅。耗费木料甚多，幸而环湖四周森林茂密，可就地取材，否则不会有这种建筑。我们停车去一家农户，四合院落，占地挺大，有石碾、手磨、柴垛、鸡棚、鸭圈、猪栏，一派生机。见着一位带孩子的妇女，正是图片上摩梭人那样穿着红上衣，下面是白百褶裙，30多岁模样，也许处于旅游区，挺大方，会说汉话，一口川腔，问及这么大院子怎么就你和孩子？

泸沽湖的传说：在遥远的年代，这片村庄里有个孤儿，每天到狮子山去放牧。有一天，他在山上一棵树下睡着了，梦见一条大鱼对他说："善良的孩子，你太可怜了，从今往后，你不必带午饭了，就割我身上的肉吃吧。"小孩醒来后，就到山上找啊找，终于在一个山洞里发现那条大鱼，他就割下一块烧吃，鱼肉香喷喷的。第二天，他又去了，昨天割过的地方又长满了肉。这事被村里一个贪心的人知道了，就想把大鱼占为己有，就约了一些贪财之徒，用绳索拴住鱼，把鱼拉出了洞，灾难也就降临了。从那个洞里，洪水喷涌而出，顷刻间淹没了村庄。那时，有一个摩梭女人正在喂猪，两个年幼的孩子在旁边玩耍，母亲见洪水冲来，急中生智，把两个孩子抱进猪槽，自己却葬身水底。两个孩子坐在槽里承受水漂流，后来，他们成了这个地方的祖先。人们为了纪念那个伟大的母亲，就拿整段木头做成"猪槽船"，泸沽湖也称为母亲湖。

"下地去了，赶节气种洋芋嘛。"

果真，村外大片的空地里，许多村民正在忙碌，送粪、犁地、点种、掩土，有男有女，让我想起早年务农生涯，倍感亲切。我注意到这儿使用的木犁铁铧，犁辕较长，但套圈与内地相同，是放在牛肩，让牛全身出力，并不像西藏，放在牛角，仅是牛头出力。显然受内地影响，更加科学合理。

遇着一家三口，母亲在前，扛着两把宽扳锄，女儿背着洋芋种，父亲牵着一匹马，正准备下地。我招呼他们：

"种洋芋噢？"

一家人都含笑点头，父亲还说："二天到家来吃晌午噢。"

我们都笑了。"吃晌午"是云南方言，即吃午饭，四川及我所居住的陕南都是这个说法。

从山道上下来几个背柴火的妇女，都是用竹背篓背着松枝松毛，可见还没有用煤或电气，好在村后都有山岭，长满密密的松树，枯枝落叶为村民提供燃料。还路过一所学校，正好放学，小学生蜂拥出来，结伴回家，穿戴与内地乡村没多大区别，整齐鲜艳，举止神态亦天真可爱。给我们留下至深的印象是，这一带偏远闭塞，气候高寒，庄稼多为小麦、玉米、洋芋少量水稻，主要为农产品，并无工业或出售的商品。旅游热是近年的事情，主要是靠近湖边的村落受益，大多村庄房子陈旧，男女穿戴落后于内地乡村，应属于典型的"老、少、边、穷"地区。

泸沽湖下地劳作的一家

天气和穿着：泸沽湖海拔2690米，冬无严寒，夏无酷暑，一年四季早晚温差大，夏天晚上也要盖被子。白天出太阳就温暖，紫外线强，天气干燥，来泸沽湖一定要注意防晒保湿。此外，雨季时天气多变，阵雨较多。

靠近湖边的村子，都在大兴土木，白花花的木料支撑的屋架大都两层，工地上人影晃动，十分繁忙。尤其是里格村，修建规模宏大，同时动工约有二十余家，这显然是旅游热之后利益驱使，许多村民都投资办家庭旅馆和农家乐。曾有大块文章担心开发过度，游人众多，污染亘古洁净的泸沽湖，当地村民也表示了这种担忧。

这也是我们整个国家面临的问题，摆脱贫困与保护环境，资源利用与过度开发，怎样在实践中探索出一条科学的可持续发展的路子，对泸沽湖这片圣洁的高原仙境尤为重要。

走婚男女

在穿越了大半个泸沽湖区后，我们选择了在洛水村下榻，这是整个湖区最负盛名的旅游村。首先得益于地形之胜，全村73户人家都环湖而居，村后是开阔的田野，再远是起伏的丘陵，优美的湖中三岛可一览无余，雄

摩梭人的锅庄

浑的狮子山耸立彼岸，环境幽雅，岛湾错落，迂回曲折，湖面朝雾晚霞，湖畔树木葱茏，垂柳依依，亘古自然，浑然天然。

泸沽湖主要特产：酥理玛酒、猪膘肉、咣当酒、烤鱼干、青娜曼安、泡梨、苹果、金边白瓜子、香菇、花椒、腌酸鱼。

百年前外国传教士洛克到此都惊呼为仙境，认为是可以同北欧瑞士媲美的地方。洛水地处当道，无论是早年的茶马古道，还是由四川盐源、云南丽江进入泸沽湖，洛水村都是必经之处，1992年泸沽湖被国务院列为对外开放旅游区后，洛水村是最早的试点，很自然地成为旅游热点村落。许多摩梭人家都获得政府贷款修建家庭施舍，整个村子都投入了旅游业，开展的项目都是摩梭人自幼熟悉的，为游客牵马、划古老的猪槽船，晚上的篝火锅庄舞会，吸引大量的中外游客，也发生了一系列故事。

泸沽湖二日游：

D1、丽江古城——山路十八湾——小凉山风光——宁蒗县城——泸沽湖观景台——环湖至四川草海、走婚桥——泸沽湖镇——小落水村——尼赛村一里格村——《花楼恋歌》

D2、泸沽湖畔观日出——乘猪槽船游湖——里务比岛、里务比寺——划船上岸——返回丽江古城

最初，许多游客醉心于一些媒体宣传的“女儿国”“母系社会”“无父无夫”以及神秘的走婚。其实，到泸沽湖认真了解这儿的地域环境与历史沿革，就不难理解母系社会、走婚现象与其他地方的父系社会、一夫一妻一样，都有其历史渊源与合理之处。许多学者认为，人类所共同经历过的“母系社会”能在泸沽湖保留至今，一是偏僻，滇西高原且是两。省交界处，上世纪70年代尚不通公路，只有马帮相连，外界很难影响到这里。二是贫困。这儿海拔2700米，地处高寒地带，只能种青稞、苦荞、洋芋，产量低，易受灾，仅能勉强养活全村人口，还难免挨饿。直到1991年，洛水村人均年收入只有200元，人均粮食一年约200公斤，历史上就更低，只能勉强生存。比如洛水村73户人家，也称73家“火塘”，以祖母、母亲单传，男子走婚不用建房子，女儿在家，长大后结“阿注”，即有走婚男子晚间同居，白天离去。有了孩子全家共养，也不需要另建房子，全

村老房子几乎可住几辈人。当然，这里也有木工、铁匠、纺织，承担起打造农具、制麻做衣、捕鱼狩猎等活计，把一种近乎原始的简单生存方式延续下来。

走婚正是在这种简单的生活基础上建立起来的。没有固定的仪式，也没有手续，男女双方在山上砍柴、放牧，下地劳动或参加宗教活动转山转湖，有相逢的机会，双方中意，用口笛山歌相互试探，感到投机，就可以晚上去女方单住的花房同居，两厢情愿是确立阿注关系的基础。

泸沽湖门票：泸沽湖门票为100元/人,现役军人、残疾人、60-70岁老年人及在校学生,请凭有效证件购票,有5折优惠。1.30米以下儿童、现役伤残军人、70岁以上老年人、离休干部凭有效证件免购门票。

与感情相关，与经济无涉。开始时，双方都尽量避人眼目，男子来访事先与女子约定时间，或利用一定的暗号，经过一段相处，双方愿意继续交往，女方老人不反感，男子就带上一条毛毡到女方家居住下来。但白天照样回到自己的家族劳动生活，晚上再去女方走访居住。农忙时，也参加女方家庭劳动，或送女方衣物与装饰品，女方也公开穿戴起来，表示自己有了固定的阿注。双方建立走婚关系很简单，解除走婚关系也很自由。如果女方提出分手，只要对男方说："以后不要再来"；或者是把男子行李置于门外，明确态度就可以了。当然，男子也有同样的权力，可以说明："我不想来了"或者直接带走自己的东西，都是分手的表示。由于习俗所致，同时没有关于财产与子女的纠葛，双方都很坦然，反正"旧的不去，新的不来"，双方都再寻找新的阿注就行了。一般说来，摩梭男女从十七八岁开始走婚，大都经历几个阿注，随着年龄增长，会逐渐稳定下来，保持一个长久的阿注。

泸沽湖的住宿：都是住当地摩梭民居。泸沽湖有标准间住宿,房价大约150元/间/晚。

摩梭人的火塘是家庭象征

洛水姐妹

凡来泸沽湖旅游者，莫不对保持母系家族、走婚习俗的摩梭男女感到新奇，希望亲眼目睹、看个究竟。我们来到洛水村，由于不是旅游旺季，临湖而建的摩梭木房旅舍，水电齐全的标准间一天仅60元，干净明亮，环境优雅。整个洛水村都经过了规划，石子铺就的道路干净整洁，各种酒店、旅馆、茶舍招牌时尚，骑马、坐船均明码标价，看来旅游业已发展得十分成熟。

摩梭妇女

在湖边我们遇见了两位摩梭姐妹，上前攀谈。两姐妹都落落大方，还能讲川味普通话。姐姐叫曹卓玛，说家中有8姐妹，系泸沽湖唯一诞生拉萨哲蚌寺转世活佛罗桑益世的近亲。正巧上次在丽江购得一本《女儿国诞生的活佛——罗桑益世回忆录》，约30万字，是一本叙述严谨有存史价值的好书，这次正好带着。这样说起，两姐妹更加高兴，邀我们去家里看看，这正求之不得，穿过一片田野，曹家老屋建筑在一片台地之上，背靠山丘，面对湖泊，田畴成片，桃花正艳。

摩梭人的禁忌之一：禁忌任何人用脚跨过火塘，禁忌泼水在火塘里，忌用脚在外做活累了，不能进家门就抱婴儿。不准虐待歧视残疾人。妇女正在分娩时，忌讳生人进家门。禁食狗、猫、蛙肉，忌捕杀绶带鸟。忌用刀子砍门槛，忌男客登女榻。

很有一点占尽风水的大族世家遗风。曹家老屋很大，刚翻修过，四合院落，上下两层，木楞建筑。环周回廊，但又配着玻璃门窗，显得传统又时尚。宽敞的院落建有玛尼堆，正在煨桑，飘着淡蓝的轻烟。五颜六色的风马旗随风飘扬，摩梭人普遍信仰藏传佛教，何况又出了活佛，家中设有经堂，布置华丽，还有僧人念经。活佛是云南省佛教协会副会长，常驻昆明，整个家里显得文明富足。问及早年生活，姐妹俩争相回答，公社化时也学大寨，地里只长洋芋、苦荞，不敢搞副业，没有零花钱，买盐都发愁，年年饥荒，半年缺粮，吃了上顿没下顿，穷的鬼都不上门；还不时搞运动，"文革"寺庙拆了，舅舅也被撵到地里劳动，日子凄惶的，以为这辈子都见不到日头（太阳）了。

摩梭人的禁忌之二：清早不能说梦见的事，傍晚不扫地。孕妇不得横跨马缰绳，孕妇面前忌谈兔、蛇。孕妇天黑后不出门，产前妇女不参加葬礼。正在酿酒时，来人不能提喝酒的话。忌伐水源或墓地上的树。果树第一年结的果要让老人吃。同一母系血统内的人不能结交阿夏(情侣)。小孩的头一件衣服须用老人的旧衣服改做。

两姐妹说的情况，在罗桑益世活佛的回忆录中也有专章记叙。"文革"时期，极左思潮也波及遥远的泸沽湖，活佛主持的有几百年历史的扎

作者与摩梭女

美寺被拆毁，几百名喇嘛还俗，活佛被下放到生产队当自食其力的“社员”，每年缺粮，半年饥荒，每当饥饿难耐时，活佛就默默诵经来消磨时光。

“现在的情况呢？”我们岔开话题。

“啊呀，现在好多了”。两姐妹联手开了酒店，有20个标准间、10个单间，每间淡季50元，旺季200元都打不住，贷款100万元已还了一半。村里的旅游家家都参与，拉马、划船、晚上跳舞，按月分红，好的时候能分上万元，过去做梦都想不到，两姐妹都笑得十分灿烂。我们吞吞吐吐问及她们家庭是否走婚？两姐妹并不忌讳，谈家常似的。曹卓玛讲她22岁开始走婚，眼下有个女孩5岁，但已与阿注分手了。

摩梭人的日常称谓：他们平时的称谓非常简单，用得最多的就是母亲（“唉咪”）和舅舅（“唉乌”）；在同一摩梭母系家庭中与母亲同辈的女性全部被称作母亲（“唉咪”），男性全部被称作舅舅（“唉乌”），这种独特的母系文化使摩梭小孩子拥有多位母亲和舅舅，在体贴关爱与自由的氛围下成长，以至于有很多在母系大家庭长大的成年摩梭人，一直都分不清众多母亲中究竟谁才是自己的亲生母亲；舅舅要承担起教育和抚养自己姐妹的孩子的责任。

“有新的阿注了吗？”

“这种事情可遇不可求，现在外边来的人多了，小伙们都看花心了。”

“有和游客走婚的吗？”

“有啊，还有娶了女游客的呢。”

这话不假，前几年广州女子吴海伦（当时32岁，已婚，有女儿）看上摩梭男子鲁汝次尔（那年26岁），在泸沽湖发生热恋并走婚。过后，吴海伦与丈夫离婚，与鲁汝次尔正式结婚，两人结婚后去了广州，男方不适应，两人又回来开旅店，此事曾传遍泸沽湖，书刊媒体也曾介绍。

摩梭人春节习俗：摩梭人把春节叫“库诗”，即新的一年。摩梭人过春节，意味着祭拜祖先、祭祀天地日月和万物，这是“女儿国”里妇女最忙碌的时候。

“你们肯定会有新阿注。”我们本来是想宽慰一下两姐妹。

岂料，妹妹却对我们一行年轻英俊的黎明说：“你愿意和我姐姐走婚吗？”

我们一时都愣住了，但看姐姐时，不但不恼，还突然展现出只有少妇才会有的一种含羞带怨的妩媚，生动极了。就像泸沽湖眼下景色，垂柳依依，柳花正艳，给我们留下了关于泸沽湖、关于摩梭女人最后的深深印象。

松山战场访古

2010年3月20日，我来到当年松山血战的遗址，站在松山之巅，海拔表显示为2690公尺，脚下的山峰没有绵延逶迤，近乎垂直地俯瞰2000余米的谷底，奔腾的怒江，听不见吼声，唯见江水如练，沉沦谷底。惠通桥如同儿童积木沟通两岸，滇缅公路盘旋缠绕在群山怀抱。不需要望远镜，一切都在人的眼帘之中，没有军事知识的人都能想到日军只要在山峦隐蔽地方设置上炮兵，怒江两岸、公路群山便完全在炮火控制之下，且无法躲藏，难怪美军报纸称松山要塞为“滇缅路上的直布罗陀”。也难怪中国军队为夺取这座要塞要付出那么惨痛的牺牲。

> 云南松山：系高黎贡山山脉，雄踞怒江西岸，海拔2200米。山势起伏，地形复杂，主峰濒临怒江峡谷，十分险峻。整个松山由20余个峰峦构成，绵延20余千米，公路通过其间，前临深谷，背连陡坡，形成天然锁钥，素有滇缅公路的“直布罗陀”之称。

龙陵抗战纪念广场

怒江对峙

1937年抗日战争爆发。为了支持抗战，争取美英援华物资，国民政府组织修通滇缅公路。当时，张佐周为副总工程师，郭增望负责跨越怒江天险的惠通桥修建。惠通桥地处咽喉，为敌我必争，日军曾多次对惠通桥组织轰炸，我方又多次修复，保障了十万大军远征缅甸。这条公路东起云南昆明，西出边境与仰光公路相接，全长近千公里，沿途崇山叠嶂，群峰延绵，还需跨越怒江、澜沧江两道天险，工程艰难备至。在民族紧急关头，云南民众20万人，夜以继日，人挑肩扛，仅一年时间便大功告成。

飞虎队：全称为“中国空军美国志愿援华航空队”。创始人是美国飞行教官陈纳德。1941年10月，他们对日本战机予以痛击。在31次空战中，飞虎队员以5至20架可用的P-40型战斗机共击毁敌机217架，自己仅损失了14架，5名飞行员牺牲，1名被俘。“中国空军美国志愿援华航空队”插翅飞虎队徽和鲨鱼头形战机机首名闻天下，其“飞虎队”的绰号也家喻户晓。

美国：‘飞虎队’阵亡将士

1942年，首次远征印缅失利，中国军队一部分退入印度，日后成为经过整训编练为精锐的新一军、新六军，胜利打回国内。另一部分败走野人山损失惨重。当时，日军乘胜追击至怒江西岸，如果再夺取惠通桥，不出半月，便可兵临昆明，威胁抗战后方基地四川及陪都重庆，战局就会急转直下。关键时刻，独立工兵24营奉总指挥马崇六命令果断炸毁了惠通桥，把侵略者堵在怒江西岸，这是滇西乃至整个中国抗战史上惊险的一幕。

炸毁惠通桥后，日军又准备了大量的橡皮舟强行渡江。幸运的是宋希濂所率领第11集团军，驻防昆明，其前锋71军36师已连夜赶往怒江东岸布防。当发现日军渡江企图后，引而不发。待到橡皮舟划至江心，团长才一声令下，枪炮齐发，打得日军蒙头转向。但日军也极其顽强，为分散我军抵抗，多处渡江，有几百日军还真的渡过了怒江，向我军阵地发起冲锋，36师官兵毫不畏惧，依靠有利地形，居高临下，多次击退日军进攻，使他们渡江的企图多次破产，双方僵持的局面被陈纳德将军的“飞虎队”打破，各种型号的轰炸机对云集在怒江西岸的日军车队进行了猛烈轰炸，已经渡江的日军也被36师全部歼灭，日军强渡怒江的企图彻底破产。之后，在1944年滇西大反攻之前的两年中，中日军队隔怒江对峙，日军再也没有能够跨过怒江一步。

陈纳德（1893-1958），美国陆军航空队中将、飞行员。曾为第二次世界大战时在中国作战的美国志愿航空队飞虎队的指挥官，有“飞虎将军”之称。

松山血战

1944年5月，在滇西与缅北，中国军队开始了战略反攻，一方面在印度蓝姆伽经过整训的新一军、新六军在孙立人、廖耀湘率领下，从缅北丛林发动进攻；另一方面，集结在怒江东岸的20万大军在抗日名将卫立煌率领下，打响了滇西反攻

孙立人：著名抗日英雄，国军名将。中国远征军第二次入缅作战时任新一军军长，歼灭日军3.3万余人，是国民党军级单位将领中歼灭日军最多的将领有“中国军神”“丛林之狐”“东方隆美尔”之誉。

战。不料，士气高昂的中国军队强渡怒江后，多次发动的松山攻击战却未能奏效。怒江峡谷，两岸山崖立壁千仞，一河江水奔腾湍急，地形险恶狭窄，参战部队人少攻击乏力，人多无法展开，关键日军占据松山有利地形，明雕暗堡火力交叉，且又居高临下，中国军队从任何一处攻击，都会受到日军多处火力围攻，伤亡十分惨重。开战仅仅一周，中国军队整营整团整师溃败，伤亡近万，但松山仍被日军牢牢控制。松山位于怒江西岸，海拔2700公尺，突兀壁立，形势险要，宛如天然要塞，紧扼怒江峡谷与滇缅公路，日军炮火可封锁怒江两岸几十平方公里范围，若不夺取这个桥头堡，大军无法渡江，弹药粮食无法运送，反攻滇西就是一句空话。

但日军松山地堡的坚固，设施的完备，火力的强大和守军的顽强还是远超预想。早在滇西沦陷时，松山就因地形险要受到日军重视，他们调来专业工兵，又从缅甸征集大量民工，日夜施工，按照永久性作战需要构筑工事，坚固复杂，主堡分上下几层，就地砍伐松山合抱粗的巨松做棚盖，再用30毫米厚钢板置于上面，最外层还有装满沙石的汽油桶，上面又用土覆盖，里面各类设施齐备，弹药、粮库、水道一应俱全，坑道四通八过，

日军在松山要塞所挖战壕

宽阔的能开坦克。工事修好后，日军曾用重炮轰击试验，五百磅重的炸弹直接命中，工事却安然无恙。守备军队也是精心挑选，系日军精锐五十六师团、一个联队，配备火力强大的榴弹炮、轻重机枪和充足的弹药。1260名士兵来自九州福冈，出身多为矿工，熟悉地下坑道，作战极为顽强。日军曾预计，松山阵地可以坚守11个月以上。

廖耀湘：国民党将领，爱国民主人士，曾任蒋介石“五大王牌军”之一的新编第六军军长。黄埔学校第六期毕业，后留学法国，回国后参加南京保卫战，1942年同杜聿明率领中国远征军赴缅甸抗日，为抗战胜利做出了重要贡献。1948年10月辽西大会战后，廖耀湘战败被俘，后于1961年12月作为特赦战犯被释放。文革期间受迫害致死。

面临如此坚固的工事，尽管中国军队数量上占压倒优势，且有美军飞机反复轰炸支援，中国士兵英勇顽强摧毁了不少小型暗堡，也夺取了大垭口、阴登山、滚龙坡等四周阵地，但松山主峰主阵地、子高地还在日军控制之下，迟迟不能拿下。在付出重大牺牲之后，攻击部队总结教训，采取地面佯攻，吸引日军火力，却秘密派遣工兵，挖掘地下坑道，直达敌军核心堡垒子高地的下面，安装当时最先进的烈性炸药。在1944年8月20日下午。中美高级指挥云集前线观战，只听一声令下，工兵营长亲自摇动起爆装置，随着一声沉闷的巨响，整个大地都颤抖起来，子高地腾起一股浓浓的烟柱，宣告了日军堡垒不能攻下的神话破产！

松山抗日战场的遗迹：在大丫口的主峰,公路旁立有松山战役阵亡将士公墓及纪念碑,顺着纪念碑旁边的一条山路约行1千米，就可到达松山主峰。

松山战役的惨烈空前绝后，中日双方血战近百天，全歼日军1260名，中国军队也付出沉重的代价，仅是阵亡将士高达7763名，中国军队在血战中付出了众多年轻宝贵的生命。松山战役的胜利成为整个滇西战役的转折点，松山桥头堡铲除后，滇缅公路畅通无阻，增援部队和大批弹药源源运往前线，中国军队一鼓作气攻占龙陵，收复腾冲。滇西会战以中国军队获胜告终。

国殇园里祭先烈

碧血千秋

深信，但凡中华儿女炎黄子孙，踏进腾冲国殇墓园，莫不步履沉重，神情庄严。那松柏掩映的庭院，楞角齐整的台阶，引导着你，向那硕大无比的墓冢，宛如军阵般排列的先烈墓碑，深深地鞠下一躬。那镌刻在一面面石碑上的上等列兵、下士班长、上尉连长、少校营长乃至上校团长，少将师长……原本该是多少张充满朝气的面孔，生龙活虎的身影，孝敬父母的儿女，敢于担当的丈夫，为了捍卫国家的尊严，为了守护神圣的国土，更为了父老乡亲、妻子儿女不受蹂躏，在民族危亡的关键时

腾冲国殇墓园：始建于1945年1月，占地80余亩，是腾冲人民为纪念中国远征军第二十集团军攻克腾冲阵亡将士而建立的陵园，也是全国建立最早、规模宏大的抗日烈士陵园。这里长眠着抗日远征军的8000英灵。

作者在腾冲国殇陵园

地下抗日军阵

腾冲国殇园：全年免费向公众开放，每天上午 9:00-晚上18:00 接待参观。

刻，他们毫不犹豫，挺身而出，冒着敌人的炮火，英勇反击，喊哑了嗓子，杀红了眼睛，在弥漫着呛人的硝烟与血腥的战场，每一分钟都有英勇无畏的战士倒下，每一天人与人的命运都发生着巨大的颠倒，满是弹片瓦砾的废墟上，横七竖八地躺着与敌人同归于尽的战士，有的紧紧卡着敌人的咽喉，有的流尽最后一滴鲜血，还怒睁着双眼，保持射击的雄姿……真正地惊天地、泣鬼神，中华民族的优秀儿女用行动、用事实让侵略者看见和知道拥有五千年文明史的炎黄子孙绝不是软骨头，不是怕死鬼，让你们知道什么是中国人的"舍生取义""壮士断腕""宁为玉碎，不为瓦全！"一幅幅浸透岁月沧桑的黑白照片，一件件浸染着血水与泪水的实物，使我们对英烈忠魂肃然起敬，长思不忘，也把我们带回到60多年前那场艰苦卓绝、气吞山河的民族战争。

边陲名城——腾冲

腾冲位于云南西陲，与缅甸接壤，素有"极边第一城"的美誉。腾冲与桂林，福州纬度相同，本应炎热，却因地处云贵高原高黎贡山怀抱，气候温和，四季分明，又能生长南亚水稻、香蕉、菠萝、甘蔗、烟叶等农作物与水果，物产丰饶，商业发达，亘古便是物资聚散之地，西南丝绸之路的名城。大部分人不知道腾冲还是我国人口密度图的一个重要标点。1935年，我国地理人口学家、中央大学地理学系教授胡焕庸在中国地图上划了一条斜线，从东北的边城暧辉到西南边城腾冲。西北人口占全国6%，面积占64%，东南人口占全国人口94%，面积占36%。这个推断可以追溯到历史的各个时期，也适用现在，这条地理人口线被誉为"胡焕庸线"，也应是腾冲一个亮点。

腾冲县：县直机关位于云南省西南部，国境线长148.075公里。西部与缅甸毗邻，历史上曾是古西南丝绸之路的要冲。

腾冲在历史上便与缅甸、印度、老挝等国家商贸交往频繁，是著名侨乡，仅是和顺乡便有2万多人在东南亚经商。许多人致富后，晚年回乡，兴教办学，或送子女出国留学。早在清末，九保镇仅有300户人家，却有学堂两所，而且“实行强迫教育，青年男女无一不识字知书”，在全国都罕见。1924年，和顺乡华侨集资，创办“和顺图书馆”，倚山畔水，修建起一组规模宏大，气势轩昂，包括庭院、花园、阅览、藏书在内的图书馆，藏书丰富，被誉为中国乡村第一

腾冲风味小吃：小吃的品种在云南地、县一级大概名列前茅。稀豆粉粑粑、稀豆粉油条讲究调味，香芝麻、花生粉、芝麻油、花椒油、草果油、辣子油、大蒜油、茎菜根油、咸酱油、卤腐水、芫荽，放齐调料，香、麻、辣、咸、甜各味俱全。白糍粑、饭豆糍粑、酥子糍粑、糖糍粑、软糯香甜、风味各异；黄花粑粑清香扑鼻；烧腊粑粑，苦荞粑粑、酸水粑粑、浓艳香酸。还有吃不完的凉拌小食：豌豆粉、卷粉、米凉粉、苦荞凉粉、甜荞擦粉、苦荞米线、芭蕉玉粉……

全国首家乡村和顺图书馆

腾冲主要旅游景区：有火山群国家公园、叠水河瀑布、北海湿地保护区、国殇墓园、艾思奇故居等。

图书馆。其实腾冲城南3公里的绮罗乡早在1919年便盖起两层楼房、馆舍独立的图书馆，丰饶的环境，浓郁的文脉，使得腾冲虽处边陲却人才辈出。如早年留学日本，追随孙中山参加同盟会，曾出任陕西省长，抗战时为云贵监察使，力主抗战的李根源，被誉为“开辟中国哲学一个新时代”的哲学家艾思奇、抗日县长张问德、抗日教授寸树声、以身殉国的抗日师长寸性奇等。

大研古镇·土司木府

大研古镇

大研古镇就是鼎鼎大名的丽江，在我看来叫丽江过于奢华，大研古镇更能反映其前世今生。丽江之前为地区，现建置为市，管辖永胜、玉龙、宁蒗、华坪等县。人们感兴趣的丽江古城则是面积仅一平方公里的大研镇，因此说“镇”更为贴切。现在的资料介绍大研古镇始建于宋末元初，距今800多年历史，亦有始建唐代的说法。

> 南诏国（738-902）：8世纪崛起于云贵高原的古代王国，由蒙舍部落首领皮罗阁于738年建立。当时共有六诏，而蒙舍诏在诸诏之南，称为“南诏”。南诏在唐王朝的支持下，先后征服了西洱河地区其他五诏，统一了洱海地区。

大研镇一角

古镇位于沟通滇藏的茶马古道要冲，唐时的南诏王，宋代的大理国，都曾在此设置驿站，带动百姓开店设栈，形成街市。真正造就气象，应在南宋末年，丽江历史上便是少数民族聚集之地，生活着彝、藏、纳西、傈僳、普米等少数民族。清雍正时期，在云贵推行"改土归流"之前，历代王朝都采取"羁縻"方式，即封少数民族首领为宣抚司、安慰司一类官衔让其自治，也就是土司制。丽江一带的土司为纳西族木氏，其官署也叫土司衙门。

大理国：是宋代以白族为主体的少数民族在今云南一带建立的少数民族国家。937年，通海节度段思平灭南诏建国，定都羊苴咩城，国号大理。1253年，大蒙古国忽必烈征云南，灭大理国。

早年，木氏土司衙门在大研镇以北的白沙镇。南宋末年，木氏土司先祖发现大研镇地形优越，风水极佳，正北对着玉龙雪山，银光闪烁，如屏展翼；所融雪水，一曰白水河，一曰黑水河，二水交汇，逶迤而来，有水则润，水亦生风。再是，此处平地突兀一山，形同雄狮盘踞，四周平地开阔，整个地形宛如巨砚，南则有文笔山，堪称大砚巨笔，文脉昌盛，官运亨通，取名大砚厢。清时又称大研里，进入民国，称大研镇。在此筑镇，其山形水势正应古语：四塞若盆，收水如银，文脉财源，相得益彰，福荫后人。

玉龙雪山：位于丽江市区北面15公里外， 海拔5596米，是国家5A级风景名胜区、云南省级自然保护区，是北半球最南的大雪山。

门票：大玉龙通票：225元（包含进山费、东巴谷、玉柱擎天、东巴万神圆、玉水寨、玉峰寺、东巴王国共6个点。）

不难看出，木氏先祖的器局心胸委实了得。这也得益于其辖区地处当道，滇藏交融，回汉汇流，各类文化碰撞，善于吸纳者，必然有容乃大，形成一方气候。大研古镇从营构伊始便筑河引水，由主河逐渐分离形同五指分开最终形成八道溪水，再因水筑街，以街构屋，类同苏州"君到姑苏见，人家共枕河"。街道随水就弯，始终与清亮洁清的溪水相伴，街随水行，路由桥通，就地取材，一律青麻石板铺就，在月色细雨中闪着光亮。

房舍则取藏羌之优，汉回之长，砖木结构，回廊平栏，天井小院，覆顶飞檐，木格窗棂，参差错落，家家流水，户户垂杨，在滇西北高原造就一座精致绝伦、古色古香的水乡古镇。

值得庆幸的是之后的数百年间，元、明、清及民国抗战，这儿因偏居一隅、远离战火，其间虽有地震、火灾、年久木朽，局部修葺，但就总体格局来讲，没有太多变化，仍保持着高原水城风貌。直到上世纪80年代，还没有人知道丽江，也恰因没人知道，减少了人为的破坏，幸运才于上世纪90年代降临，大研古镇一举被评为世界文化遗产，在全国都属首例。

门票：80元
开放时间：全天开放
景点地址：丽江古城东大街1号

此后，大研古镇即为丽江取代，红杏出墙，名声远扬，几乎每年都有600万不同国家、不同民族、不同肤色的红男绿女，背着行囊，拖着拉杆箱，风尘仆仆地涌向这里。滇西北长年晴朗的碧空被密集的航班打破，高原公路上奔驰着各种大巴，大研古镇上长长短短的街巷，大大小小的客栈、酒吧、茶铺、饭馆、四方街、百岁坊、纳西古乐、丽水金沙……莫不接踵摩肩，人头攒动。那些长年累月被紧张繁忙的工作环境，复杂险恶的人际关系，一路缩水的股票，不断上涨的房价，堵车、尾气、污染、噪音折腾得死去活来的男女，一脚踏上这被雪山拱围的古镇，一眼望见清澈的雪水流过人家，随风轻拂的柳枝掩映着石桥，石板铺就的街巷伸向幽深的梦中，活生生一幅“枯藤老树昏鸦，小桥流水人家，古道西风瘦马，断肠人在天涯”这分明就是自己。心先醉了，一时间，心中的焦灼、忧患、恍惑都不翼而飞，惊讶得喘不过气来，想不到当今世界还有如此神奇美丽——能让心灵获得滋润和休憩的地方，真正世外桃源、香格里拉……

丽江古城周围最著名的景点：玉龙雪山、老君山黎明、宝山古石城、虎跳峡、长江第一湾、泸沽湖。

大研镇四方街景

土司木府

大研镇值得人们研究的是土司木府，你想不到在滇西北高原会有这样一座规模恢弘、雄伟壮丽，充满王者之气的土司府第。回顾我去过的沈阳张学良帅府、山西阎锡山故居、西安杨虎城公馆，都不可与之相比，俨然一座塞外紫禁城。连见过很多世面的明代旅行家徐霞客都赞叹：“宫室之丽，拟于王室。”

不到木府，等于不到丽江。
——当地俗语

北有故宫，南有木府。
——当地俗语

如前所述，大研镇起始于木氏土府的搬迁，无土司府即无今日名播中外的丽江古城。可以说土司木府是大研历史的见证，亦是丽江古城文化的象征，它位于大研古镇西南

土司府规模宏隔

> 《木府风云》：讲述丽江木氏土司风云故事的电视剧《木府风云》就是在这里拍摄的。丽江木府位于丽江古城，是丽江木氏土司当年在丽江的官殿，纳西民族首领木氏自元(1253)世袭丽江土知府以来，历经元明清三代22世470年，所以木府是丽江地区政治、文化中心，2013年是国家AAAA级风景区。

角，占地46亩，整座建筑严格按照儒家文化倡导的中庸平和，建筑群落依据山形水势，坐西朝东，“迎旭日而得木气，”左有玉龙雪山，右有白虎山峦，背靠狮子山，整座府第居古镇制高点上，山环水绕，俯瞰全镇。四周有高大的院墙拱围，园中建筑按其功能分政务、祭祖、娱乐、生活等若干单元，精心设计，严谨实施，至今不失为国内建筑的精品。政务区的主建筑议事厅仿故宫太极殿修建，端庄宽敞，气势恢弘，有西南金銮殿美誉；万卷楼是木府又一亮点，楼体宏大，向阳通风，藏书万卷，除儒家经典外，还珍藏集纳西文化精粹的千卷东巴经、百卷大藏经、滇中历代名士诗文书画；生活区中的土司议事之护法殿、举办歌舞宴乐的玉音楼等，覆顶飞檐，巧夺天工，素有“称甲滇西”之赞。整座木府堪称一座建筑艺术博览馆，取众家之长，保留唐宋建筑的古朴大器，又有元明的时风尚韵。同时，又充分吸纳滇西少数民族建筑优长，府内沟渠

大研镇上老人

木府门票：60元/位
开放时间：8：40—17：30

纵横，活水长流，利用地形把祭祖、祭天地的地方巧妙安排进府第背靠的狮子山，移栽云南名贵花木，吸收苏州园林经验，使人走进木府，名树古木随处可见，奇花异草随处可赏，把滇西山川的清雅之气与中原王宫的堂皇富丽巧妙组合，融为一体。在惊讶感叹之余，怎么也不会相信，在这滇西北高原怎么会有这样精致绝伦、美轮美奂的王府。

其实，跨进木府之前，耸立于府外木牌坊上大书的“天雨流芳”已告诉了我们全部真谛。“天语流芳”乃纳西语“读书去”的谐音，义虽简约，绝不简单。历代少数民族，人少势弱，地处偏远，在与中原王朝的长期较量磨合中，居安思危，常存敬畏。一方面要表现出恭顺，让中原王朝对自己放心，一方面又尽量吸收中原文化使自己壮大。木府土司又处滇藏交汇要冲，历史上与藏人多次冲突。据金沙江畔石鼓镇碑文介绍，仅有明一代双方交战60余次，木氏曾炫耀有拱卫大明边陲之功。正是因为这些摩擦冲突，使历代木氏土司不敢大意，心存敬畏，强调学习，高筑牌坊，每日常见，时时不忘，要求子孙“读书去”，修身齐家治国安天下，这也足以解释为何木氏家族占据区区边地，能够历经元、明、清三朝延续22代，470年之久，超越了秦汉以降，任何一个中原王朝的寿命。滇西木氏给我们留下的是一座保存完好的、具有重要文化价值的土司王府。

云南三大土司：木氏土司、蒙化土司、元江土司，而尤以木氏土司最为著名。

纳西奇人

不止一位学人发现我国少数民族注重建筑与服饰上的装饰，原因是地处偏远，精神孤寂，注重生活情趣。汉族地区人烟稠密，生存压力增大，挤压了心灵精神空间，所以居家与穿戴不如少数民族浓郁热烈。在器乐歌谣、年节喜庆方面也是如此。偏远孤寂，刺激了交流和进入更广大世界的愿望。

> 纳西人口：全国纳西族有278009人，其中云南省有260388人，丽江纳西族自治县有184894人，占全国纳西族总人口的66.5%，是纳西族的主要聚居区。

纳西族民间还涌现出不少奇人，以倡导纳西古乐、受到多国元首称赞的音乐奇才宣科，融汇丽江各族音乐精华的“丽水金沙”都已名扬中外，我要介绍的是位纳西族文学奇才王丕震。有次作代会，鲁院同学、时任云南省作协主席的黄尧说，云南丽江有个纳西族作家，出版的作品数量比巴尔扎克还多，是位奇才，你们有兴趣可以去见识一下。

> 自尊自爱的纳西族人：大研古镇建镇之初，人工挖渠，引玉龙雪水进入古镇，分成若干支流使得家家有饮用水，亦有淘米、洗衣之便。能保持800年之久而活水长流，是家家都遵守，人人都知晓，祖辈相传的乡规民约。纳西人规定：流经镇中渠水，早饭之前饮用、洗菜、淘米，午饭之后洗衣、洗灶具。生活污水则与粪便一起作为肥料施进农田，绝不与渠水混同。渠水经过一夜的净化，始终保持清水长流，不被污染，周而复始。全镇6000余户，3万男女无不遵循，这显然是个自尊自爱也赢得世人尊重的民族。

去丽江就想见这位奇人，没想到王丕震已去世，享年80岁，应算长寿。没见到王丕震，却见到介绍王丕震的文字：“王丕震创下了一个人62岁至80岁十八年时间创作142部作品的奇迹，超过了法国作家巴尔扎克30年创作97部小说的世界纪录，成为古今中外传统手写文学作品最多、最快的作家；创造了百部长篇作品不打草稿不作修改，一气呵成的世界纪录；他写了中国上下五千年27位帝王、52位将相、25位才子、17位佳人以及5位现代名人，成为西南边陲一个少数民族作家以独特的眼光和手法审视中华民族上百个风云人物功名成败和历史地位的作家。”

这就更让人震惊，人过30不学艺，他却62岁才动笔，且是历史题材，不打草稿，一气呵成，史料怎么吃透？人物如何把握？如果草率成章，怎么台湾出版了74部，而且专门请史学教授把关，却找不出任何“硬伤”。又见报刊介绍，2009年中央文史出版社隆重推出《王丕震全集》共80卷，

王丕震：18年里，共写了中国上下五千年中的27位帝王、52位将相、25位才子、17位佳人以及5位现代名人。

收入历史长篇127部，2500万字，码起来有2米多高。超过了我置于书架的《沈从文全集》27卷，《巴尔扎克全集》24卷，《郁达夫全集》12卷的总和。据说这还不是全部，还有15部长篇没有收入。18年间，全部手写，一天不停，平均每天5千字，不留底稿，一次写成，几部长篇手稿寄丢，硬凭记忆重新写出。最多的一年写作出版了18部长篇，一次寄出的手稿重达75公斤，创造了古今中外作家创作速度与数量之最。天哪，这是怎样一位奇人?

62岁才写作，他之前干什么，做了哪些准备和积累?难道是位史学专家、大学教授?学富五车，以至于下笔千言，立马可待。都不是，王丕震就是土生土长的纳西族人，祖辈读四书五经，祖父和父亲考取过秀才一类的功名，但均未入仕做官，就在当地古镇开馆办学，有深厚家学基础。

文坛奇才王丕震

王丕震，1923年出生，5岁就发蒙进学，读私塾10年，打下了坚实的国学基础，又进新学堂读高中，抗战爆发后，参军进炮校学习，在西南长官司令部任过上尉，新中国成立后又考进四川大学学畜牧兽医，毕业后分配至云南农校任教。在上世纪50年代“反右”和“肃反”中受到双重打击，被划为“右派”和“历史反革命”，进了监狱，一关就是24年。一生黄金时间都在牢狱和劳改中度过，待到平反，已到了60岁退休的年龄。回到故乡，想到愧对一生的父母、妻子和儿子，考虑到自己学过兽医，就办了养鸡场，只想挣钱善待家人，却以失败告终。

王丕震长篇小说一揽：《武则天》《秦始皇》《薛涛》《陈圆圆》《蔡锷》《貂蝉》《郑成功》《李世民》《王安石》《辛弃疾》《黄巢》《大将魏延》《唐明皇》《汉武帝》《神医华佗》《刘邦》《司马迁》《沈括》《梁红玉》《松赞干布》《李后主》《杜文秀》《左宗棠》《兵圣孙武》《范仲淹》《柳永》《越王勾践》《徐霞客》《曹雪芹》，历史丛书《唐尧》《夏禹王》《周文与周武》《管仲》《孔子》《伍子胥》《勾践与夫差》《孙膑与庞涓》《苏秦与张仪》《信陵君无忌》《屈原》《陈胜王》《王莽》《曹操》《诸葛亮》《苻坚》《拓跋硅与刘裕》《陶渊明》《杨广父子》《魏征》《杜甫》《白居易》《朱温》《宋太祖》《苏轼》《李清照》《文天祥》《陆游》《成吉思汗》《耶律楚材》《关汉卿》《朱元璋》《郑和》《李时珍》《王阳明》《蒲松龄》《康熙》《林则徐》《康有为》《秋瑾》，丛书《神奸国贼》《密图帝制》《帝梦落空》《张勋复辟》《冯段之争》《军阀混战》《曹吴祸国》《军阀末路》《木天王》《客从远方来》《博士洛克》等。

之后，写小说且是历史小说纯属偶然，据说闲暇时听见人骂武则天，与王丕震了解掌握的武则天完全不同，但又不能与人争论吵架，那为何不写出来呢？于是首部长篇历史小说《则天女皇》就这样诞生，寄给春风文艺出版社后一炮打响，连续再版，收入不菲，至少比养鸡强啊。

于是，王丕震由此开始了长达18年的写作马拉松赛，一天也没有停笔，一刻也没有松劲，创造了中外文学史上的“王丕震现象”。看似复杂，梳理之后仍有迹可循，首先得益于一个热爱学习、不断进取的民族；一个有家学渊源、从小受到文化熏陶的家庭；历经新旧交替，江山易色，战争与牢狱磨炼的丰富阅历；再加个人的天赋、韧性与毅力，也就造就“王丕震现象”。如今，《王丕震全集》、王丕震故居，已成为丽江古城一个新的有文化内涵的亮点，亦为古镇增添一道新的风景。

滇藏古道叙茶马

马帮小史

我是茶山上的采茶人，茶山便是姑娘的家
一天压千个茶饼，一夜包百块砖茶
我的歌儿融在茶饼里，茶砖里裹上心里的话
山那边的赶马哥呵，你为什么还没有来到
快把你的马儿赶来哟，快来驮运姑娘的新茶
驮去我心头的歌，细品我心底的话……

这是流传在滇西北高原一首与马帮、与茶叶相关的民歌，这一带上年

山区马帮依旧

纪的老人都还记得上世纪50年代，马帮还遍及三江流域、滇西北高原。每临黄昏，那些穿山越岭的古道，总传来赶马人的号子和一路叮当的马铃声，这是古道边村寨最热闹的时候，夕阳给起伏的群山镀上壮丽的金辉，勾勒出明暗分明的线条；山风起了，一片清爽；接着便是愈来愈近的马帮铃声和赶马汉子喜悦又急躁的吆喝，远从普洱、景东过来驮着砖茶的马帮，要经中甸、德钦，到遥远的拉萨。大研客店住满，束河就是必歇之地，灯火通明的货栈客店，有热气腾腾的饭菜，有让人馋涎欲滴的腊肉烧酒，甚尔还有相好的女人，驮马也取下驮货，悠闲的加足草料，在河滩上打滚解乏，镇上孩子跑前跑后看热闹……这一切都让赶马人兴奋不已。随着叮当震响的马铃声、放开嗓子，引吭高歌，赶马人的歌大多是一种无字的号子，不是在唱而是从胸腔沉闷的通过嗓门发出，总是“噢嗬嗬……噢嗬嗬……哎”，高亢得响彻天际，悠长得无止无境，渗透着一种彻骨的苍凉与悲怆。赶马人的号子不知在沟通滇藏的山道上响彻了多少个世纪。

> 马帮：就是按民间约定俗成的方式组织起来的一群赶马人及其骡马队的称呼。马帮是大西南地区特有的一种交通运输方式，它也是茶马古道主要的运载手段。马帮有自己严格的组织和帮规、有自己帮内的习俗禁忌和行话。

追溯起来，早在秦汉，秦王朝所筑驰道，在关陇中原，宽达50米，在修筑沟通云贵西南时却只能修“五尺道”，并因云贵与青藏高原衔接，三江并流河谷深切，谷底与山顶相差二三千米，秦汉国力强盛也无可奈何，“五尺”也未必能达标，滇藏之间的高山峡谷，上边是立壁千仞的山崖，下边是奔腾湍急的江水。在没有炸药和现代开山技术时，只能采用原始的“火烧水激”之法，即用柴薪烧烤岩石，再用冷水激酥，开出仅容一人一马通过的“单边道”，山间铃响马帮来，借助马铃告知对面的马帮在宽展处等候让路，避免“撞车”，这也是马帮需带马铃震响的原因。

> 马帮精神包括：勤勉精神、宽容精神、守信精神、爱国精神、反抗精神。

尽管如此，人马通过难免心惊胆战，稍有不慎，常有人马失足跌落深

谷江水的惨剧发生。在这样的险途上行走，且莫说古代的牛车、马车难以通行，就是笨重的牛、驴都不好使用。牛笨且慢，驴小驮货少不划算。相比之下，马是唯一的选择，好在川藏云贵自古产马。所以，在川藏云贵，马被作为驮载运输的首选，最终形成马帮。

一方水土养一方人，一方水土也养一方牲畜。大西南川滇云贵男女皆精悍阿娜。西南马个头不大，却身体强健灵活、耐粗食、能驮重，善走山路，聪慧识途，尤其是马和驴杂交的后代骡子，更能负重，吃苦耐劳，素为赶马人喜爱，马帮中大半为骡，带路的头骡往往要选最有经验、智慧、不怕惊吓、体形也高大的骡子担任，负责探路打头，一个马帮选好头骡至关重要，否则，遇“单边道”险途或渡江摇晃的铁索，头骡畏惧不前，整个马帮便会乱套。

马帮起于何时？多数学者认为不会晚于秦汉。早在战国时期，马的乘用、驮载已广泛应用。马帮可能会经历这样几个节段，起初单家独户把自己的马用于负重、乘骑。有的商品需长途贩运，比如食盐、茶叶，只能结伙前行，开始可能临时聚散。随着商品交流的发展，规模扩大，路线增长，需数月才能往返，需要有经验丰富的专门人才，专业性马帮就逐渐产生了。还有这种情况，一些经验丰富的赶马人，有了积蓄，有了自己的驮马和雇佣马夫的能力，但自己没有商业，也不经商，又会从商会、商号的马帮中脱离出来，只承担运送货物的任务和环节，成为更加单纯和专业的马帮。

> 马帮行头：铓锣。它是传递信息的重要器具。怎样敲，也有规矩。在深山密林里，铓锣有惊吓飞禽走兽的作用，铓锣声传得很远，又有通知对面和后面马帮的作用。马帮行路中，在宽道上的要让从狭道上来的，上坡的要让下坡的。请人让路敲“嗡—嗡—嗡——”，有事告急敲“嗡！唆！嗡！嗡……”不如此这般，就是犯讳，轻受罚，重则打官司，甚至伤人命。

从滇藏古道马帮的情况来看，有资本雄厚的锅庄（商号），拥有自己的马帮，也有赶马人组织起来的单纯马帮，更有短途运货的临时性马帮，各种形式并存。无论什么形式的马帮，都终年四季劳苦奔波，风餐露宿。

赶马人都系为生活所迫的底层劳苦群众，要身强力壮，能够吃苦吃亏，服从马帮行规，才能成为“马脚子”即赶马人。

> 马帮，有专业帮和拼伙帮之分。专业帮多系一单独私家长期经营的马帮；拼伙帮由两个以上不大的马帮合伙组成，属短期性质。

马帮有许多约定俗成的规矩，5匹驮马为一把，8把即40匹驮马为小帮，3小帮即120匹驮马为大帮。再有“散帮”或“拼伙帮”。马帮必有马锅头，由最有经验和能力的赶马人担任，马锅头的起因是每个马帮都要带做饭用的铜锣锅。我在云南古董摊上见过，扁圆形，一尺见方，下大上小，有盖、有耳，全是铜的。用来焖米饭，这是马帮的主食，也可烧开水、炒菜。这个铜锅是整个马帮的“饭碗”，素为马帮看重，谁若不小心撞翻铜锅就犯了大忌，大家会担心这趟不顺利会丢饭碗。所以，铜锅必须由马锅头掌控，饭做好后由马锅头揭盖

一个曾赶马帮的老人

并给大家分饭，形成“同锅吃饭，坐地分钱”的行规。能够当上马锅头必须对沿途道路、险途、关口、渡口都了如指掌；对各地特产、价格、包装、运资等商情十分清楚；与沿途客栈、商会、老板乃至土匪都有关系，能随机应变，对付各种意外；还要熟悉骡马脾性，预防瘟疫，通晓沿途民族语言、习俗，能打通关节等等，学问大了。那些经验丰富、才能出众的马锅头受人尊重，也为商家看重，争相聘请，有的大马锅头在整个茶马古道都享有盛誉，连打劫的土匪都敬畏三分。

马帮在路上生活方式：马帮大部分时间过的是野营露宿的生活。一般天一发亮就爬起来从山上找回骡马，给它们喂料，然后上驮子上路。中午开一次“梢”。“开梢”就是吃午饭的意思，也就是打个酥油茶，揉一点糌粑吃。当天色昏暗下来的时候，马帮都要尽力赶到他们必须到达的“窝子”，在那里才好“开亮”。开亮就是露营。他们要在天黑前埋好饭锅烧好饭，卸完驮子，搭好帐篷。

马帮还按地域民族分为藏族马帮和靠近藏区的丽江纳西族马帮。这是因为滇藏之间由马帮踩踏出来的古道，遥远艰险，雪山激流，人烟稀少，雪雨无常，气候恶劣，行程至少三月，往返则需半年，人和驮马都必须适应藏区气候环境，身体强壮者才行。进藏马帮，每年来去一次，春季到思茅、普洱驮茶，之后沿中甸过金沙江进入西藏，经林芝、工部到达拉萨，再驮载藏药、毛皮、氆氇等土产山货，秋后返回，冬季大雪封山即无法行走。走此路，马帮多为藏族，马也多产藏地，体形小而强壮，皮毛厚而长，能够

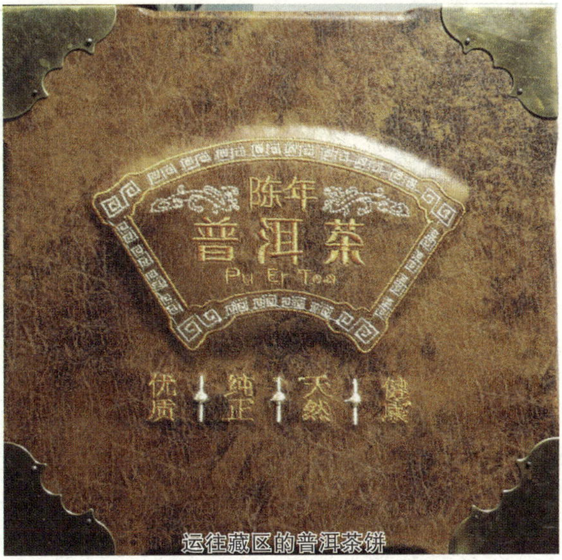

运往藏区的普洱茶饼

> 马锅头：是茶马古道上马帮的首领，在以前的茶马古道上的马帮，必须有一个首领来带头，这个首领就是马锅头。因为这个首领牵的马头上有一面镜子，这面镜子可以把前方的危险照射出来，首领后面背着一口锅，负责整个马帮的生活。因此叫做马锅头。

御寒耐久。藏族马帮往往人强马壮，骡马最少百头以上，还有多至五六百头者，除携带帐篷、酥油、武器与藏獒，形同一支武装。藏族马帮一般只到丽江，不进内地，主要气候、语言、习俗迥异，早年高寒藏区的人到内地多得天花不易治愈。但藏族马帮最为稳定可靠，每年必来，因为藏族群众“腥肉之食非茶不消，青稞之热非茶不解”，而藏区并不产茶，需要的茶叶数量相当巨大。马帮来川滇主要是运茶，这也是滇藏间的商道被称为“茶马古道”的原因。

沧桑古道

茶马古道历史久远，可追溯至古代先民自然踩踏的阶段。茶马古道的形成也得力于始于唐，盛于宋，延续至明清的茶马互市。唐时，中原王朝开始用茶和游牧民族吐蕃、回鹘易马的商贸活动，起到外安抚边民，内充实军力、驿力，活跃边贸的多重效果。所以历代中央政府都很重视，专设茶马司，配备熟悉情况的官员和通晓胡语的翻译任通司来加强管理。

> 茶马古道：是指存在于我国西南地区，以马帮为主要交通工具的民间国际商贸通道，是中国西南民族经济文化交流的走廊，茶马古道是一个非常特殊的地域称谓，是一条世界上自然风光最壮观，文化最为神秘的旅游绝品线路，它蕴藏着开发不尽的文化遗产。

在朝廷以茶易马的政策推动下，滇藏、川藏两条最重要的茶马古道不断得到延伸和发展。这两条茶马古道可以说是国内交通史上历史最悠久，路途最遥远，环境最艰苦的古道。它从海拔仅千余米的茶叶产地，一路跋山涉水，穿越雪山激流，一直攀登上海拔4000余米的雪域高原。从亚热带直到高寒地带，沿途人烟稀少，气候多变，地形复杂，多数情况下，要风餐露宿，靠火塘取暖渡过寒夜，行走在这样的古道上，赶马人的艰辛难以备述。

普洱：因盛产普洱茶，后来逐渐成为茶马古道上独具优势的货物产地和中转集散地，具有着悠久的历史。

然而，滇藏古道却从远古先民交融的自然通道，南北民族迁徙的走廊，到唐宋以后的茶马互市，经历数千年不弃不衰，沟通商贸，交流茶马，维护多民族国家的完整与统一，还积淀了一份厚重的茶马文化。各民族马帮都有约定俗成的行规：无论盈亏永不言弃，不畏艰难只讲进取，面临灾难共同承担，打破界线互利互惠，代代相传，维系和保障了赶马人和马帮的利益，流动的马帮带动了沿途村镇经济的兴旺，马帮与赶马人在漫长的岁月，漫长的古道上留下多少脍炙人口的民歌、民谣和传说。

滇藏古道上的狗碑，记载的就是一件曾经发生过的真实故事。

前面那座山，你是什么山？过了昌都寺，才能到雅安。巴塘奶茶甜，理糖糌粑香。过了八宿，就到芒康。……前面那条江，你是什么江？过了中甸城，才能到丽江。大理姑娘好，普洱茶叶香。茶马古道远，人间到天堂。——《茶马古道》的歌。

清末，一支有百匹藏马和藏族汉子在普洱驮足了茶砖，返藏途中遭遇暴雨险些迷路，幸亏一条多次往返的藏獒识途带路，赶到借宿的霍家垭口。这儿有家专为来往马帮打马掌的铁匠铺，与马锅头十分熟悉，当晚置酒洗尘，宾主尽欢，次

滇藏间的茶马古道

日马帮上路，已翻了几座大山，休息打尖时，马锅头才发现装着银元的钱袋丢失了，再一细察，藏獒也不见了。钱袋不见，不知丢哪？路已行远，无法寻找，只能自认倒霉；藏獒不见，也许寻找猎物，晚上就能跟上，这是常有的事，但直到回到西藏，藏獒也没出现。

第二年，这支马帮又途经霍家垭口，一个拉肚子的马夫在丛林中方便，突然惊着一边叫马锅头，一边往回跑，大家走进丛林一看，一处隐蔽的石崖下，爬在石上正是去年走失的藏獒。它早已去世，尸骨腐烂，头却朝着回家的方向。马锅头十分悲伤地准备掩埋藏獒，却发现狗肚下压着什么，一看正是去年丢失的钱袋，这只忠实的藏獒用生命守护着主人的财产，它相信主人一定会回来……

茶马古道，正是由充满智慧的马锅头，吃苦耐劳的马脚子，强健善走的骡马以及忠诚的藏獒，才创造了历经千年的辉煌。

雪域之王

卷七

雪域风物风情录

XUEYUFENGWUFENGQINGLU

藏地寺院、湖泊、珍稀动物分布示意图

看牧民套羊

敢与汽车赛跑的藏族汉子

多次的草原之行使我领悟草原由于辽阔，地广人稀，牧民寂寞，内心渴望交流聚会，也非常珍视交流与聚会，毕竟人是要和人呆在一起的。日后，在目睹一位藏族小伙套羊后更加证实了这些想法。

藏族礼仪之一：藏族在迎接客人时除用手蘸酒弹三下外，还要在五谷斗里抓一点青稞，向空中抛撒三次。酒席上，主人端起酒杯先饮一口，然后一饮而尽，主人饮完头杯酒后，大家才能自由饮用。

那天，离开黄河第一曲后，继续进发，日近中午，我们的捷达在草原孤独地奔驶，突然远方出现了几个黑点，由远而近，旋风般到了跟前，两个藏族汉子，面孔黧黑，形态剽悍，骑着高头大马，人马都精气神十足，冒着热气，两个藏族人看着我们奔驰的汽车，友好天真地笑笑，露出一口白牙，接着两腿一夹，抖

森林，湖泊，草原，是牧民永恒的家园

动缰绳，马在公路边的草原上飞奔起来，似乎要与我们比赛。我们也乐了，索性跟这两个藏族汉子闹着玩一下，司机一踩油门，汽车提速飞驰起来。藏族汉子发现车速快了，于是也飞扬起马鞭，抽着马屁股，两匹马简直像两团火焰在眼前晃动，盛夏正是水草丰美时节，两匹马甚是肥壮，浑身的劲往外冒，越跑越起劲，越跑越快，而草原上沙石路，汽车却跑不起来，几次都被马甩在后边。幸而，爬上一面山坡后，两匹马速度减了下来，两个藏族汉子骑在马上手搭眉梢四下张望，好像在寻找什么，找什么呢？我们车上了山坡后发现，山坡那边是愈加广阔的一片草原，几户牧民的帐篷星罗棋布，大群的牛羊像黑白两色的珍珠散落在草原，骑马放牧的藏民则悠闲地坐在马上照看着自家的牛羊。

藏族礼仪之二：饮茶时，客人必须等主人把茶捧到面前才能伸手接过饮用，否则认为失礼。吃饭时讲究食不满口，嚼不出声，喝不作响，拣食不越盘。用羊肉待客，以羊脊骨下部带尾巴的一块肉为贵，要敬给最尊敬的客人。制作时还要在尾巴肉上留一绺白毛，表示吉祥。

草原帐篷中的牧民

套羊

"噢呵呵……"

两位藏族汉子立马山梁，用手在嘴边做喇叭状，朝着草原大声呼唤。随即山下的牧场便有了应答，原来这两位藏民是来会牧民朋友的。他们立即纵马旋风般跑下山去，那边也有位牧人骑马迎上来，三人三骑到了一块，不仅人亲热地说话，互相递着香烟，连几匹马都扬蹄甩尾，表示着友好。

突然，那位草原牧人纵马离开，冲向一片羊群，从马背上摸出一根绳索，在空中划出个半圆，向羊群甩去，原来这位藏族小伙子要套羊，这顿时让人兴趣高涨，我端起一路都备好的相机，用长焦拉近场景，只见这位藏族汉子藏袍围在

藏袍：是藏族的主要服装款式，种类很多，从衣服质地上可分锦缎、皮面、氆氇、素布等。藏袍花纹装饰很讲究。过去僧官不同品级，严格区分纹饰。藏袍较长，一般都比身高还长，穿时要把下部上提，下摆离脚面有三四十公分高，扎上腰带。

套羊的藏族小伙

腰间，单穿着黑色上衣，脖子上挂着一串橘黄色的松耳石串起的项链，古铜色的面孔楞角分明，骑着一匹黑色骏马，十分彪悍。

他甩出的绳索，不偏不倚，正好套着一只褐色绵羊脖颈，用力一拉，绵羊便脱离羊群，在草地上挣扎，当然一切挣扎都是徒劳。藏族汉子冲过去，俯下身去，一把就把那只有七八十斤的肥羊揽在怀中放上了马背。然后，他不无得意地对那两位来找他的藏民招着手，三人一起纵马朝飘着炊烟的帐篷跑去。

惊心动魄的宰牛

下来的情景，我曾在大草原见过，只要有亲友登门，牧民肯定会套上一只肥羊放在帐篷前的草地上。草原牧民天生是宰羊能手，宰羊对他们来说是家常便饭，小事一桩。只见那位牧民掏出雪亮的匕首，直刺羊的心脏，然后放血、剥皮、开膛、掏尽内脏、再把切割的大块带血的羊肉放进锅中，前后不过10分钟，一切都干净利索，简洁扼要，绝不拖拉，没有任何多余动作，看得人眼花缭乱，不由叫绝。

> 藏族饮食：青稞酒是农牧民的主要食品。糌粑是由青稞或豌豆炒熟后磨制而成的炒面，把糌粑用酥油茶或青稞酒拌和，用手捏成小团就可以吃了。酥油茶是把砖茶的茶叶倒入1米长的木质长筒内，加上盐巴和酥油，用长轴上下冲击，使其各种成分均匀融合而成。

我还有幸在川藏线经过的塔公草原目睹过一次藏民宰牛，也惊心动魄，让人难忘。那大约是一只上年纪的牦牛，体型高大，满身长毛，只是有些瘦削和憔悴，显然老了，可竖起一对大犄角依然威风。那位藏民把牛牵过来，抱着牛头，像似抚摸又像似念经文，嘴里喃喃自语，说了一阵。突然之间，趁牛不注意却从腰间拔出一把锋利的藏刀，一下割断牛脖子上的气管，骤然的疼痛刺激了牦牛，一下挣扎起来，四蹄撑地，身体扭动，尾巴不停地甩动，一头牦牛再老再病也是牛呀，俗语说要牛劲，那是多大的力量，但你简直想不到，那个壮实的藏民，脱掉一只袖子的粗壮胳臂死死地搂定牛头，纹丝不动，硬是把一头牛制服。他的妻子拿出一只大盆，接在牛头下，随着哗哗流出的血水，牛渐渐地无力挣扎，最终轰然倒在了地下。藏民宰偌大一条牛如此利落，何况一只羊。

藏族的敬语和称谓：藏族非常注意使用敬语,这种风气拉萨人更为讲究。在拉萨甚至整个西藏,每句话都有3种讲法,一是普通话,一是敬语,一是最敬语。无论名词、动词、形容词都是这样。地位相同的人相互用敬语,地位低的人对地位高的人也用敬语,对地位悬殊的人用最敬语。不会敬语的人被认为缺少教养,而敬语用错了,便会闹出笑话。在对方名字后面加一个拉字,表示尊敬。如称格桑为格桑拉,扎西为扎西拉；教师称为格拉,厨师称为玛青拉等等。

草原海拔高，水沸点低，一般七八十度就会开锅，只要翻上几滚，便可伸手抓住腿骨捞出带着血水却鲜嫩无比的羊肉，蘸着盐末、胡椒粉、辣面调料，来大享口福。往往是几个藏家小伙，围着汤锅，搬出整箱啤酒，边吃边喝，直要闹腾到夜色降临，再燃起篝火，人若要多，不定还要跳起锅庄，唱起歌儿，欢乐尽兴地度过这草原上难得的聚会。

看喇嘛跳锅庄

草原明珠——桑科大草原

桑科大草原属甘南藏族自治州，是镶嵌在青藏高原边缘的一颗明珠。从雪域融化的溪水汇聚为蜿蜒如玉带的夏河，及一片片明镜般的湖泊，每当夏秋，这片水草丰美的草原绿浪接天，野花盛开，大群的红颈鹤、黑颈鹤、斑头雁飞临，聚会水边，筑起爱巢，翩翩起舞。它们在这片水草丰美的乐园交配、产卵、孵化幼雏。待到冬初才带着羽翼渐丰的儿女去南方越冬。野兔、草鼠、狐狸、旱獭也昼伏夜出，寻觅食物和配偶，整个草原一改冬春的枯黄萧索，变得丰富多彩又生机勃勃。

桑科草原交通咨询：可在参观拉卜楞寺后，乘15分钟汽车即到；也可从夏河租自行车到桑科草原，一天10元；从兰州乘车到夏河19.8元，然后坐三轮车可以到桑科草原12元/辆。

大草原上牛羊布野

牧民也把桑科草原选择为夏秋季节的牧场，赶着牛羊从四面八方涌来。一时间，举目远眺，只见大草原上，帐篷点点，炊烟袅袅，不时有牧民骑着骏马驰骋，还有运送物资的驼队，骑着摩托的旅游者。散落在草原上黑色牦牛和白色羊群低头啃草，一派“天苍苍，野茫茫，风吹草低见牛羊”的壮美风光。

香浪节：是桑科草原上藏胞的传统节日。“香浪”在藏语中可译为“拾柴”的意思。每逢六月，草原上风景如画，奶甜肉香，寺院的僧人就借口拾柴，来到野外与家人团聚，消遣上几天，后来沿袭成俗。

桑科草原距拉卜楞寺很近，同属夏河县，拉卜楞寺作为藏传佛教的六大寺院之一，每年都要举办若干次法会，辩经、晒佛、演藏戏、酥油灯展，届时方圆数百公里的藏民便会用牦牛驮着帐篷，赶着牛羊骑着骏马，在桑科草原搭起的帐篷星罗棋布，蔚然壮观，俨然一座帐篷城，白天举办叼羊、赛马等游乐活动，夜晚篝火连片，歌声此起彼伏，一直要闹腾到深夜方才罢休。

煨桑：是香浪节上重要的仪式，一般在山头上举行。煨桑，即点燃事先准备好的柏树叶，并将藏族人民喜欢吃的食物，如酥油、炒面等投入火中。在熊熊烈火中，男人们则骑着马围着火堆转圈并鸣枪。

喇嘛跳锅庄

早年，这仅是寺庙及民间自发搞起的活动，约定俗成，农牧民也认可，几百年沿袭下来。近年，随着经济活市、旅游促销，利用群众集会，开展旅游活动，推荐旅游线路，加大宣传力度，媒体、网络、电视都对甘南草原的香巴拉节广泛介绍。甘南草原离兰州约300公里，处于兰州至成都的213国道之间，交通便捷，我们就是看到广告后去的。

藏族食肉禁忌：一般人只吃牛羊肉，而绝不吃马、驴、骡、狗肉，有的人连鸡肉、猪肉和鸡蛋也不食用。即使是吃牛羊肉，也不能吃当天宰杀的鲜肉，必须要过一天才食。对鸟类、山鸡藏族从不捕食，尤其如“拉恰贡姆”这样的雪山鸡藏族人视之为神鸟，忌讳捕猎。

锅庄——藏族的民间舞蹈。在节日或农闲时跳，男女围成圆圈，自右而左，边歌边舞。“果桌”——锅庄舞，早期与西藏奴隶社会和盟誓活动有关，后来逐步演变成为歌舞结合，载歌载舞的圆圈歌舞形式了。

那年，我们一行10位搞摄影的同行包租一辆依维柯去桑科草原，一位曾在夏河当过武装部长的老乡，退休后在桑科草原办起帐篷宾馆，听说我们来后十分热情，执意邀请大家前往。晚上，安排在帐篷宾馆吃藏餐。老乡说，原本一桌两千元，你们就减半付一千元吧。我们一行10位搞摄影的都属自费，有的感到一餐百元太贵，但也不好再说什么。没想到，最先上来的是一大桶青稞酒，又涌进10位漂亮的藏族姑娘，个个苗条秀气，20岁上下，一位姑娘陪我们一个人，唱歌饮酒，一首歌一碗青稞酒，还没开席就醉倒2人。接着是全套藏餐，什么红烧牛尾、清炖羊杂、藏式香肠、烤羊肉串、油炸羊排、爆炒羊肝，一道道菜都做得味美精致。末了，又上来一条烤全羊，通体焦黄明亮鲜嫩无比，仅看一眼便让人馋涎欲滴，一个个吃得酒足饭饱。那晚，都说当了回皇帝，五千元都值。这甘南之行，大家算是领略了浓郁的藏家草原风情，原本十分尽兴，但没想到，离开桑科草原时，却看到最为精彩的一幕——喇嘛跳锅庄。

喇嘛服装：喇嘛着袍子袈裟，戴僧帽。虽因服色而分教派，然有崇尚黄教之僧徒，为红色之服装者。同一黄教，两种服色。盖年老者用黄，年少者用红，其习尚然也。其平素所着衣服，毫无异于常人。惟于仪式上服法衣。维西之僧徒，用阔袖长衣。虽严冬常露两肘，帽子冬季戴平顶之方氈帽，夏季戴平顶之竹笠。

汽车沿着桑科草原的沙石道路正走之间，突然发现一侧山峦盆地有许多红色斑点在舞动，大家深感好奇，于是弃车前往探视。翻越一道山峦，只见一大片丰美平整的草原呈现在眼前，众多的喇嘛，足足有40多人正围成一个巨大的圆圈，这些喇嘛全都年轻英俊，身着崭新的紫红袈裟，在浓绿滴翠的草原上，灿烂的朝阳照耀之下，分外新鲜醒目。

我们一时还弄不清这些喇嘛在干什么？但估计是和做法事相关，是特意组织排练，只见由十个喇嘛组成的乐队，吹着长达几米，拖在地上的大法号，声音低沉悲壮震颤大地，腿骨号古朴粗犷，金唢呐擦得金黄发亮，音量充足热烈，再是几面硕大的羊皮鼓，几个挽着袖子的精壮喇嘛敲打起来，鼓声远播震人耳膜。这组法事乐器在蓝天白云之下，广袤草原怀抱，演奏起来，有种粗犷热烈的豪迈，给人天籁之感。随着乐器响起，先是两个喇嘛跳起锅庄，甩动着紫红袈裟，舞动着粗壮的双臂，双腿弹跳着，绕着圈跳，接着是四个喇嘛跳起来，六个喇嘛、八个喇嘛……直到全场除了乐队十几个喇嘛之外，所有的喇嘛都加入了跳锅庄的行列，只见袈裟舞动，像滚滚红浪，脚步腾挪，胳臂舞动，一个个壮汉拼足了力气，一颗颗光头在阳光下闪耀，真有点像进入500罗汉阵那种感觉。

喇嘛辩经

我曾在西宁塔尔寺见到过近百僧人在一块举行辩经，在执法僧人点过名后，他把各个班次的喇嘛召到面前，对他们进行考查和指导，然后开始辩论。两人一组，一坐一站、一问一答。在进行答辩当中，还跨步、击掌、忽站忽立、忽高忽低，做出各种动作，加上忽大忽小，忽长忽短的叫喊来加强辩经的气势，增加力度和效果，整个辩经会场都非常活跃，引人入胜，让围观的人久久不愿离去。

> 辩经：藏语称“村尼作巴”，意为“法相”，是藏传佛教喇嘛攻读显宗经典的必经方式。多在寺院内空旷之地、树阴下进行。最早源于赤松德赞时期大乘和尚和噶玛拉锡拉的公开辩论。

但那毕竟是辩经，有一定的程序和规范，一般都在寺庙的广场上举行，参加者皆为僧人，围观者也多为信教群众，可视为一种热烈的研讨会。眼前这群喇嘛大跳锅庄，且在这广阔的草原上，天广地阔，无拘无束，无边的草原就是舞台，蓝天白云就是观众，金色的朝阳沐浴着喇嘛们鲜艳的袈裟，徐徐的清风吹拂着喇嘛年轻的脸庞。

我推测这些跳锅庄的喇嘛是从整个大寺院众多的僧人中挑选出来，全

喇嘛辩经

都是英俊年青的小伙，身材高大，脸庞清秀，楞角分明，脸色在高原烈日灼晒下显得黑红，反而愈显健康，牙齿却是一律洁白。这真是个奇迹，只能归结于高原的恩赐，这群喇嘛也许在寺院清规戒律下生活，久静思动，需要活动年轻的肢体和释放过剩的精力，跳起锅庄舞蹈，全都十分投入，十分出色。其中一个动作，双脚腾空跳起竟达两米多高，紫红的袈裟被风扇动，恰似雄鹰展翅，双脚落地时，掷地有

锅庄：分为有用于大型宗教祭祀活动的“大锅庄”、用于民间传统节日的“中锅庄”和用于亲朋聚会的“小锅庄”等几种，规模和功能各有不同。也有将之区分成“群众锅庄”和“喇嘛锅庄”、城镇锅庄和农牧区锅庄的。舞蹈时，一般男女各排半圆拉手成圈，有一人领头，分男女一问一答，反复对唱，无乐器伴奏。整个舞蹈由先慢后快的两段舞组成，基本动作有“悠颤跨腿”“趋步辗转”“跨腿踏步蹲”等，舞者手臂以撩、甩、晃为主变换舞姿，队形按顺时针行进，圆圈有大有小，偶尔变换“龙摆尾”图案。

声，整齐划一，好比猛虎下山，让人看着精神都为之一振。

说真的，我们还真没见过如此出色，如此粗犷，如此真切，如此投入，又如此打动人心的锅庄舞蹈。何况，表演者是一群年轻英俊的喇嘛，舞台是镶嵌在青藏边缘的那颗明珠——辽阔广袤的桑科草原。

旋转的经轮

旋转的经轮

只要进入藏区，不管何时何地，最常见的便是藏民手中的经轮，只要没有放牧、捡牛粪、打酥油茶，双手空闲下来，那么握在手中的注定是一把经轮，注定在不停地旋转。

手摇转经轮的正确姿势之一：方向：从经轮的正上方看为顺时针方向向右旋转，注意不能反转。握法：左、右手都可以转（必须要顺时针转动！）；不可以用大拇指抵住经轮的底盘。速度：避免刻意快速而过猛地转动，转动经轮时的速度，应该以使人静心为标准（大致是一秒钟2-3圈）。

经轮很精致，多为铜质或铁质镀铜，外表金光灿烂。上面雕镂着

清晨旋转经轮

进入佛门有长长的路要走

许多与佛教相关的花纹，经轮装有光滑的木柄，柄与轮中空，便于旋转。经轮有大有小，一般通高半尺左右，可装在藏袍衣兜。还有一种通高超过2尺，身上斜背一个布袋，经轮的长柄插进布袋中，负担着重量，手只要摇动经轮即可旋转。拿在手中的经轮，应是寺庙巨大的转经筒的袖珍版本。

藏区寺院除了佛殿经堂，就是安装着经筒的长廊。塔尔寺的经筒高可盈丈，拉卜楞寺的经筒长廊长得没有尽头，郎木寺的经筒长廊就设在寺外，布达拉宫的经筒长廊盘旋着绕上红山，可供信徒昼夜旋转。不管是经筒，还是经轮，信仰佛教的人旋转着表示不停地在念经。不信仰佛教的人看着好玩，买经轮拿回去留念，事实上藏区旅游点上出售的纪念品中，最多、最引人注目，也最受游客欢迎的便是经轮，我就大大小小购回了几十个经轮。

结伴而行

藏传佛经——喇嘛教

只有进入藏区，才能对藏族同胞对佛教的虔诚有深度的了解和体味。佛教传进西藏是在唐代。之前，西藏盛行一种土著本教。公元7世纪初，藏族杰出的首领松赞干布从山南崛起，势力壮大后统一全藏，松赞干布迎娶的唐文成公主和尼泊尔尺尊公主却信仰佛教，受此影响，松赞干布下令在西藏推行佛教，其间虽遭遇本教抵制，并在松赞干布离世后有过反复，但佛教在普及过程中，结合当地情况，吸收了本教合理的成分，逐渐为藏民接受，所有经文法书均用藏文记录，成为有地域特征的藏传佛教。由于西藏僧人被称为喇嘛，所以也把藏传佛教称喇嘛教，其庙宇称喇嘛庙。但有学者认为这样称呼不科学，犹如汉族地区把僧侣称和尚，但没有人把佛教称和尚教，把寺庙称和尚庙。所以还是应称藏传佛教和藏传佛教寺庙，这也是对藏族同胞信仰的尊重。

手摇转经轮的正确姿势之一：转动：转动第一圈时，这时用的腕力相对大一些。可以将持经轮的手腕转一个圈，以使经轮产生离心力将经轮转动起来，经轮转动起来后，就不用这么大的腕力了，这时只需要轻轻地、如流水般持续不断（均匀）地顺时针转动经轮，同时尽量保证转经轮的木柄保持竖直状态。

边转边读

佛教在整个藏区，包括青藏高原和云南、四川西北、甘肃南部以及内外蒙古的广大地区传播千年之久，为藏族、裕固族、蒙古族广大群众接受和信仰。建国初期，解放军进藏时，西北和

西南两大军政委员会对进藏官兵反复强调的便是要尊重藏区群众信仰。时任西南军区政委的邓小平特别强调这一点，制定了几十条注意事项，不得杀生、不得狩猎、不得捕鱼、不随意进入寺院，要尊重僧侣，甚至细致到党员干部在必要场合也要允许活佛摸头顶，要接受哈达……

磕长头：是藏传佛教信仰者最至诚的礼佛方式之一。磕头朝圣的人在其五体投地的时候，是为“身”敬；同时口中不断念咒，是为“语”敬；心中不断想念着佛，是为“意”敬。三者得到了很好的统一。“磕长头”分为长途（行不远数千里，历数月经年，风餐露宿，朝行夕止，匍匐于沙石冰雪之上，执著地向目的地进发）、短途（数小时、十天半月）、就地三种。

活佛摸顶

因为活佛摸顶，在信仰佛教的藏民心中有无上的荣光，认为不仅能消灾避祸，还能带来福瑞和吉祥，甚至来生来世都将受益。因此，信教群众一生最大的愿望就是希望能够让藏区最大的活佛摸顶。为此，他们可以拿出一生的积蓄，单身或带领家人，千里迢迢，叩跪等身长头，硬是用身体丈量土地，手掌和膝盖尽管用皮革与皮套保护，仍磨出厚茧，有的甚至途中虚脱，倒毙荒野。但家人仍前赴后继，不屈不挠向圣地进发。

早上的功课

一位目睹过十世班禅生前最后一次进藏，在青海塔尔寺摸顶盛况的朋友告诉我。一个多月前，得到消息的藏民便携家带口在塔尔寺郊搭起帐篷等待。班禅到达时，几十万藏民人山人海，围得水泄不通，但又虔诚有序。班禅经过时，全都低着头吐出舌头表示无限尊崇，许多人把一生积蓄都拿出来，几个壮汉喇嘛张着麻袋收钱，尽是百元大钞，还有刚从银行取出的万元整沓，毫不犹豫扔进袋中，收的钱当然都修了寺庙。国家还拨出巨款维修，不然塔尔寺也没有那么壮丽辉煌。那种场面，那种景象，那种虔诚，不亲眼目睹难以想象。

活佛摸顶：是藏传佛教高僧、活佛为僧众赐福、消灾而举行的一种宗教仪式。在西藏的传统文化里，只有活佛和高僧才有资格去抚摸别人的头并给予赐福。因此，得到活佛的摸顶对信众来说是莫大的幸福。

其实，人类生活无非是物质精神两个方面，国家大法也有信仰与不信仰的自由，在地广人稀的广袤藏区，有信仰是种寄托，是种安慰，那耸立的白塔，高扬的经幡，五彩的玛尼堆，包括藏民手中旋转的经轮都填补了多少空虚，打发了多少光阴，也就充实了生命的历程。

雪域草原异兽

藏羚羊与滩黄羊

青藏高原的草原上数量较多的有藏羚羊与滩黄羊。在上个世纪都有数千万只。喜群居，每群数百上千只不等。藏羚羊生长于海拔四千至五千米的高原上，祁连山坡高寒地区也有生长，体形与家羊相似，但较瘦。藏羚羊由于毛皮密集耐寒，柔软保暖，一直是偷猎者捕获的对象。藏羚羊御敌的唯一办法是奔跑，但跑一段后却突然返身回头凝视，常给捕获者造成可乘之机。近年随着保护力度加大，藏羚羊的生存环境已得到改善。

> 藏羚羊：被称为“可可西里的骄傲”，国家一级保护动物。也是列入《植种国际濒危野生动物贸易公约》中严禁贸易的濒危动物。

藏羚羊

滩黄羊与藏羚羊体形大小很相近，但生活在海拔较低的半山坡上或半荒漠的草原，是在高寒动物和家养牛羊之间寻找的生活地带。以各种禾本科沙草植物为食，冬季南迁，路线始终保持在一定的海拔线上，来年夏初北返，有规律性。滩黄羊喜欢群居，大的有数百只一群。迁徙时常遭有经验的猎手伏击。滩黄羊没有御敌本领，只有奔跑，速度极快且机警，即使骑快马也难追赶。近年也被列入保护之列，种群有一定发展。

> 滩黄羊：生存在青海省境内，常活动于草甸地区。被列为我国Ⅰ级保护动物。

野牦牛

在祁连山麓，天山南北靠近山坡的草地还生活着白唇鹿、盘羊、林麝、羚牛、野山羊、野牦牛等野生动物。它们共同的特点是与家养牛羊相貌体形相近，都以食草和灌木嫩枝为主。白唇鹿和马鹿相近，因嘴唇四周为白色，故名。通常三五成群。因白唇鹿角茸为名贵中药，血脂筋骨也有药用价值，所以常遭人捕杀。近年在甘肃肃南等县已开始人工养殖，为保护资源，提供药用，开辟了新途径。

在雪域草原的野生食草动物中，若论凶猛当推野牦牛，体重几乎是家养牦牛一倍，体重最可达一吨，仅次于大象与河马。野牦牛长有下垂长毛，可抵御严寒，生活在四千至六千米的高寒地带，以耐寒植物、苔藓地衣为主食。公母牛皆有尖利长角，敢和黑熊野狼相搏。野牦牛极难驯养，倒有家养牦牛混入野牦牛群体，不再归返的事情发生。

> 野牦牛：又叫野牛，是家牦牛的野生同类，典型的高寒动物，青藏高原特有牛种，为国家一类保护动物。分布于新疆南部、青海、西藏、甘肃西北部和四川西部等地。栖息于海拔3000～6000米的高山草甸地带。

亲眼目睹野牦牛是在火车上，快要接近唐古拉山口，这一段是青藏铁路的制高点，海拔超过5000米，也是青海与西藏的分界，越过山口就算进入了西藏。火车一路慢上着爬坡，天气却起了变化，刚才还是阳光灿烂，

转瞬间乌云弥漫，飘起雪花，越下越起劲，车窗外被纷飞的雪花遮罩得迷蒙一片。

恰在这当口，一群总有十几头野牦牛从山沟奔上来，速度之快、形态之野让人眼花缭乱，很快便翻越山坡，消失在雪雾之中，虽是一瞬，但野牦牛的凶悍狂野却留下至深印象。

旱獭和藏野驴

在我多次的草原之行中，我戏称行走在青藏的边缘，这些地方开放过度，人烟稠密。目睹野生动物有过几次。一次是在若尔盖草原，天落着蒙蒙细雨，草地一片青绿，我们正开车行驶在简易公路上。忽然，车转弯处，山坡上有两只松鼠模样、半米长短的小兽正直立着嬉闹咬仗，车一惊动，小兽惊呆了一瞬，但迅疾钻进了山坡上的洞中。哪有这么大的老鼠！我惊了一跳。推测可能是旱獭。后经证实，果然。

旱獭：是藏区一种大型的啮齿动物。体躯肥胖，呈圆条形。头部短而阔，略呈方形。

作者在玛曲抓拍的旱獭

藏野驴：青藏高原特有种，国家一级保护动物。体形酷似驴、马杂交而产的骡子，因尾稍似马尾，所以有人又称其为"野马"。该物中为高原型动物，栖居于海拔3600米至5400米的地带，对寒冷、日晒和风雪均具有极强的耐受力。

之后，探访黄河第一曲，从玛曲归来又见到旱獭。是早上，山谷撒满阳光，牛羊散落着啃草，几户牧民的帐篷坐落于蜿蜒的溪水边，几只藏獒警觉地蹲在山坡的四周，守护着这片宁静的草原。我们的捷达从山坡上的公路缓缓驶下，我推下玻璃，手上端着长焦相机，准备抓拍牧场景物，突然发现草滩上竟有四五只旱獭在戏耍，它们从洞中钻出钻进，有一只则静卧着观望，正好进入镜头，随着一声"叭哒"，完整地拍出了一只草原上的旱獭。

如今，要看到青藏高原的珍稀动物，须深入到雪域腹地，近年宣传保护野生动物力度加大，尤其是穿越高原腹地的青藏铁路采取了许多措施，比如在藏羚羊迁徙的必经处预留通道，起到明显作用。2009年5月，我乘坐火车去拉萨，便见到不止一群藏羚羊，已经适应奔跑的火车，或站或卧在附近的山坡，一动不动地观望火车，似乎是说也没啥了不得嘛。

胆子大的是藏野驴，有十几匹距火车不到三丈远，可以清楚地看见它们比家驴要粗壮的身躯，背梁上一道粗粗的黑毛，头笨重，尾长甩，很是威风漂亮。还有旅客喊棕熊，只见山梁顶蹒跚着一个黑乎乎的家伙，迷蒙中并没有看得很清。

真正看清楚这些高原精灵是2011年7月，探访黄河源。从西宁出发500公里到黄河第一县玛多，县城不大，短短两条街，不足千人，出城便是大草原，藏羚羊、藏野驴、黑颈鹳、白天鹅几乎是随处可见。一次，我们见山梁上有群藏野驴，停车拍照，不想公路旁边水塘突地一下窜出几只正饮水的藏羚羊，近在咫尺，可以清楚看见它们黄灰相间的毛皮，毛茸茸的眼睫毛下闪动着黑亮眸子，见到我们停车，跑了一阵，又停下来回头观望，似乎在对我们说，快走，我们才是这里的主人。

青藏高原的藏野驴

雪域草原珍禽

野雉鸡

雪域草原有丰富且珍稀的鸟类。目前全国现存和查明的1183种鸟类中，绝大部分生活在草原或山林中。野雉是草原最常见的禽类。有几十种之多，红腹角雉、绿尾虹雉、蓝马鸡、长尾鸡、勺鸡、血雉等。雉鸡的共同特点是羽毛鲜艳，比如红腹角雉，腹部羽毛如铁锈红色，喉下又有红色肉裙，头部两侧为蓝绿色，五彩斑斓，群众叫红绣鸡，是出产于甘南草原的珍稀禽类。再如丝尾虹雉，成年雄雉羽毛鲜艳，羽冠有金属光泽，腰羽则为白色，常做低空展翅滑翔，如彩虹掠过草地，也被称虹雉。蓝马鸡体形最大，可达4斤，羽毛为蓝色，尾羽分散犹如马尾，故名蓝马鸡。鸣叫时，昂首引颈，尾巴高翘，姿态雄健。它的两对长尾羽，十分漂亮，常做演古典戏剧武将头冠的装饰品。

雪域珍禽

秃鹫：体形大，全长约110厘米，体重7～14公斤，是高原上体格最大的猛禽，它张开两只翅膀后翼展大约有2米多长，0.6米宽（大者可达3米以上）。

草原还有猛禽，性格凶猛，以捕捉羊羔、野狐、野兔、獭类为食，甚至袭击儿童。如苍鹰、秃鹫、海雕、大鸨。这些猛禽的特点是，身体硕大，重达几十公斤。金雕、秃鹫翅展可达1.5米。尖喙如钩，巨爪似铁，目光敏锐犀利，能在数百米高空俯瞰草原动静，发现目标，则疾飞俯冲。草原常见的景象为鹰兔相搏或鹰狐相搏：一只觅食的兔子被苍鹰锁定，苍鹰借着逆光掩护紧紧跟随，发现兔子已离洞口较远，无藏匿之处时，便闪电般猛冲下来；兔子发觉为时已晚，只能束手待毙。有经验的老兔子则会趁机卧倒，四爪朝天与苍鹰拼死相搏，抓得苍鹰羽毛纷落，只好休战；有时要搏斗几个回合，胜负要看双方体力、斗智斗勇来决定了。

天葬台秃鹫

神鹫

西藏有种被视为是比丘化身的“神鹫”，它与藏族同胞保留至今的天葬相关。西藏传统有水葬，在雅鲁藏布江流域，水流湍急之处选水葬台，肢解尸体投入水中；早年实行过土葬，松赞干布崛起的山南就留有吐蕃时代的古墓；再是塔葬，主要是德高望重的活佛喇嘛，尸体处理后，再修塔存放。历代达赖与班禅均享受这种殊荣。最普遍的是天

天葬：是蒙古族、藏族等少数民族的一种传统丧葬方式。人死后把尸体拿到指定的地点让鹰（或者其他的鸟类、兽类等）吞食，认为可以带到天堂。跟土葬，水葬，火葬一样，是一种信仰，一种表达对死者的一种方式。

葬，即人去世交专门的天葬师，请喇嘛诵经，超度灵魂。西藏受教义影响，重视来生，不忌讳死亡。藏族学者索甲仁波切曾写出名著《西藏生死书》，宣称：“愿此书能成为生者、濒临死亡者与亡者的解脱指南。”

青藏神鹰

即使没有读过书的普通群众，去世后，家中也要请超度亡灵的喇嘛为死者念经，大意谓：“可尊敬的某某，人生终有一死，这是所有的人都不可避免的事情。既然死亡已经来临，轮到了你，但你并不是唯一的一个；有生必有死，所有人都一样。不要留恋凡尘，也不要执著生命；纵然你执持不舍，也无法长留人间；所以，你不要依恋，不要怯懦……”

> 丧葬的形式：世界各民族中有土葬、火葬、水葬、天葬、洞葬、树葬、悬棺葬、壁橱葬、食葬等多种形式。

这些宗教仪式一般在家中举行，忌讳生人打扰，免得影响死者灵魂转世。三天之后，选择凌晨把尸体交给天葬师处理。天葬台选择旷野山巅，便于呼唤秃鹫。天葬师先用锋利的刀子对尸体肢解，干净利落，骨头用铁

锤砸碎，拌上糌粑，让秃鹫能吃得干净。佛教徒认为，既然灵魂已经超度，那就让没用的尸体来进行生命的最后一次施舍。既然当初佛祖释迦牟尼，前世曾舍身饲虎，舍身喂鹰，作为佛祖的信徒，有什么不可以呢？

习俗所致，每当发现山巅煨桑的烟子，就知道有人家在“天葬”，一会儿便会召唤来几十只秃鹫，呼啦啦遮蔽天空，由天而降，啄食已肢解的尸体。只需半个小时，尸体会被吃的一点不剩。亲属便十分庆幸，认为死者的灵魂已被“神鹫”带入了天际，可以超度转世。反之，如果秃鹫没有吞食完尸体，亲属会非常难过，觉得死者罪孽深重，需要请喇嘛念经超度，直到第二次“天葬”被秃鹫吃完为止。大概，世界上没有任何一种鸟类能像西藏的秃鹫，与人的生死有如此密切的关系。

藏区三种丧葬形式：火葬、天葬和水葬。一般只有德高望重的老喇嘛才可以采用火葬的形式；普通的藏人大都采用天葬，但罪犯、自杀者、因酒或毒而死者、夭折的儿童，不能用天葬；另有极少数的地区采用水葬。

鸟岛上的珍禽

鸟类最为集中、数量最大的地方首推青海湖鸟岛。每年，大约有十万多只鸟聚集于此。这些鸟的共同特点是能够水陆两栖生活，再是季节性的迁徙。它们来青海湖躲避炎热的夏天，并不能适应青藏高原的冰天雪地。这些鸟属于候鸟。每年春暖花开时节，它们从我国南方，从印度、缅甸、巴基斯坦，甚至遥远的地中海、红海和黑海飞来岛上度过夏天。飞来之后，便在湖边草丛和岩石间用树枝、草叶和自身的羽毛构筑一蓬一蓬的鸟窝。然后生蛋、孵育幼鸟，再养育它们。待它们长大，翅膀硬朗了，秋天也来临。于是，鸟的全家乃至整个家族种群便又展翅南迁，周而复始地度过它们的一生。

青海湖位于青海东北部，距省会西宁市151公里，周长360余公里，面积4635平方公里，是我国最大的内陆咸水湖泊。湖面海拔3195米，含盐度为6‰，平均水深19米以上，最深处达30米。

来青海湖度夏的鸟儿有十余种，其中最多的有斑头雁、大海鸥、黑颈鹤、棕头鸥和鸬鹚。

青海湖鸟岛：位于青海湖西北角，因岛上栖息着数以万计的候鸟而得名。面积不足1平方公里。每年4月来自中国南方云贵一带及印度洋岛国的斑头雁、鱼鸥、棕头鸥等10多种候鸟在此筑巢栖息。每年5月份是观鸟的最好季节。

斑头雁全身为灰白色。因为头上有两条黑斑纹，故名。斑头雁体形较大，约4公斤，每次产蛋八九枚，最多可达十余枚。孵化和养育小雁的过程中，雄雌老雁共同承担责任。每当迁徙觅食，小雁排成一行，老雁前后照应，鱼贯而行。夏季成千上万个斑头雁家庭栖息于鸟岛四周草地，一时遍布四野，鸣声大噪，蔚然壮观。这是参观鸟岛的最佳时节。

黑颈鹤

大海鸥与棕头鸥都属鸥类，食鱼。尽管都来鸟岛度夏，但因食鱼的利益冲突，所以在鸟岛上各扎营寨，泾渭分明，并无来往。看来鸟类世界也有共同遵守的秩序。

青海湖鸟岛还有种栖息数量众多的鸟叫鸬鹚，也就是尽人皆知的鱼鹰，遍布我国南方湖泊水乡。多被渔民驯化后帮助捕鱼。常见的情景是，两头尖尖的小船前后歇着三五只渔鹰，一旦发现鱼踪，便会钻进水中，不一会就用那如钩的长喙叼上一条斤把重的鱼来。渔民为防渔鹰吃鱼，常用铁圈箍住渔鹰脖子，只是在成功叼上大鱼时，才赏它吃一些小鱼。理由是若是吃得太饱，渔鹰就不干活了。渔鹰还很团结，若遇到大鱼，两只渔鹰会齐心协力，把大鱼首尾叼住抬到渔船上来呢。

青海湖旅游门票:旺季5-10月，票价115元。11-4月票价75元；交通介绍：从西宁每天都有去鸟岛的汽车，每人收费130元（不包括伙食费和门票），早上7点出发，晚上10点回来。也可以租丰田面包车去那里（租金约在1200元左右）。

庙会·歌舞·藏戏

走！赶庙会去

进入藏区，最高大雄伟、也最神秘的地方便是寺庙。藏区群众普遍信仰藏传佛教，寺庙有山门、大殿、二殿、佛堂、经院，规模宏大，是草原上的一大景观。许多著名寺院如甘肃夏河拉卜楞寺、青海西宁塔尔寺、拉萨大昭寺、哲蚌寺等都被列为全国重点文物保护单位。省市级文保单位就更多，仅是从川西甘南至青藏高原，沿途就有黄龙寺、川主寺、郎木寺、黑错寺、禅定寺、瞿昙寺等几十座大小寺庙。

> 藏传寺庙禁忌：举行法会期间，禁忌越过僧人队列和与喇嘛随谈闲聊；高僧大德处，禁忌谈论与佛教有关的文物生意，禁止用庙中文物作成交谋利之言论和行为。
>
> 注意佛前或殿内禁止吸烟、饮酒或酒后进殿；更不得喧哗。

庙会吸引众多群众

美丽的藏式传统服装

哈达：上品哈达织有莲花、宝瓶、伞盖、海螺等表示吉祥如意的各种隐花图案。藏族认为白色象征纯洁、吉利，所以，哈达一般是白色的。此外，还有五彩哈达，颜色为蓝、白、黄、绿、红。蓝色表示蓝天，白色是白云，绿色是江河水，红色是空间护法神，黄色象征大地。五彩哈达是献给菩萨和近亲时做彩箭用的，是最珍贵的礼物。佛教教义解释五彩哈达是菩萨的服装。所以，五彩哈达只在特定的情况下才用。

这些寺庙每年都要举办法会和亮佛节、酥油灯花会，隆重热烈，也是藏族同胞欢聚的日子。赛马、叼羊、演藏戏，规模宏大，极有特色，是难得的拍摄照片和了解藏胞习俗的机会。

草原辽阔寂寞，牧民们忙各自的营生，难得聚会。除了传统年节，就盼着赶各种庙会。祈祷吉祥、进香拜佛，同时也是亲朋相聚、男女约会、谈情说爱的大好时机。

庙会一般三到五日，也有长达半月。庙会前许多日子，方圆百里的藏胞就开始计算，像目下重大活动搞倒计时一样进行计划和准备。上年纪的人多天前就封斋吃素。姑娘们则赶着缝制衣衫，一般都十分艳丽。藏族群众视白色为圣洁，不仅哈达选用白绸，在重大节日里，外面的藏袍可以绣花饰朵，衬衣却要洁白，以示珍贵庄重。妇女们还要佩戴首饰和项链，辫子要扎成一定的式样，好看。

临了，整个草原都沐浴着节日的气氛。庙会前几天人们就行动，带上帐篷、炊具和食品，赶上肥羊，准备宰杀。骑的马早洗刷干净，毛色鲜亮，换上新的鞍蹬皮缰，挂上铃铛，从四面八方向寺庙汇聚。甚至还有从几百公里外的四川、甘肃、青海赶来的呢。

看藏戏

那时节，草原上车水马龙，人流如织，人们互相招呼，含笑问候，连骏马见了久违的伙伴都仰头摇鬃，嘶鸣声此起彼伏。近年，乘各种机动车如拖拉机、小四轮赶庙会的藏胞也不少，藏族小伙子则热衷摩托，尤其是"雅玛哈"那样的大型摩托。骑上威风凛凛，带上年轻妻子，或是对象，专门成群结伙，摆开阵势，争先恐后，招摇一番。幸而，草原上不讲交通规则，骏马争相赛跑，机动车突突冒烟，"雅玛哈"一溜长串，在蓝天白云下构成一个欢乐世界。

> 庙会的起源：庙会起源于寺庙周围，所以叫"庙"。又由于小商小贩们看到烧香拜佛者多，在庙外摆起各式小摊赚钱，渐渐地成为定期活动，所以叫"会"。久而久之，"庙会"演变成了如今人们节日期间，特别是春节期间的娱乐活动。

牧民从四面八方赶赴庙会

晒佛节：又叫亮佛节，是西藏、青海、甘肃、四川、云南等省、区藏族人民的传统宗教节日，大都在藏历二月初、四月中旬或六月中旬举行，具体日期各地不尽相同。节日当天，各地寺庙将寺内珍藏的著名巨幅布画和锦缎织绣佛像取出，或展示于寺庙附近晒佛台，或山坡，或巨岩的石壁之上。这些巨幅布画和锦缎织绣佛像，做工精致、色泽鲜艳，艺术价值很高，有的还是国家的国宝。

庙会的中心是庙宇，围绕着寺庙的重大法会和纪念日进行。法会带着浓郁的表演仪式。拉卜楞寺的法舞会，是宗教舞蹈与藏戏，最久负盛名的《格萨尔王》场面宏大，人物众多，要配鼓、钹、长筒僧号等大型乐器，舞蹈者各戴面具，依次出场，做圆圈舞，或驱鬼神，或降妖魔，有很强的表演性，热闹也很好看，吸引成千上万群众观看，挤得人山人海。

酥油灯花会，也是寺庙的重要活动，酥油灯花是藏族群众用酥油创作的艺术作品，在酥油中调进各种颜料，塑造出山水花卉、佛教故事、飞禽走兽，以及牛马羊等草原动物，每年都有新的酥油作品。在这一天展出时，僧众念佛，信徒礼拜，游人观瞻。各寺庙的酥油灯花制作高手也云集于此，观摩作品，切磋技艺，也暗自鼓着劲头，在来年灯会再见高下。

藏戏面具

再是亮佛节也非常热闹。有上百名僧侣从寺院中心肩扛用绸缎剪成或绘制的巨型佛像，浩浩荡荡抬向寺庙附近的亮佛坡。前来朝礼的僧侣和看热闹的群众满山遍谷，道路上更是拥挤不堪，争相看今年亮的是哪一尊佛。最后法号齐鸣，大佛徐徐展开，信徒则向佛像献哈达表示敬意。

法事进入高潮，欢乐也进入高潮，其实好戏才刚刚开始。距寺庙不远便是大草原，是举行赛马、叼羊活动的天然赛场。那时节，万人云集，人头攒动，赛马也是赛人，这是藏族汉子们露脸炫耀的大好时机。骑手们个个精神抖擞，骑着毛色鲜亮佩红挂彩的高头骏马，脸上流露出得意和矜持。一旦哨声吹响，骑手鞭儿一甩，匹匹骏马都像离弦之箭，向草原深处射去，转眼工夫，便化为几个黑点，与天边的青绿融为一体……若是叼羊，就更激烈精彩，高潮迭起，呼声雷动。观众、骑手都会无拘无束，把积蓄于胸中的喜悦尽情挥洒。

> 叼羊：是一种对抗性强、争夺剧烈的运动。一般都在节庆或表演时进行。主持人把一只割去头的羊放在指定处。枪响后，甲乙两队共同向羊飞驰而去，先抢到羊的同队队员互相掩护，极力向终点奔驰，双方骑手们施展各种技巧，围追堵截，拼命抢夺。叼着羊先到达终点的为胜方。获胜者按照当地的习俗，将羊当场烤熟，请众骑手共享，称为"幸福肉"。

歌舞声中寻真爱

入夜，是另一种情景，草原上临时搭成的帐篷难以数清，构成了帐篷城。在溶溶的月色中，恰似开满山谷的荷花睡莲。篝火起了，先是一堆、两堆，后来会燃遍草原，可与天上繁星媲美。歌声起了，一声唱起，百人千人合唱。情到浓处，相识的，不相识的，不管是男的女的都会拉起手来，围着一堆堆篝火跳起锅庄，此起彼伏，以唱促舞，以舞助唱，节奏由慢而快，由快而至疯狂地旋转，高昂的歌唱，整个草原都沉浸在一种原始粗犷的欢乐之中。

> 藏族男女恋爱习俗之一：姑娘向小伙子表达爱情的方式，则是赠予自己随身佩戴的耳环或者项珠一类的饰物。若是小伙子中意，就会接受姑娘送来的信物，否则就不得收取姑娘的东西。

这期间，男女青年一边歌舞，一边寻觅着意中人。四目相视，突然像被雷电击中的瞬间，一对有情人已暗传秋波，瞅中机会，小伙会突然上前抢走姑娘的头巾，一溜儿跑出舞场，姑娘也立刻佯追，众人心明肚知。正哗然笑间，这儿又跑掉一对。此起彼伏，乐此不倦。最后，姑娘小伙都已跑散，溪水边，丛林中，彩云遮月处，都是他们互诉衷肠、倾吐爱慕的去

处。

此刻，明月为伴，草原作证，清风传递柔情，秋波暗示蜜意。没有权势，不讲财富，无媒妁之言，更无包办买卖，只有无任何掩饰的真心和把对方溶化掉的热情！在草原生活的人们贴近自然，也就贴近了人性，要比城市生活的人自由自在得多，也浪漫纯情得多呢。

藏族男女恋爱习俗之二：在青海果洛藏区，不善唱山歌的男女，则用其他巧竹的方式来沟通情感。如果男方对女方有意，便投一块牛粪于女子环中，当地藏语谓牛粪为“欧瓦”，与藏语“来”音相近，即暗示要求与女约会。女方如果无反应，则表示不同意；若以纸团或者木棍回投于男方，即表示同意与他约会，因为“纸”和“请”在藏语的发音也相近。

藏族歌舞

藏寨·雕楼·民居

羌族的雕像

人们印象中，青藏高原的藏族同胞都是住帐篷、牧牛羊、逐水草迁徙的游牧民族。但并非如此，分牧区、半农半牧区和农业区，依据海拔和环境而定。海拔超过3000米才是纯牧业区，2000米以下是农业区，中间部分是半农半牧。有些地方海拔虽高，但纬度偏南，“三江并流”形成的干热河谷及川康地区，海拔近3000米，可日照充分，青稞、小麦、油菜都长势良好，还可以种水稻呢。修筑在山谷间的藏寨很有特色，一栋栋藏式木楼依据山势，鳞次栉比，修筑在山坡上。村后并非立陡的山崖，而是一条山谷伸向云雾深处，使得村落多一溪流水，多一条进山砍柴放牧的出路。早年土匪横行年月，全寨老少都多一条逃生之路。

> 羌族：是我国一个古老的少数民族，原聚居于甘肃、青海一带，后来逐渐迁往岷江上游地区，现主要分布在四川阿坝州的理县、汶川、茂县和陕西的凤县。位于阿坝州理县境内的桃坪羌寨，是最具羌族风情的民寨之一。

工布江达雕楼

在川藏和青康线上行走，能发现不少羌族的雕楼。羌族早先生活在西部青海、宁夏一带，其中一支党项羌还曾在北宋时占据宁夏银川，在成吉思汗铁骑下覆没。羌人也迁徙至川西北岷江流域，这里高山耸立、峡谷深切，把天空逼成一条线，河水湍急汹涌，山坡上岩石裸露，透出苍凉，更让人依稀感觉到千百年前，羌人扶老携幼，筚路蓝缕，长途跋涉，寻觅到这样山高水险地方安身，出于曾亡国失地的惨痛教训，发挥聪明才智，凭借积累经验，修筑如此坚固奇绝，集生活、防御于一体的石碉古堡。千年逝去，如今那花白色的山崖、高耸的碉楼，湍急的河水，漫散于山坡的牛羊，生长于田地的庄稼，已十分和谐组合在一幅羌寨安居图中。

羌寨碉楼：这是羌寨中最具特色的建筑。一座羌寨中总有几座堡垒型的碉楼立于寨中，使整个村寨极富立体感。通过木梯登上二三十米的碉楼云台，登高远眺，大寨内外尽收眼底。岁月的流转，使今天的碉楼丧失了作为□望、御敌之用途，但雄伟坚固、棱角突兀，历经多次雷击、地震依然安然无恙的碉楼的确让游人感到了一份厚重、一份沉甸甸的民族凝聚力。

迷宫一样的羌寨

走进羌寨，宛如进入迷魂阵中，那些长长短短，纵横交错，密如蛛网的石巷，形如迷宫，四通八达，把全寨的人家全都连为一体，让人联想到地道战。如果遭遇外族入侵，即便一处失守，也可凭借相通的巷道救援，体现出人自为战，家自为战，全寨人精诚一体，共同对敌的人民战争。这样的战斗还真发生过。入侵者依仗势众，武器精良，打进羌寨，机智的羌人依据迷魂阵般的石巷和砌碉楼用的石头硬是打退了入侵者，保卫了自己的家园。

这便是羌人崇拜山石的由来。几乎家家屋顶平台，都堆放着白色石块，布置成山体形，摆放着牛角兽骨，这小小的玛尼堆，在羌人心中有无上的尊荣。事实上无山石就不会有石碉古堡。高山深谷取土困难，石山难长林木，羌人就地取材，用取之不尽的山石，加黄泥砌雕楼，最高达12层，历千年风雨，遭遇多次地震，仍巍然矗立，让人不可思议。羌人修筑碉楼，十分注意坚固，每年只修一层，让风雨冰雪考验，科学上来讲，是讲求沉淀。这与发达国家修高速公路相似，路基完成后要放置三年下沉稳定后再修路面。这样12层碉楼就需要12年时间。仔细观察，碉楼下大上小，外倾而内直，如塔耸立，天然形战内聚力，增加稳定性，山石本身坚固，施工时再耗尽心力，墙面平整分毫不差，每层梁柱又起了联系稳定作用，所以就历千年风雨而岿然不动了。

羌寨建筑特色：羌寨、住屋大多有两个以上出入口，主入口、楼梯、平台与入户门之间呈现转折关系。而厨房出入口和杂物出入口常隐蔽于平台下方和街道转折凹陷处，既得交通便利又不至于干扰住屋的私密性，所以不熟悉村寨的人根本无从了解这些幽暗的小门通向何方。羌寨住屋门窗都很小，临近地面房间的门窗只是个很小的洞口，以便通风换气，大面的实墙和隐蔽的出入口设置使住屋显得十分封闭。

一般的羌碉有三五层，下层喂养牛羊，中层住人，上层堆放粮食谷物，顶层多为平台，战时可眺望，平时可晾衣晒谷，供孩子玩耍。最绝的是整个羌寨对溪水的利用，在寨子上游截取洁净冰雪融化的流水，首先利用水力推石磨石碾加工谷物米面，然后再引入羌寨底部暗道供人饮用，还用石板错落的高低宽窄对每户人家用水量进行公平分配。每户只需揭开预设的石板便可取得洁净的溪水，最后流到村头变为明渠才供人洗涤衣物，整个流程，对水的利用科学合理，充分表现出羌人智慧。

羌族结婚操办喜事，新郎要陪新娘回娘家，娘家要备好“回门酒”，亲友要向新婚夫妇馈赠礼物，并致词祝福。羌族民间有的地方还有“逗新郎”的习俗。即在回门酒的宴席上娘家人要给新郎用四尺长的筷子，而且还要在筷子的后面加几个用马铃薯做的筷子坠，要新郎使用这种筷子，隔着几盏油灯去夹用肉丁和豆粒做成的菜，如果因为筷子长，夹不起菜，或油灯烧着下巴，就要被罚酒，这种活动既是节日聚餐，也是一种娱乐。

藏式门楣

徜徉羌寨，悬挂于门庭的兽骨毛皮，石块垒起的图腾崇拜，会把人带到远古的岁月。羌人是一个尚武、崇巫、勇敢彪悍、能征善战、热情如火的民族。十多年前，我曾在茂纹羌寨坐火塘、喝咂酒、听唢呐、跳锅庄，感受过这个民族的风情与韵味。我观察羌寨人目下的生活，村头的树荫下，几位老人吸着旱烟，一边在摆古聊天，神情悠然。清亮的溪水边，几位妇女在洗衣衫，她们有的穿汉族服装，有的穿民族服装，区别在于羌人服装都绣着花边，从身材面容看，与汉族妇女区别不大，只是脸庞楞角要分明，眼睛大而清澈，看人的眼神友好单纯，去过羌寨就会留下难忘的美好印象。

别具特色的藏式民居

有趣的是，在青藏高原的边缘地带，保留着比腹地拉萨还原汁原味的藏族生活状态和很有特色的民居，尤其是在阿坝，堪称一片神奇的藏文化圈处女地。

夕阳西下时，我们来到了着落在河谷的阿坝县城。楼宇鳞次栉比，飘升的炊烟中透着金黄色的琉璃瓦顶，高耸的佛塔，五颜六色的风马旗，以及隐约可闻的钟声，推测应是喇嘛庙。果真，县城边上一座规模宏大的寺院，黄墙红顶，转经筒的长廊望不到尽头，经幡高高飘扬，着紫红袈裟的喇嘛出出进进，还有许多藏族妇女烧香或转经轮，透出一种浓浓的宗教气氛。

> 阿坝藏族羌族自治州：是四川省的一个自治州，以少数民族为主要人口，是四川省第二大藏区和中国羌族的主要聚居区。阿坝州有九寨沟、黄龙等世界自然遗产。阿坝州被世界旅游专家誉为世界生态旅游最佳目的地。2012年入选"2012年度中国特色魅力城市200强"。

阿坝县城不大，街上行人熙熙攘攘，大都是穿着各式藏袍的藏民，还有三五成群的喇嘛，让人感到走进了藏区。

我们到老街转悠，两边全是传统的藏式民居，土墙土院，类如北方四

合院，但门楼、窗棂、廊柱则很讲究，有雕饰和彩绘，屋顶则插经幡，院中有压水井，有妇女在洗衣劳作，老年妇女坐在大门墩上，手摇经轮，念念有词，家家门口如此，但拒绝拍照，常转过脸。孩子无所谓，嬉笑着配合，藏族孩子眼睛很亮，面孔黑黑的，牙齿很白，与内地孩子一样可爱。

今日藏民新居

阿坝县城附近的民居修得很有特色，沿着山坡，坐北朝南，避风向阳，每家都用片石或泥土筑起一圈围墙，修起两三层平顶楼房。土墙很高大，但窗户却小，常是两三层，只在上层墙壁留两方小小的窗口。远看，像一座座黄泥方块矗立在山坡。其实，这些外表简朴的民居很合理科学，内部装修也很讲究。厚厚的土墙，小小的窗户，是因为阿坝地处高寒，泥土墙保暖；小窗口是为了保暖，防风寒入侵。农户一般下层养牲畜，无需窗户，上层住人，有天窗透光也很明亮，里面则有地毯、壁挂、廊柱、窗护，经过彩绘，吃住用品俱全。从外表看，阿坝民居一色黄土院墙，简朴中透出美观，上过多种画报呢。

放眼望去，阿坝县城四周的山巅、崖顶、垭口都有用五色石块垒起的玛尼堆，印着代表日、月、天、地与泉水五种颜色的风马旗，还有用无数洁白的哈达布满整整一面山坡，所有与宗教相关的图腾崇拜及喇嘛庙金黄的琉璃瓦顶均十分醒目，在这条青翠的山谷形成一道独特的风景。伴着阿坝这座高原上的古老县城，伴着一个古老民族流逝的岁月。

九寨沟门票：220元(4-11月15日)80元（11月16日至3月底） 环保车90元；

黄龙门票：200元(4-11月15日)80元(11月16日至3月底)；

牟尼沟门票：70+3元 ；

九寨沟神仙池门票：100元/人 观光车，90元/人 电瓶车：40元/人。

土墙小窗防风保暖的阿坝藏式民居

寺庙·喇嘛·供养人

西藏的寺庙知多少

西藏人说：天上有太阳、月亮和星星，地上有甘丹、色拉和哲蚌，表明了寺院在西藏的地位。历史上，西藏被称“宗教之邦”，任何事情都不离开宗教，想了解西藏的历史文化、社会关系，西藏的宗教、寺院和喇嘛就成为绕不开的课题。西藏的寺院十分庞大，以清雍正十一年（1733年）为例，当时全藏人口不足百万，仅格鲁派寺庙就有3477所，僧众316230人，几乎占总人口三分之一。出门就见寺庙，路遇多是僧人。遍布于西藏的寺庙就是社会的缩影。那些大寺庙宛如一座城市，房舍相连，街巷密布，各种功能，一应俱全。

> 甘丹寺：该寺是黄教六大寺中地位最特殊的一座寺庙，它是由藏传佛教格鲁派的创始人宗喀巴于1409年亲自筹建的，可以说是格鲁教派的祖寺，清世宗曾赐名为永寿寺。

哲蚌寺远眺

同时，寺庙面对整个社会，无论是孩童老人，亦无论是穷人富人，是先生文盲，都享有进入寺庙的权力。寺庙也能满足各种人的需求，有的人为信仰，想成为高僧活佛；有的人为职业，想成为藏医或画师；有的纯粹混口饭吃，寺庙也需要搬运、挑水、劈柴出力的喇嘛；寺庙也等级森严，分工细致不亚于社会，同时每一座寺庙都会根据社会需要，僧侣多少，把进入寺庙的僧人进行分类，比如接受宗教职业训练，外出为供养群众祈福消灾，超度亡灵，念经、占卜、驱鬼等等。还有一类是接受专业知识，比如藏医、历算、绘画以及铸像、雕塑、刻版、印刷艺人，这在全面信教的西藏有相当广阔的市场需求。

色拉寺：藏传佛教格鲁派六大主寺之一。与哲蚌寺、甘丹寺合称拉萨三大寺，是三大寺中建成最晚的一座。

寺庙的管理人员，各种执事，行政、司法、财务、总务、经商、餐饮需要的人不少，像西藏三大寺庙都有数千僧侣，管理人员也有数百人之众。当然，任何寺庙的主体都是喇嘛，主要任务是学习佛家经典，按照严格复杂的程序，年复一年的学习，要取得“格西”之类的学位，没有20年乃至更长时间的修行几无可能。这个群体是寺庙的骨干，也是整个西藏社会重要的知识分子群体。寺庙有无名气，主要看出了多少大德高僧与佛家经典。有点类似高校，看出了多少名教授和学术成果。寺庙十分庞杂，有的大寺庙还牵连着更广阔的天地。以哲蚌寺为例，最盛时期，有一百八十五座庄园，三百多处牧场，五万亩土地，四万多头牦牛，还有二万多个农奴，还有一支通往印度与尼泊尔的庞大商队。哲蚌寺有七千多个喇嘛，几乎每个村寨，每个有男孩的家庭，都希望把孩子送到哲蚌寺深造，将来能做一个有出息的喇嘛。这种情况有点像近年内地独生子女选择学校，家长都希望孩子能上名校，能将来成才。

哲蚌寺：系黄教六大寺庙之一，由黄教创始人宗喀巴之弟子降央曲吉—扎西班丹于公元1416年创建。它是格鲁派中地位最高的寺院，也是藏传佛教中最大的寺院。

喇嘛：藏语，意为“和尚”。本来并不是每个出家人都能称为喇嘛的。正确的称呼是：出家的男人受十戒的称沙弥，受具足戒的称比丘；出家的女人受十戒的称沙弥尼，受具足戒的称比丘尼。在中国的内蒙古、青海、西藏等处，皆称僧为喇嘛。

藏区全民信仰佛教，在漫长的农耕岁月，无现代工业，也无众多的服务业能够提供就业。去寺庙当喇嘛能安身立命，受人尊重，当喇嘛就成为一种出路受到青睐。那些规格高、名气大的寺院便成为争相出家的地方。不是所有想去的孩子都能够去，家里要有社会地位和经济基础。一个男孩，五六岁时，就要经有头面的人介绍，才能进哲蚌寺大门，他要拜一位喇嘛做经师，指导学习经典；还要拜另一位喇嘛为规范师，来指导他的行为。他需要和师傅及同年龄的师兄师弟住在一起，这是喇嘛社会中最基层的单位，藏话中叫“米

属供养的喇嘛

村”。开始学藏文、文法和字母，经文则由浅到深。每天有三次跟随法师练习辨经，冬春两季还要去深山寺庙练习辩才和磨炼意志。这种读经的喇嘛常被哲蚌寺培养为宗教骨干，要整整学习20年，才可能有一定的地位，至于能当活佛，则少而又少。

在青海同仁下吾塘村，我在一户专画唐卡的藏民家中参观。这家几弟兄，老大是喇嘛，很高大英武。他的几个弟弟都成了家，娶的藏族姑娘年轻漂亮，大家在一起制作唐卡，又说又笑。我问这位喇嘛，娶媳妇好还是当喇嘛好？他回答当喇嘛好。我问当多少年了？他说已30年。我又问已经是活佛了吧？他回答还早呢，也许一辈子当不上。即使当上，活佛中也分三六九等，等级森严，至于读不进经书，或家中困难的只能做一般僧人，须干搬运物资、担水劈柴等力气活，总之整个寺庙与喇嘛群落复杂的如同社会。

活佛称谓：各宗派的“活佛”依然是藏传佛教中最重要的宗教神职人员，扮演着不可替代的重要角色。至于其称谓，汉族人习称“活佛”，其实是不大准确的，应译称“转世尊者”。在藏语中，“活佛”则有多种不同的尊称，其中最为常用的有“珠古”“喇嘛”“阿拉”“仁波切”等。

著名的尼姑庙——米钦热寺

在西藏，不仅男孩子可以进寺庙当喇嘛，女孩子也可以进寺庙当尼姑。许多富商和贵族也把女儿送进尼姑庵，可以接受正规教育，学习藏文和宗教文化，颐养性格情操，成为有教养和文化的人，再找一位满意的郎君。最盛时，一座尼姑庵要容纳二三百名尼姑学习和修行呢。

米钦热寺的尼姑，
在悬崖顶上修行；
嘎丽寺的尼姑，
在深山沟里放牧；
朗古寺的尼姑，
在佛堂里喝酒；
唯有仓宫寺的尼姑，
既有佛法的修行，
又过世俗的生活。
——藏族民谣

入空门的尼姑们

至今，拉萨城郊还有几座著名的尼姑庙，北郊的米钦热寺，不大，是色拉寺的属寺，但位置很好，坐落于拉萨市北面的山顶，受地形限制，仅有三亩地大小。整个寺庙十分坚固紧凑，经堂、佛堂、扎仓、库房、厨房一应俱全。站在寺庙的平台，可以眺望整个拉萨市区，四周延绵的雪峰，逶迤而来穿越盆地的拉萨河水，市区栉比鳞次的房舍尽收眼底，视野开阔。这个不大的尼姑寺最盛时有100多个尼姑，目前核定的编制是50位，不光来自西藏，还有远自云南和四川，尼姑们除念经、上香、整理佛堂、打扫卫生之外，还在周边种菜种花，有时还敲打羊皮鼓和乐器，显得饶有风趣。还真应了那句：米钦热寺的尼姑，在悬崖顶上修行。

甘丹寺门票：40元；
色拉寺门票：游客50元，藏人免费；
哲蚌寺门票：55元，藏人免费。

众多的信徒便是供养人

后记

西安，历史上作为十三个王朝建都之地，尤其周秦汉唐更把华夏民族的威武雄壮推演到极致。其时国力强盛，幅员辽阔，以国都长安为中心，一条条沟通全国的驿道四通八达。值得骄傲与称道的不仅有穿越秦巴大山由天梯云栈构成的古老蜀道；横跨欧、亚，越历千载的丝绸之路；值得大书一笔的还有穿越雪域高原的唐蕃古道，这也是雄才大略的唐太宗主张汉藏交好，文成公主远嫁吐蕃王子松赞干布而开启的一条和平友谊之路。

近年，随着旅游业兴盛，许多文化学人、新闻记者、户外驴友、摄影家、探险者也对探寻古道产生浓厚兴趣，这无疑是件可喜的事情。

20年间，笔者先行一步，对古老蜀道、丝绸之路、唐蕃古道寻叩探访，把多年积累的文字与图片用"跟我走古道"的形式，推介给大家。这需要感激西安出版社资深编辑李宗保先生，独具慧眼，在对古道写作表示欣赏时，也从出版旅游图书的角度、读者的角度提出修改建议，要求内容长短结合，深入浅出，浑然一书。再是增强亲历、亲闻、亲见，贴近现场，也就贴近了读者。替读者着想，与市场接规，应是作家与时俱进的选择。故本书增添旅游地图、线路指南、食宿资讯，希望对探寻古道的旅游者有所帮助，也希望本书能获得他们的喜爱。这原本也是作者应努力做到的事情。

毕竟，这积淀着深厚文化并不乏神秘的古道，应该让更多的人知晓。尽管岁月流逝，沧海桑田，沿途驿站遗迹几乎消失殆尽，但好在山川河流古今并无太大变化，古道沿途雪域江源依旧，夕阳流水依旧。且让我们沿着古老的驿道，去窥探当年唐蕃古道的威武神奇，去瞻仰唐蕃古道的魅力风采，也了解和认识千百年来雪域藏族群众的风土人情，生存状态和关于他们长长的叙说不尽的美丽动人的故事……

最后，特别要感谢的是作序杨建民先生，西安出版社的社长雷羡梅女士和责任编辑李宗保先生，他们从文字的处理到图片的选定，从版式的选择到封面的设计都倾注心血，切实尽到了责任。

2014年6月6日于汉水之畔